本书出版受云南师范大学教育学部一级学科教育学学科建设经费资助

需之所及

西南农村老年人的养老及实现

盛莉波 著

中国社会科学出版社

图书在版编目(CIP)数据

需之所及：西南农村老年人的养老及实现 / 盛莉波著. —北京：中国社会科学出版社，2022. 6
ISBN 978 -7 -5227 -0348 -0

Ⅰ. ①需… Ⅱ. ①盛… Ⅲ. ①农村 - 养老 - 研究 - 西南地区 Ⅳ. ①D669. 6

中国版本图书馆 CIP 数据核字(2022)第 097325 号

出 版 人 赵剑英
责任编辑 王莎莎
责任校对 张爱华
责任印制 张雪娇

出　　版 中国社会科学出版社
社　　址 北京鼓楼西大街甲 158 号
邮　　编 100720
网　　址 http://www. csspw. cn
发 行 部 010 - 84083685
门 市 部 010 - 84029450
经　　销 新华书店及其他书店

印　　刷 北京君升印刷有限公司
装　　订 廊坊市广阳区广增装订厂
版　　次 2022 年 6 月第 1 版
印　　次 2022 年 6 月第 1 次印刷

开　　本 710 × 1000 1/16
印　　张 14. 5
插　　页 2
字　　数 238 千字
定　　价 89. 00 元

凡购买中国社会科学出版社图书，如有质量问题请与本社营销中心联系调换
电话：010 - 84083683

序

1999年，我国60岁以上的老年人口占总人口的比例达到10%。按照国际标准，我国正式进入了老龄化社会。近些年，我国的老龄化速度加快，老龄化形势严峻。国家统计局数据显示，截至2019年年末，我国60岁及以上人口约有2.54亿，占总人口的18.1%；65岁及以上人口占总人口比例为12.6%。除了老年人口规模巨大、老龄化速度加快，我国人口老龄化还具有“未富先老”的特点，这使得老龄化和养老问题成为当前及未来影响中国社会发展的基本问题。据2015年国家卫计委发布的《中国家庭发展报告（2015年）》数据资料显示，中国社会的农村老人比城镇老人老龄人口比例更高，养老问题更为突出。尤其是近年来在我国农村，由于国家工业化和城镇化政策的强力驱动，大量的农村中青年人通过社会流动方式离开农村，老年人问题开始凸显，“留守老人”甚至“空巢老人”成为农村中普遍存在的现象，使得农村养老问题开始从隐性走向显性，成为一种具有广泛性并且亟待解决的社会问题。

20多年来，我国对老龄化的认识经历了一个逐步深化的过程，在重视老龄化发展态势的基础上，积极转变应对思路，努力研究、完善和制定应对老龄化的政策措施，建立制度化的长效机制。2017年，习近平总书记在党的十九大报告中提出，实施“健康中国”战略，以人民健康为中心为人民群众提供全方位全周期的健康保障。在建设“健康中国”的系统工程中，养老领域无疑是备受瞩目的，老年健康促进行动成为破解当下中国养老困境的重要应对方略。2020年，“积极应对人口老龄化”跻身国家战略，与“健康中国”等并列成为最高层级国家战略，具有划时代的意义，有助于推动养老事业和养老产业协同发展，惠及全体人民。

我国的西南农村，经济发展水平普遍较低、文化生态复杂多样，养老服务体系基础比较薄弱，涉及农村老年人养老和健康保障的相关制度与实际支持条件明显不足，医养“两张皮”长期制约着老年健康和养老事业的发展。在这样的地区基于“健康中国”国家战略部署提出的农村健康促进养老服务体系，一定要考虑构建和实施的低成本高效益。首先，满足农村老年人的养老需要是积极应对人口老龄化的重要方面，也是理解健康促进多元养老资源供给的根本出发点。要清楚地意识到，伴随着我国老龄化程度的加深，养老需要和养老服务供给之间的矛盾更加突出，老年人养老需要的多元化、复杂性对养老服务供给的种类和品质提出了更高要求。另外，在构建和实施农村健康促进养老服务体系的过程中，应该考虑西南地区社会及当地的医养资源供给和条件支持等状况，要对之进行充分的调动以服务于当前老年人生命质量与生活质量的改善。

盛莉波对西南农村老年人的养老需要进行了深入细致的辨析和考察，创新性地提出老年人的养老需要分为生存需要、关系需要和发展需要，三类需要同时存在于老年人的养老生活中并相互间具有可替代性。低层次需要在数量和质量上的充分满足会促发高层次需要，实现需要的“满足—上升”逻辑；高层次养老需要满足受挫，老年人会转向寻求作为替代的较低层次的需要满足，产生需要的“挫折—退化”现象。与此同时，她对社会福利供给体系进行了创新性解释，将需要理论作为养老供给效果分析的基础，借鉴拉图尔的行动者网络理论的分析框架，提出了融入需要理论和福利多元主义理论的健康促进养老供给的理论观点，即在健康促进的过程中，赋予非人类行动者与人类同等重要的地位，在家庭、国家、社会组织等福利供给的人类行动者基础上，将实体的非人类行动者和非实体的非人类行动者都纳入西南农村养老供给行动者网络中，建立福利分担机制，生产不同类型的社会福利满足老年人的需要，以弥补目前更多依赖于国家和家庭供给不足的现实。这种“行动者网络是西南农村健康促进养老供给可及性的有效途径”的研究视角既拓展了农村养老供给行动者的范围，也有利于从更加全面、整体的角度分析西南农村养老供给多元主体的协同治理以及供给可及性的实现途径。

作为一名年轻的学者，她能将学术视野和思考视角投注到对农村老龄化问题和农村养老事业发展上是难能可贵的，其所持有的人文情怀不言而喻。做学问从来都不是泛泛而谈，知行不一只会生产“书斋式”学问，难以经世致用。所幸她不仅有人文情怀，也有知行合一的精神，她所呈现的这份成果，是在对国内外文献资料熟读精研的基础上，审慎思考、踏踏实实地多次反复深入几个具有典型特点的西南农村社区认真做调研，采集了大量第一手的翔实资料和数据，为她的研究打下了扎实的分析基础。作为她的博士生导师，我对她“绝知此事要躬行”的做学问态度是乐见其成的，《需之所及》付梓无疑是对她学习的肯定。祝愿她在以后的学习和工作中百尺竿头更进一步！

2021 年 10 月 10 日

目　录

第一章 导论

第一节 研究缘起和研究意义

一 研究缘起

新华网关于《全球老龄化状况及其应对措施》表述，根据国际通用标准，当一个国家或地区65岁及以上老年人口数量占总人口比例超过7%，或60岁及以上老年人口占总人口比例超过10%，则意味着这个国家或地区进入老龄化。国家统计局2020年2月发布的《2019年国民经济和社会发展统计公报》显示，我国60周岁以上的人口总数为25388万人，占总人口18.1%；65周岁及以上的人口总数为17603万人，占总人口的12.6%。同《2018年国民经济和社会发展统计公报》相比，60周岁以上的老年人口比重增加了0.3%，65周岁及以上的人口比重增加了0.7%。自2014年以来，我国65周岁及以上的老年人口比重连续六年突破10%。面对21世纪人口结构的巨变以及中国老龄化所显现出的老年人口数量庞大、老龄化速度快、高龄趋势显著、未富先老、城乡倒置和区域差异等基本特征，养老问题成为当前及未来影响中国社会发展的基本问题。

当前中国，57.1%的老年人口居住在农村①。与城市相比，农村地区面临的养老现实更为严峻，养老问题更为突出：大量农村青壮劳动力涌入城市，对城市人口的年龄结构进行了良性动态调整，一线城市以及以省会为主的大部分二线城市基本不存在老龄化担忧，而农村地区的实际老龄化程度则进一步

① 根据《中国2010年人口普查资料》的相关数据进行测算：2010年，全国老年人口总数为17658702人，农村老年人口为10087958人，所占比例为57.1%。

加重；“空巢老人”“留守老人”成为农村的现象普遍，养老后继无人；长期非均衡的城乡保障体制以及逐步弱化的农村传统保障使得老年人在散失基本劳动力以后面临着经济困顿，抵御风险的能力大大下降；农村养老服务供给主体的缺位和“失灵”让老年人孤立无援。同时，与一般农村地区相比，西南农村地广人稀、经济发展水平参差不齐、文化生态复杂多样，其养老资源供给与老年人养老需要之间有着更为复杂、微妙的生态链和因果链。因此，西南农村的养老问题涉及多个维度：从养老主体来说，既涉及该类地区农村养老供给的行动者构成以及行动者之间的联动和协作状况，也涉及养老供给达到需要所要满足的最优化的途径和方式；从养老对象来说，既涉及老年人养老需要的共同性和差异性，也涉及在现有条件下其养老需要的满足程度；从养老供给效果来说，不仅涉及当前的养老供给和老年人养老需要之间的满足状况和关系，还涉及对现有养老供给的有效性和可及性评估；从养老问题解决策略来说，不仅涉及健康促进养老供给体系嵌合农村养老实践的现实基础和要求，还涉及多元行动者共同参与农村健康促进养老供给体系的理论模式和实践机制。

可见，社会福利供给体系的变革和养老实践探索是解决中国人口老龄化问题的必然选择，是适应农村地区老龄人口养老的实践要求，更是满足西南农村老年人养老需要的主要途径和应对养老困境的现实需要。

基于上述现实要求以及养老问题的严峻性，中国政府在“健康老龄化”背景下提出了医养结合的应对方略。2013 年 9 月，《国务院关于加快发展养老服务业的若干意见》明确指出，要“积极推进医疗卫生与医疗服务相结合，推动医养融合发展”。紧随其后，《国务院关于促进健康服务业发展的若干意见》指出，要推进医疗机构与养老机构等加强合作，探索医养结合的新模式，“首先，在养老服务中充分融入健康理念，加强医疗卫生服务支撑。其次，建立健全医疗机构与养老机构之间的业务协作机制，开通养老机构与医疗机构的预约就诊绿色通道，推动二级以上医院与老年病医院、老年护理院、康复疗养机构等之间的转诊与合作。第三，统筹、优化医疗与养老资源，合理布局养老机构与医疗机构，形成规模适宜、功能互补、安全便捷的健康养老服务网络体系”。2015 年，党的十八大五中全会公报将“健康中国”概念纳入国家发展战略，预示着健康养老工作及养老服务业未来将会得到国家的更多重视。在“健康中国”战略规划之下，2015 年 11 月九部委联合颁发《关于推进医疗卫生与养老服务相结合的指导意见》，进一步拓展了医养结合服务的范围和层级，对医养结合服务提出了具体的发展目标："到2017年，医养结合政策体系、标准规范和管理制度初步建立；到2020年，符合国情的医养结合体制机制和政策法规体系基本建立，医疗卫生和养老服务资源实现有序共享，覆盖城乡、规模适宜、功能合理、综合连续的医养结合服务网络基本形成。"在从中央到地方的一系列政策法规的推动之下，各地积极探寻和实践各种富有特色的养老服务：北京推进的"9064"以及上海提出的"9073"都是备受推崇的模式；以青岛、安徽、北京、南京等地为试点，现已形成"整合照料""联合运行""支撑辐射"等医养结合服务模式。[①] 2017年，以习近平同志为核心的党中央在党的十九大报告中进一步提出，实施"健康中国"战略。"全面发展""全民健康""全方位、全周期""共建共享"等思想理念贯穿"健康中国"战略部署的方方面面。在"大健康"理念之下，"积极应对人口老龄化，构建养老、孝老、敬老政策体系和社会环境，推进医养结合，加快老龄事业和产业发展"[②] 成了建设"健康中国"系统工程中的关键环节之一，健康促进养老服务将成为当前和未来政府推进养老事业发展的重点。只有在"共建共享、全民健康"的健康促进视角下，把"老年人健康医疗服务放在与养老同等的重要位置，把医疗卫生资源和养老服务资源相结合"[③]，才能实现养老与全民健康的深度融合，为全体老年人增益。

当然，在养老资源供给结构性失衡、补救性社会政策效果有限和养老服务缺位严重的背景之下，城市地区现行的"医疗＋养老"机构结合的主流养老实践如若在西南农村推广，在深度契合老年人养老需要的差异化和养老供给的资源交换及功能发挥上必然水土不服，困难重重。因此，本书基于需要理论、福利多元主义理论和行动者网络理论考察西南农村老年人养老需要的基本特点和影响因素，在健康促进视角下从养老需要角度有针对性地分析现有养老供给的现状和可及性问题，探索一种以满足西南农村老年人养老需要为宗旨、通过多元行动者联动和协作构成的养老供给行动者网络、实现养老供给高效益和低成本结合目的的西南农村健康促进养老供给体系的理论模式和实践机制，以期推进对该类地区农村老年人养老需要动态规律的认知，也

① 王素英、张作森、孙文灿：《医养结合的模式与路径》，《社会福利》2013年第12期。

② 习近平：《决胜全面建成小康社会夺取新时代中国特色社会主义伟大胜利——在中国共产党第十九次全国代表大会上的报告》，人民出版社2017年版，第48页。

③ 王彦斌：《欠发达地区农村医养结合养老服务体系构建》，《探索》2017年第6期。

为优化现有养老供给体系提供理论和实践上的思考。

二 研究意义

健康促进视角下的养老资源供给作为对西南农村老年人养老需要的一种自然回应和反应，必然是哲学、心理学、社会学、公共卫生学、公共管理学、政治学等多个学科的研究范畴和研究领域。本书从多学科、综合性角度解释和分析西南农村养老供给的可及性，尤其是在现有条件下如何建立和推行高效益和低成本的健康促进养老供给体系。可及性是对养老供给诸多实施途径和影响因素进行解释的过程，既包含养老供给的具体内容和范畴，也包含养老供给所要达到的目标和取得的效果，涉及社会结构的多方面。因此，从多个学科理论基础出发设计养老需要和养老供给的操作性指标体系，并在实践中检验其有效性，一方面拓展了当前养老问题研究的视角；另一方面增强了行动者对健康促进养老供给体系的科学认知。

关于西南农村老年人养老需要、养老供给以及供给可及性的研究是在需要理论、福利多元主义理论和行动者网络理论的基础上展开的，这些理论跨越了从微观到宏观的研究范畴，蕴含了动机、社会福利制度、异质行动者之间彼此互动的理论视角。本书以西南农村老年人的养老需要作为切入点，从内部动机角度分析人类行动者在满足个体需要和社会需要最优化的过程中，如何将主观上的偏好和客观上的集体利益关切转变为实际的养老需要。沿着这条主线，继续解释该类地区农村老年人的养老需要是如何在现有制度和现实条件下得到满足及满足状况，养老供给的现状和局限表现在哪些方面。同时，按照行动者网络理论的广义对称性原则，西南农村养老供给的行动者一般是由人类行动者和非人类行动者共同承担，与人类行动者相比，非人类行动者的基本特征是物质性和概念性，包含如土地、房屋、医疗卫生用品等实体性非人类行动者和养老文化、市场等非实体的非人类行动者。因此，养老供给和养老需要之间不是简单的供需平衡或供需失衡状态，应该从具体的、时空的、实践的维度上去理解，它们之间既是主客观需要对具体养老行动者的驱使，也是养老供给对行动者的支持和使能作用，同时还表现为异质行动者之间的动态交换。这为解释和分析健康促进养老供给和养老需要之间的关系提供一个新的理论视角，为构建医养结合养老供给体系从学理上开辟一条新的思考路径。

与此同时，在老龄化程度快速、持续加深和养老服务缺位的双重压力之下，催生了以“医”“养”功能互补、综合连续的健康促进养老供给体系的制度设计和实践探索。这与西方国家始于20世纪80年代，为了解决人口老龄化和慢性病患者数量日益增多的社会问题而产生的长期照护制度有着背景上的共同点和实施条件上的差异。与西方国家不同，我国将长期处于社会主义初级阶段的基本国情决定了社会经济发展水平相对较低、社会福利保障水平不高、人民未富先老。这些不利因素导致中国的养老服务体系没有现成可用的西方模式可以照搬，只能建立符合中国国情、具有中国特色的养老服务发展路径。因此，本书将目光投向于医养资源的整合化以及医养服务的综合化，强调“基础在医，重心在养”“以医促养，以养为主”的健康促进养老供给的基本点，顺应了当下国际上和中国养老服务体系改革的潮流，既丰富了养老供给的实践内涵，也为在农村地区建立健康促进养老供给体系提供实践上的创新思路和突破路径。

第二节　基本概念和研究方法

一　基本概念

（一）养老需要

养老需要是指老年人所能得到的实际养老水平和理想养老水平之间的差距或“缺乏”状态，代表养老服务的一种不平衡。由于本书的研究对象是西南农村老年人，因此养老需要特指西南农村老年人的养老需要。养老需要可通过克雷顿·阿尔德福（Clayton Alderfer）的“ERG理论”来予以呈现和反映。其一，生存需要（Existence）涉及老年人的衣、食、住、行及健康、医疗需要等，具体体现为经济供养需要和医疗卫生需要，与生存动机紧密相连；其二，关系需要（Relatedness）是指老年人发展人际关系的需要，体现为生活照料需要和精神慰藉需要；其三，发展需要（Growth）是老年人自我发展、自我完善的需要，具体体现为老年人的社会参与需要和自主需要。需要是一种内部心理倾向，可视为追求满足的动机因素，对老年人养老需要的特征和内容的了解可通过对养老需要的测量和分析而得以实现。

（二）养老供给

养老供给指在一定时期内养老资源和医疗资源供给行动者愿意并能够提

供的医养服务，是老年人养老需要的目标，以及对养老需要的一种自然反应和回应。西南农村现有的养老供给分为医疗资源和养老资源两大块，前者是由村级医疗卫生机构、一级医疗卫生机构和二级医疗卫生机构所等提供的，包含了预防、治疗、康复、保健等服务在内的医疗资源；后者则涉及自我养老资源、家庭养老资源和社会性养老资源三大领域，具体是由经济供养、生活照料、精神慰藉、社会参与、自主等内容组成。

（三）健康促进

健康促进的基本内涵是“个体健康依托于群体健康，依赖于健康生活环境，个体和社会的改变需要与卫生服务改善和健康促进政策齐头并进”①。它是在“健康中国”背景下，以“共建共享、全民健康”为主题、以“人人享有健康”为目标的公共健康治理行动。医养结合养老供给就是在健康促进视角下，以高效益和低成本的结合方式为老年人构建一个“社会福利需要理念导向、多层级服务组织架构和多元资源配置支持并有效利用地方性社会文化资源”② 的养老供给体系，其实质是将医疗卫生资源和养老资源进行联动整合，以医疗卫生服务为基础，在做好为老年人提供预防、治疗、康复、保健等医疗卫生服务的基础上，着重提高经济供养、生活照料、精神慰藉、社会参与、自主等养老服务的一种新型养老模式。

健康促进养老供给包括五个基本要素：第一，健康促进的服务主体即服务提供方，涵盖了提供养老服务和医疗卫生服务的各级各类机构或组织以及其他个人或社会力量，强调服务供给主体的多元化构成；第二，老年人是健康促进养老服务的客体，即服务对象；第三，健康促进养老服务内容既包括预防、治疗、康复、保健等医疗卫生服务，也包括经济供养、生活照料、精神慰藉、社会参与、自主等养老服务，“基础在医，重心在养”；第四，服务方式主要包括四种，即有条件的养老机构或社区内设医疗机构、医疗机构发展养老服务、养老机构和医疗机构的服务融合发展以及医疗机构将医疗服务延伸至居民家庭；第五，服务的管理机制包括对医养结合服务的监管、政策措施及组织实施等。

---

① 翟绍果、王昭茜：《公共健康治理的历史逻辑、机制框架与实现策略》，《山东社会科学》2018 年第 7 期。

② 王彦斌：《欠发达地区农村医养结合养老服务体系构建》，《探索》2017 年第 6 期。

（四）可及性

养老供给的可及性是指西南农村老年人获得供给行动者提供或出售的符合自身需要或更高层次养老服务的机会，以及对所获得的服务满足其需要的满意度评价。

首先，可及性兼具“服务使用”和“适合度”两大内涵。“服务使用”反映的是农村老年人获取适当养老服务的意识和能力（如信息获取、沟通表达、健康意识、能力特征等）以及对养老服务使用的实际状况（使用数量、类型、层次等）；“适合度”反映的是老年人复杂多样的养老需要与现时的养老供给（医疗卫生资源供给和养老资源供给）之间的适合程度，以及老年人表达养老需要的机会和养老需要被实际满足的程度。其次，可及性的实现条件包括空间和时间可及性、经济可及性、服务内容可及性、服务方式可及性四个方面。最后，西南农村养老供给的可及性还受到宏观和微观因素的影响：宏观影响因素有历史背景及政治、经济、文化发展现状、制度安排、制度性保障政策的制定及实施等，微观影响因素主要取决于老年人的个人和家庭特征以及地域特征和地方性文化生态等。

二 研究方法

（一）问卷法

问卷法是社会研究中资料收集的重要方法，“它的形式是一份精心设计的问题表格，用以测量人们的特征、行为和态度等”①。由于本书的被调查对象为西南农村老年人，基于其受教育程度不高的事实，设计的问卷类型为访问问卷，即“由访问员根据被调查者的回答填写的问卷”②。

1. 问卷编制

根据研究目的和基本观点，本书将西南农村老年人的养老需要以及现阶段该地区养老资源供给的概念操作化为一系列具体、相应的测量指标，设计和编制了“农村养老服务建设调查问卷”。问卷设计分为两个步骤：第一，建立在对大量文献分析和掌握的基础上，根据研究思路，结合专家意见，设计相关调查题目；第二，使用初步成型的量表，由专人分两次到西南农村进行

① 袁方、王汉生：《社会研究方法教程》，北京大学出版社 1997 年版，第 231 页。
② 袁方、王汉生：《社会研究方法教程》，北京大学出版社 1997 年版，第 231 页。

试调查，进一步对量表的题项、内容、语言表述方式等进行修改，以符合老年人的习惯。

最后形成的调查问卷共80个题项，分别从人口学背景资料、养老需要和养老供给等方面反映西南农村老年人的养老需要和养老现状：

人口学背景资料包括老年人的性别、年龄、受教育程度、宗教信仰、婚姻状况、儿女数量基本指标，共6个题项。

养老需要分别从生存需要、关系需要、发展需要三个方面进行设计，共28个题项，典型题目如："您需要儿女/其他人为您提供以下哪些方面的生活照料?""平时，您怎么打发空闲时间?""您希望村卫生所/室能为您提供哪些服务?""您希望村乡镇卫生院能为您提供哪些服务?"等。

养老供给分别从养老资源和医疗卫生资源角度进行考察。其中，养老资源调查题目共29项，典型题目如："您现在主要做些什么活计?""您现在生活的主要经济来源是什么?"等；医疗卫生资源调查题目共17项，典型题目如："您今年有没有接受过健康体检或类似医疗服务?""您所在的村寨有没有举办过健康知识宣传活动?""您觉得村卫生所/室还有哪些地方可以改进?""您觉得乡镇卫生院还有哪些地方可以改进?"等。

同时，为了较为全面地测量老年人的健康状况和生活质量等，"农村养老服务建设调查问卷"还包括了"老年人日常生活活动能力量表"和"生活质量综合评定问卷（Generic Quality of Life Inventory - 74，GQOLI - 74）修订版"两个分量表，包含在养老需要和养老供给的相应题项中。

（1）"老年人日常生活活动能力量表"

由于年龄的增长，老年人面临着身体功能的全面衰退，生活自理能力也逐渐下降。为了有效评定西南农村老年人的日常生活能力，本书选取美国芝加哥伊州大学的日常生活活动能力量表（Activities of Daily Living，ADL）作为调查量表，并对相关项目进行了修订。ADL量表将个体的日常生活活动能力分为两部分：其一，躯体生活自理能力量表（BADL），包括上厕所、进食、穿衣、修饰、行走、洗澡6项，这些能力是老年人维持生命存续的基础性日常活动，如果能力受损，老年人则不同程度地丧失独立生活的能力，必须寻求或借助他人或外界提供持续性、及时性帮助和支持。其二，工具性日常生活能力量表（IADL），包括打电话、购物、备餐、做家务、洗衣、使用交通工具、吃药、自理经济8项内容，这些能力是维持老年人正常生活、参与和完成社会活动的基本能力，如果能力下降或丧失，不会从根本上威胁老年人的生命，但有可能会降低老年人对自身以及周围环境所拥有的自主权、决定权，导致社会参与和生活质量的下降。对于躯体生活自理能力受损的老年人而言，独立生存的可能性大大降低，他们对照护服务的需要显得更为迫切；工具性日常生活能力受损而躯体生活自理能力基本完好的老年人，则可以通过可控地、间断地借助各种外部力量、工具及预约性服务来实现与环境、社会的互动，实现独立生活的目的。[①] 躯体生活自理能力（BADL）是评定老年人失能状态的重要依据。

在本书中，躯体生活自理能力具体包括上厕所、吃饭、穿衣服、梳头/洗脸/刷牙、独自行走100米、洗澡6项，并根据国内老年人的实际情况增加了上下床1项内容。工具性日常生活能力包括打电话、购买日常生活用品、洗菜做饭、洗衣及打扫卫生、独自坐车外出、保管钱物/存取钱/领取养老金6项。其中，洗衣和打扫卫生同归为一项，吃药因与老年人医疗卫生需要的其他内容相联系，故单独设置为调查项目并对其相关内容进行了延伸。为了较为全面地掌握老年人的日常生活自理情况，本书修订使用的日常生活活动能力调查量表分为两部分：一是接受调查的老年人的自身日常生活活动能力情况，二是将接受调查的老年人作为知情人询问其配偶的日常生活活动能力情况。调查人员按照表格内容逐项询问并记录。

评分标准分为三级："1. 没困难；2. 说不清；3. 困难"。考虑到部分老年人丧偶的基本事实，在询问其配偶的日常生活活动能力情况时，配偶日常生活活动能力量表的评分标准增加了"4. 不适用"一级，如果调查对象丧偶，则全部内容选择作答"4. 不适用"。全部题目实行反向计分，即，回答为"没困难"计3分，"说不清"计2分，"困难"计1分，配偶日常生活活动能力量表的计分标准依此类推。调查对象在7项躯体生活自理活动中，将三级测量的前两项即"没困难"和"说不清"合并，转换为二级测量的总加式量表[②]，选项设置转换为"没困难""困难"。借鉴中国老龄科学研究中心课题组提出的老年人失能等级划分方法[③]：回答为"困难"的项目在2项以内

① 张文娟、魏蒙：《中国老年人的失能水平到底有多高?》，《人口研究》2015年第3期。

② 张文娟、魏蒙：《中国老年人的失能水平到底有多高?》，《人口研究》2015年第3期。

③ 中国老龄科学研究中心课题组：《全国城乡失能老年人状况研究》，《残疾人研究》2011年第2期。

（含 2 项），定义为“轻度失能”；3—4 项回答为“困难”的，定义为“中度失能”；5 项以上回答为“困难”的，定义为“重度失能”。

（2）“生活质量综合评定问卷（Generic Quality of Life Inventory – 74，GQOLI – 74）”修订版

原 GQOLI – 74 由李凌江和杨德森编制，成型于 1998 年，是一个包含了 74 个项目的多维评定问卷，包含躯体功能、心理功能、社会功能和物质生活状态四个维度；每一个维度的每一个因子均包括主观满意度和对自身客观状态的评价项目；问卷项目均以正向计分，评分越高，说明生活质量越好。原 GQOLI – 74 具有良好的信效度和敏感性①。

根据研究需要，本书选取原问卷心理功能维度的负性情感（项目 35、36、38）和自尊（项目 46、47、48）两个因子 6 个项目，社会功能维度的社会支持（项目 51、52、53）、婚姻与家庭（项目 67、70）两个因子 5 个项目以及生活质量总体评价因子（项目 G1、G2、G3）3 个项目。为了做到通俗易懂，不引起老年人的误解和歧义，根据西南农村老年人的语言表达习惯对 14 个项目的表达方式进行了修改。原 GQOLI – 74 采用的是 5 点式计分，如“F35 近一周来，您经常觉得焦虑吗？程度如何？（表现为：无故或为一些小事担心，紧张不安，心里不踏实，坐立不安，害怕，或心慌气促，出汗，肌肉跳痛等）（选一项）1. 极重；2. 较重；3. 较轻；4. 很轻；5. 没有。”从左到右计为 1—5 分。对于受教育程度普遍不高的农村老年人来说，很难准确描述不同程度之间的细微差别，故本书将原问卷的 5 点式计分改为 3 点式计分，如“1. 会；2. 一般；3. 不会”或“1. 尊重；2. 一般；3. 不尊重”等，从左到右计为 1—3 分。其中 80—10 题为反向计分题，即回答为“1. 不会”计 3 分，“有些保留”计 2 分，“会”计 1 分。原 GQOLI – 74 以“一周”作为时间知觉的基点，考察被调查对象对相关项目陈述内容的感受和评价。在量表修订过程，为了能更好地反映由于被调查对象客观条件和需要诉求不同带来的主观感受和评价的差异，在征求了专家专业意见的基础上，将时间知觉的基点从“一周”改为“一个月”。

对以上项目进行内部一致性信度系数检验，克隆巴赫 α 系数为 0.792，超过了 0.7 的可接受水平，说明 14 个项目具有良好的内部一致性信度，可靠性

---

① 王向东、王希林、马弘编：《心理卫生评定量表手册》，中国心理卫生杂志社 1999 年版，第 89 页。

程度较高，可用于测量西南农村老年人的负性情感、自尊、社会支持、家庭关系以及健康状况这五个方面内容。负性情感、自尊、社会支持、家庭关系四个因子以及健康状况因子总分越高，说明其反映内容的程度和水平就越低。

修改后的14个项目的基本情况为：

负性情感因子反映调查对象诸如焦虑、易发脾气、情感平淡等负性情感，包含3个项目，分别是“近一个月以来，您会不会经常觉得生活没意思?”“近一个月以来，您会不会经常为一些小事担心，害怕?”“近一个月以来，您是否觉得心情时好时坏，容易发脾气?”。

自尊因子反映调查对象对自我的关注、自信以及受他人尊重的情况，包含3个项目，为“近一个月以来，您觉得周围的人（包括社会、家庭）对您如何?”“跟村里的其他老人相比，您对目前自己的能力、相貌、身体状况的评价如何?”“您对目前自己在社会、家庭中的地位与人们对您的看法是如何评价的?”。

社会支持因子既反映调查对象获得的社会支持的情况，也反映调查对象帮助他人的能力及主观满意度，包含3个项目，为“近一个月以来，当您需要别人帮助时，他们给您的帮助是什么情况?”（其中，给予老年人帮助的选择主体有老伴、儿女或父母、亲戚/朋友/邻居、家族/村民小组），“近一个月以来，当下列人员需要您帮助时，您是怎样帮助他们的?”（老年人帮助他人的选择范围包括老伴、儿女或父母、亲戚/朋友/邻居的），“您对近一个月以来从社会、家庭获得的帮助与支持评价如何?”。

家庭关系因子反映调查对象与家庭成员的关系以及对自己家庭地位、角色的满意度，包含2个项目，分别是“近一个月以来，您心中有苦恼时会不会跟家人说?”（倾诉对象包括老伴或共同生活的亲人），“您觉得家里人对您在家里的重要性评价如何?”。

健康状况评价因子反映调查对象对自身健康及近一个月健康状况的总体评价与满意度，包含3个项目，具体指标分别为“自身健康总的满意程度”“生活总的满意程度”以及“最近一个月的健康状况”。

2. 问卷的修改及形成过程

调查问卷的设计咨询和征求了3位社会学专家、心理学统计与测量专家的意见和建议，并查阅了大量相关文献资料，在此基础上形成调查问卷初稿。为了检验问卷的合理性和有效性，贴合西南农村老年人的生活实际，笔者前期在H镇的两个农村社区选取了20名60岁以上老年人进行了第一轮试调查。

第一轮试调查结束后，对问卷初稿进行了内容分析和统计预分析，对部分内容进行了删减和增加，对部分项目表述中语焉不详或容易引起老年人误解、曲解的提法进行了修改，将问卷项目更加条理化和具体化。随后，在K市L区农村使用修改后的问卷对18名60岁以上的老年人进行了第二轮试调查。通过对试调查结果的分析和反馈，剔除了个别鉴别力较弱的项目，将语言表述方式进一步通俗化，最终形成正式的调查问卷和相应量表，将其作为正式调查的施测工具。

由于西南农村的现实条件以及老年人自身的特殊情况，较难采用较为规范的概率抽样方法，本书的实证调查以性别（男和女）作为控制变量，对被调查对象进行定额抽样。整体资料的设计、收集过程比较严谨规范，具备科学性，同时资料来源具有典型意义和重要价值，能够在一定程度上代表和说明西南农村老年人养老的现实情况和养老供给的基本状况。

为了保证问卷资料收集的可靠性，首先，在问卷编制最终完成后，对调查人员分两次集中进行了培训，逐一解释各项目内容的含义及填写注意事项，重点对其中部分容易错漏的项目予以强调。其次，鉴于老年人受教育程度不高的基本事实，问卷无法为老年人亲自填写，故安排受过专门培训的调查员一对一当面询问和填写内容。问卷采用匿名形式填写，打消了老年人害怕相关项目泄露自己的真实情况和想法的顾虑。最后，为了贴近西南农村老年人的生活实际，问卷的表述方式采用了更加通俗易懂且具有地域流通性的方言，在调查过程中也要求调查人员用老年人听得懂、能理解的语言形式陈述内容。

3. 调查对象的选择及调查实施方式

A省位于我国西南边疆，属于典型的山地高原地形，山区面积占全省国土面积的94%。调查点B县地处A省高原西部，老年人口占全县总人口的10%[①]；C县位于A省中部偏西南，老年人口比重为14.5%[②]。两县的老年人口比重均高于A省全省9.02%的平均水平。老年人口数量大，老龄化程度相对较高，面临的养老问题在A省具有代表性。与此同时，由于区域经济发展水平方面存在的差距[③]，两个县老年人的养老需要以及该地区在老年人社会福

① 资料来源：《2016年度A省老龄事业情况统计表（B县）》。

② 资料来源：《C县2017年度上半年老龄工作情况汇报》。

③ 2017年，B县的地区生产总值（GDP）为6049亿元，C县为13968亿元，低于A省省会485764亿元的生产总值。

利保障上的政策制定、措施优惠以及实物帮扶等方面存在差异。通过对不同调查点上述养老内容的对比分析，能够从整体角度反映出西南农村养老供给的现状及存在问题，对于探讨现有养老供给的可及性程度以及健康促进养老供给体系在此类地区的建立和推行具有实践价值和借鉴意义。

本书以定额抽样的方式选取A省B县下属J镇以及C县下属H镇和I镇共计14个农村社区、年龄在60岁及以上老年人为被调查对象，开展问卷调查。回收问卷644份，有效率为100%（两个县被调查对象的基本分布情况见表1.1和表1.2）。

表1.1 B县被调查对象的基本分布情况

单位：人，%

基本情况		频率	有效百分比
性别	男	139	47.3
	女	155	52.7
	合计	294	100
年龄	60—69岁	189	62.8
	70—79岁	90	29.9
	80岁及以上	22	7.3
	合计	301	100
受教育程度	文盲	162	53.8
	小学	112	37.2
	初中	24	8
	高中/技校/中专	2	0.7
	大专	0	0
	大学及以上	1	0.3
	合计	301	100
婚姻状况	没结过婚	2	0.7
	已婚，老伴健在	161	53.5
	离异，未再婚	4	1.3
	丧偶，未再婚	134	44.5
	合计	301	100
儿女数量	0	1	0.3
	1	16	5.5

续表

基本情况		频率	有效百分比
儿女数量	2—3	191	64.5
	>3	88	29.7
	合计	296	100

表 1.2　C 县被调查对象的基本分布情况

单位：人，%

基本情况		频率	有效百分比
性别	男	127	37
	女	216	63
	合计	343	100
年龄	60—69 岁	159	46.4
	70—79 岁	135	39.4
	80 岁及以上	49	14.2
	合计	343	100
受教育程度	文盲	205	59.8
	小学	115	33.5
	初中	17	5
	高中/技校/中专	0	0
受教育程度	大专	1	0.3
	大学及以上	5	1.4
	合计	343	100
婚姻状况	没结过婚	0	0
	已婚，老伴健在	217	63.2
	离异，未再婚	2	0.6
	丧偶，未再婚	120	35
	其他	4	1.2
	合计	343	100
儿女数量	0	0	0
	1	17	5
	2—3	143	41.9
	>3	181	53.1
	合计	343	100

调查实施的整个过程得到了B县和C县县委县政府及其相关部门、基层政府部门及相关组织、人员的支持和大力配合。首先，选取B县下属J镇的7个农村社区进行定额抽样，具体方式有两种：其一，调查小组提前与社区或村民小组取得联系，由社区或村民小组组织老年人集中于某一地点，由受过专门问卷培训的调查人员一对一向老年人讲解问卷的调查内容和注意事项等，在老年人知情和征得其同意的基础上，按照问卷内容顺序逐一向老年人询问并填写完成。其二，调查人员对居住比较分散的村民小组实行一对一的入户调查，调查基本程序和步骤同上。共发放调查问卷301份，回收有效问卷301份，有效问卷回收率为100%。其次，选取C县下属H镇的4个农村社区和I镇的3个农村社区作为主要调查点，依托镇政府、社区和村民小组的组织将被调查对象集中于统一地点（公房、会议室、活动中心等），由调查员一对一具体实施问卷调查和访谈事宜，基本程序和步骤同B县。共发放调查问卷343份，回收有效问卷343份，有效问卷回收率为100%。最后，在调查过程中，根据老年人思路是否清晰、表达是否清楚、对部分内容是否有特殊想法或有表达欲望等条件，调查人员选择部分老年人进行无结构式访谈。

考虑到不同地区区域经济发展水平的差异以及相关养老政策、养老供给行为的一致性和连续性，在后续实证分析的部分将B县下属J镇的7个农村社区资料整合为D样本（D地），将C县下属H镇的4个农村社区和I镇的3个农村社区的资料整合为E样本（E地）。

4. 统计分析方法

在问卷资料录入过程中，由专人对所有问卷进行初步整理、审核和编码，再根据问卷内容运用相关数据库软件生成相应文件，由专人按照检校方式逐一对问卷审核、录入，建立原始数据库。由于数据总量比较大，数据录入是由接受过数据库软件使用培训的专人分别录入，为了检验不同数据库之间的一致性以及输入数据的准确性，运用数据库软件自带的“一致性检验”和“可靠性检验”程序对原始数据进行了检验，保证所建立的数据库具备较高的一致性和可靠性。使用相关软件对访谈录音资料进行整理，还原为文字。使用*SPSS*22.0对调查数据分别进行频数分析、交叉列联表分析、平均值比较、独立样本t检验和单因素方差分析等。

（二）文献法

文献法“既包括资料的收集方法，也包括对这些资料的分析方法。它不是直接从研究对象，即人那里获取研究所需要的资料，而是去收集和分析现存的、以文字形式为主的文献资料”[①]。

首先，建立在对大量文献分析和掌握的基础上，对国内外现有养老研究分别从农村老年人的养老需要、农村地区的养老供给、健康促进养老供给以及长期照护制度和国外养老资源供给等方面进行了梳理和归纳，明确了研究目的和研究内容，并结合相关文献设计问卷调查题目。其次，为了扩充和丰富资料，调查时收集的文献材料包括：所调查地区农村经济、文化、社会发展的基本情况和老年人口分布状况及构成比例等总体情况，所调查地区农村养老服务供给状况、相关数据和制度性成果，有关农村养老的相关理论、研究、报告、成果等。资料收集的范围囊括了民政、财政、人社、医疗卫生机构、老龄委、村委会/社区、社会福利机构、老年协会等各级各类政府及社会组织。

（三）访问法

本书所使用的主要是无结构式访问，“又称非标准化访问，它是一种半控制或无控制的访问”[②]。

抽取部分接受问卷调查的老年人进行无结构的重点访谈，选取各级各类政府、养老服务机构、医疗卫生机构、社区等组织的负责人及其工作人员等作为访谈对象，从现实条件、地方性文化、传统习俗等方面收集描述性资料作为问卷的补充。

（四）观察法

观察法是“一种搜集社会初级信息或原始资料的方法。这种方法是通过直接感知和直接记录的方式，获得由研究目的和研究对象所决定的一切有关的社会现象和社会行为的情报”[③]。

为了解当前西南农村老年人的养老需要及养老供给现状，笔者以“作为参与者的观察者”身份深入被调查对象的生活背景中，对其养老生活进行参与式观察。

① 袁方、王汉生：《社会研究方法教程》，北京大学出版社 1997 年版，第 392 页。
② 袁方、王汉生：《社会研究方法教程》，北京大学出版社 1997 年版，第 271 页。
③ 袁方、王汉生：《社会研究方法教程》，北京大学出版社 1997 年版，第 334 页。

第三节 研究现状

一 国内研究现状

（一）关于农村老年人养老需要的研究

1. 养老需要的测量方法及有效性研究

农村地区的养老服务体系建设应该以家庭养老为基础、以社会养老为支撑已经成为国内学界的普遍共识。2011 年发布的《社会养老服务体系建设规划（2011—2015 年）》明确指出，“我国的社会养老服务体系主要由居家养老、社区养老和机构养老等三个有机部分组成”，社会养老服务的内容主要包括生活照料、康复护理、精神慰藉三方面。“三个部分”和“三个内容”是从狭义角度理解社会养老服务，相对应地，还存在一个广义意义的社会养老服务。广义角度的社会养老服务是一个内涵宽泛且没有边界的概念①，一般而言，精神心理服务、文化活动服务等都可以纳入社会养老服务的范围。但是，广义的社会养老服务对象并非仅限于老年人群体，项目设计也并非以老年人的特殊需要和养老需要为出发点。②

国内现有的很多关于农村养老需要的研究未对养老需要进行专门的操作化定义，实证标准缺乏严谨性和科学性。这些研究在使用问卷调查时，项目设计和文字表述指向性不明，使用诸如“养老机构”③“居家养老”④“非家庭养老”⑤ 等内容含混不清、指代不明的词汇，脱离了农村老年人的生活实际，容易造成理解上的偏差，影响了老年人的作答以及问卷的有效性。有学者意识到了这些问题，在问卷设计和呈现时使用更加清晰、明确的表述方式，将养老需要概念操作化为具体的服务项目清单。例如，郭竞成将农村老年人可能存在需要的居家养老服务项目列为 5 类 14 项⑥；刘媛媛和李丽将农村老年

---

① 陈颐：《关于养老服务产业化的几个问题》，《现代经济探讨》2010 年第 11 期。

② 王晓波：《关于社会养老服务需要和需要测量方法的辨析》，《社会福利》2015 年第 6 期。

③ 王洪娜：《山东农村老人入住社会养老机构的意愿与需要分析》，《东岳论丛》2011 年第 9 期。

④ 李放、樊禹彤、赵光：《农村老人居家养老服务需要影响因素的实证分析》，《河北大学学报》（哲学社会科学版）2013 年第 5 期。

⑤ 初炜、胡冬梅、孔祥金、吴红云、宋桂荣：《农村老年人群养老需要模式及其影响因素分析》，《中国社会医学杂志》2008 年第 1 期。

⑥ 郭竞成：《农村居家养老服务的需要强度与需要弹性》，《社会保障研究》2012 年第 1 期。

人的养老需要的测量指标归纳为 5 个维度 32 个具体指标①；张国平关于农村老年人居家养老服务需要研究确定了 11 个自变量和 5 个因变量②。

2. 养老需要的强度及结构层次研究

建立在对养老需要的内涵界定、描述和需要测量的基础上，学者们从养老需要的重要性、迫切性和不可或缺性等层面阐释了养老需要的强度和多元性，并据此提出了不同的需要结构分类方法。第一种分类法将农村老年人的养老需要直接分为“物质需要”和“精神需要”，是典型的“二分法”思路。前者包含了衣、食、住、行在内的满足物质生活基本需要的内容，即“老有所养”的实现条件；“物质需要”之外的其他需要都统一纳入“精神需要”的范畴，满足的是农村老年人精神生活的需要。一般而言，“精神需要”在农村老年人生活质量体系中占据更加重要的地位③。第二种分类法为“三分法”。西方部分学者认为，老年人的需要一般可以概括为三个“M”：“Money”，即经济需要和物质保障；“Medicare”，即医疗需要，包括医疗保险和医疗卫生服务保障等；“Mental”，即精神需要，包括精神慰藉、心理需要等。④国内学者多从经济供养、生活照料、精神慰藉三方面来探讨我国老年人的养老需要。⑤⑥ 也有学者在老年人养老需要的分类内容上持有异议，认为当前农村老年人对医疗卫生服务的需要具有迫切性，养老体系的构建应该突出“医”的重要性，进而将农村老年人的养老需要按其迫切性程度分为生活照料、健康医疗和精神服务三个层次。⑦ 第三种分类法为“四分法”，比较具有代表性的是以下几种：有学者将农村老年人养老需要分为经济需要、医疗需要、生活照料需要和精神慰藉需要⑧；或是分为经济保障、生活照料、精神慰藉和心

① 刘媛媛、李丽：《农村老年人养老现状与需要分析》，《社会福利》（理论版）2014 年第 3 期。

② 张国平：《农村老年人居家养老服务的需要及其影响因素分析》，《人口与发展》2014 年第 2 期。

③ 郭竞成：《农村居家养老服务的需要强度与需要弹性》，《社会保障研究》2012 年第 1 期。

④ 林卡、朱浩：《应对老龄化社会的挑战：中国养老服务政策目标定位的演化》，《山东社会科学》2014 年第 2 期。

⑤ 仇志娟、杜昊：《家庭结构视角下城乡养老现状与需要分析》，《福建行政学院学报》2014 年第 5 期。

⑥ 王银秀：《关注农村“空巢”家庭的养老问题》，《中国人口科学》2005 年增刊。

⑦ 李伟：《农村社会养老服务需要现状及对策的实证研究》，《社会保障研究》2012 年第 2 期。

⑧ 毕红霞、徐汝峰：《以需要为导向的女空巢老人养老保障路径优化》，《人口与社会》2015 年第 4 期。

理关怀[①]；郭竞成以农村地区居家养老的需要强度和需要弹性为出发点，将居家养老项目分为“可舍弃类”“无弹性类”“弱弹性类”和“强弹性类”四类[②]。

（二）关于农村地区养老供给的研究

1. 养老供给制度研究

在新制度主义的视角下，凡是与人类行动者意义框架紧密相关的因素都可视为制度，即，制度是人为设计的、用于形塑人类社会互动的所有约束。制度一般分为正式制度与非正式制度。[③] 前者是人为设计的规则、规范和正式结构，如政府、国家、宪法、行政、司法制度等，主要依靠国家强制力实施；后者是在人类长期交往过程中形成的一系列非正式约束，如道德观念、伦理规范、风俗习惯、资本、规制，甚至文化。正式制度与非正式制度是制度方法论中两个重要的分析单位。

从正式制度角度而言，中国农村养老保障体系的脆弱性引起了国内学者的广泛关注，学术视点更多涉及制度设计的内容。立法先行、政策先导是农村养老体系建设的基本原则之一，合理性和合法性是其衡量标准。学者们形成了以下几种具有代表性的制度设计构想。第一种是“相互制保险公司”设计。按照吴晓东的设计构想，农村养老保障相互制保险公司是所有参加养老保险的农民投资合作发展起来的独立法人产权制度。农民同时作为农村养老保障相互制保险公司的投保人和投资人，身份的“二重性”既保证了农民和农村养老保障相互制保险公司之间的利益相关，加强了农民自律，同时也降低了营运成本，提高了养老保障投资回报，一举多得。[④] 当然，该制度面临的最大问题来自于外部融资的困难以及政府特别资金资助的不确定性，因而只是农村养老供给的一种过渡形式。第二种是“资源整合”设计。持此观点的学者认为，农村地区养老资源匮乏、风险承受能力下降的解决之道，一方面取决于家庭资源和自我资源供给能力的提高；另一方面则是制度性资源在整

---

① 穆光宗：《独生儿女家庭非经济养老风险及其保障》，《浙江学刊》2007 年第 3 期。

② 郭竞成：《农村居家养老服务的需要强度与需要弹性》，《社会保障研究》2012 年第 1 期。

③ ［美］道格拉斯·C. 诺思：《制度、制度变迁与经济绩效》，杭行译，格致出版社、上海三联出版社、上海人民出版社 2008 年版，第 4—7 页。

④ 吴晓东：《中国农村养老供给的困境与出路》，《社会科学研究》2004 年第 1 期。

个养老资源中所占比重的增加，而后者是重中之重[①]。关于如何增加制度性资源的供给能力，形成了“合作供给”和“资源优化”两种思路：所谓“合作供给”，就是政府、市场（主要是保险公司）、非营利组织依据农村老年人的需要特点和层次提供不同类别的养老服务产品，构建合作供给网络，在竞争中合作、在合作中寻求各自利益的满足点，最终解决农村养老资源短缺的现实问题。[②]“资源优化”思路则认为，在整合政府、社区、家庭三方资源的基础上，从外部途径优化农村养老供给资源是可行的。[③] 在具体优化路径问题上，刘春梅和李录堂构想了建立在对“生存保障和补充提高需要”区别对待基础上的“生存—生活—发展”分层次养老供给模式，摆脱养老保障“一刀切”局面，根据老年人实际经济承受能力“量体裁衣”，提高农村养老供给服务的质量和水平。但该目标的实现必须具备一个基本前提，即基本养老保险制度、基本生活保障制度和福利服务制度全面覆盖整个农村地区[④]。第三种是“项目制”设计。“项目制”隶属于社会治理体制，是对农村养老分配资金的财政转移运作途径进行项目化管理。在项目制下，中央、地方政府、社区、村民各司其职，各尽其责。具体而言，中央政府扮演项目设计制定者、资源分配者和管理监督者角色，以专项化财政资金支付方式调动地方政府在农村养老服务中的主动性和积极性，在国家战略和基层控权之间寻求合理的治理模式；地方政府作为项目的申请竞争者、组织经营者和资源整合者，在遵循“重新整合”逻辑和“项目—发展”逻辑的行动过程中负责项目的基层设计；村庄承担项目的具体运作和实际实施；村民在“资产安全”和“项目利益最大化”的驱使下，成为项目的最终受益者。[⑤] 项目制超越了常规的科层结构运作方式，但也暗含着一些非预期的风险，如预设的项目脱离实际、项目实施改变村庄的文化生态等。

从非正式制度角度而言，李培林在《村落的终结》一书中指出，在农村

---

① 黄乾：《农村养老资源供给变化及其政策含义》，《人口与经济》2005 年第 6 期。

② 雷咸胜、崔凤：《农村养老服务产品的合作供给》，《人口与社会》2015 年第 3 期。

③ 郭文娟、麻学锋：《优化西南边疆农村家庭养老资源供给的思考》，《经济与管理》2010 年第 11 期。

④ 刘春梅、李录堂：《农村养老资源供给模式优化及运行》，《西北农林科技大学学报》（社会科学版）2015 年第 1 期。

⑤ 夏玉珍、徐大庆：《项目之下我国农村养老服务供给体制创新研究》，《广西社会科学》2015 年第 2 期。

治理过程中，正式制度所能发挥的作用较有限，农村所奉行的大多数行为、规则背后是传统伦理、家族网络、人情关系等交织形成的非正式制度在起维系和支撑作用，甚至市场活动作为非正式制度的组成部分“嵌入”社会网络中。这些非正式制度降低了社会资源的传递成本，促进了农村工商业活动的发展。① 一般而言，对农村养老供给服务产生重要影响的非正式制度有如下几种：第一，村规民约作为农村的一种非正式制度，一般由基层行政管理机构和村民共同制定，规定养老的规范和准则②，具备法的基本形态，其内在作用机制表现为惩戒监督、价值导向和传递内化③。第二，伦理道德、习俗传统、观念意识等。“孝”从古至今一直是中国家庭和家族内伦理关系的基石，衍生出的“孝道”“孝德”为社会所普遍接受，并最终凝结成为传统养老的心理文化根源。农村老年人在长期生产实践过程中积累的阅历、经验、知识，使其成为政治、生活中的权威，丰富的生活经验使他们成为精神引路人，获得较高家庭和社会地位，同时也收获了来自于后辈的尊崇，因此，我国民间有“家有一老，如有一宝”的说法。第三，宗教。我国少数民族普遍具有信教传统，学者们分析了藏族④、回族⑤、维吾尔族⑥⑦等民族的养老现状发现，宗教对农村养老的社会支持体现为：为老年人提供精神慰藉和精神寄托；宗教教义、理念中有关尊老敬老的训诫在一定程度上可以规劝、约束教民和信徒的行为⑧；通过宗教仪式和宗教活动的感染力和教育作用，加深了尊老敬老的意识与思想，增强了老年人的社会参与能力；宗教设施为老年人的社会互动提供机会和场所。鉴于以上原因，有学者建议可以依托如清真寺这类宗教场所和设施建立社区养老服务机构⑨，实现资源整合的目的。此外，我国某些少数

① 李培林：《村落的终结——羊城村的故事》，商务印书馆 2004 年版，第 82—94 页。

② 张跃、王瑜、李超超：《少数民族养老模式研究》，《思想战线》2004 年第 2 期。

③ 周家明、刘祖云：《村规民约的内在作用机制研究》，《农业经济问题》2014 年第 4 期。

④ 赵立新、海霞：《藏区养老现状探查》，《改革与开放》2015 年第 15 期。

⑤ 李捷枚：《少数民族养老保障方式的影响因素及启示》，《贵州民族研究》2014 年第 10 期。

⑥ 阿里木江·阿不来提、努尔比亚·库尔班：《维吾尔族传统养老文化与社会养老方式的对接》，《边疆经济与文化》2012 年第 2 期。

⑦ 阿里木江·阿不来提、赵凤莲：《新疆少数民族传统养老文化与新疆农村社会养老保障关系研究》，《西北人口》2009 年第 4 期。

⑧ 张跃：《社会发展中云南少数民族养老模式的发展态势》，载杨圣敏《民族学人类学的中国经验——人类学高级论坛 2003 年》，黑龙江人民出版社 2005 年版，第 295—313 页。

⑨ 李捷枚：《少数民族养老保障方式的影响因素及启示》，《贵州民族研究》2014 年第 10 期。

民族族群还一直秉承着一些良好的养老习俗，如维吾尔族、哈萨克族、柯尔克族的“养子”习俗以及哈萨克族的“还子”习俗，这不仅促进了代际间的情感交流，也弥补了“养儿防老”方式的不足；某些少数民族的外婚制还明确规定七代之内不得通婚，极大程度地保障了家族互助式养老模式的延续①；云南布依族的部分村落仍然保留着分家时留给老人“养老田”“养老牛”的传统习俗②。

2. 养老供给的行动者主体研究

作为一种时空绵延的实践活动，制度展现出能动性、稳定性和自我实施的特性，它一方面约制了行动者的行为；另一方面也受制于行动者的个体认知和实践意识。行动者在遵守制度的同时，也在构建着制度，制度与行动者之间构成了“互嵌”关系。行动者是制度的承载者和实施者，存在于各种同质或异质群体之中，在既存的利益框架之下形成行动者场域，最终决定制度的走向。农村地区的养老供给是在国家统一意志之下对公共资源进行配置的过程，涉及多元利益主体，根据组织化的正式程度和强度，可以分为个体、组织化群体、社会组织和政府组织等③。

在农村地区，承担老年人养老供养责任的主要为老年人的儿女及其配偶等家庭成员，也包括老年人自身及其配偶。目前，国内学者较多关注的是主要供养行动者与老年人之间关系的发展趋势。在“养儿防老”的传统观念驱使下，“多子多福”是农村居民在当下对未来做出的美好期许。家庭人口多、规模大，具有可预见的优势，如：不但可以提供稳定的经济收入，也能分担养老压力，分散风险；家庭人口所结成的社会网络在必要时能在一定程度上抵御来自外部的威胁和风险，而这单靠个体是无法独立承担的。因此，在农村地区，儿女是农村老年人养老的主要供养者和主要责任人。随着城镇化进程的加速和工业化水平的提升，主要的养老供养行动者本身正在发生急剧变化，“主要供养者与老人分离趋势明显”④。首先，农村家庭人口数量减少、规模小型化趋势明显。根据国家统计局的《A 省 2010 年第六次全国人口普查

① 阿里木江·阿不来提、赵凤莲：《新疆少数民族传统养老文化与新疆农村社会养老保障关系研究》，《西北人口》2009 年第 4 期。

② 张跃、王瑜、李超超：《少数民族养老模式研究》，《思想战线》2004 年第 2 期。

③ 杨华锋：《协同治理的行动者结构及其动机机制》，《学海》2014 年第 5 期。

④ 孙中锋、吴昊：《城镇化进程中农村养老供给现状及困境分析》，《老龄科学研究》2014 年第 3 期。

主要数据公报》显示，2010 年，A 省平均每个家庭户的人口为 3. 53 人，户均规模比 2000 年第五次全国人口普查的 3. 73 人减少了 0. 20 人。其次，农村劳动力大规模转移，带来的正向效应是供养能力的增强，但也造成家庭内部成员人力资本的重新配置，相对应地，供养者照料老年人的直接成本和“机会成本”① 也在不断攀升②。以往当男性外出务工时，承担养老责任的主体主要是女性，但伴随着大量农村女性也加入劳动力转移的大军，农村养老问题面临着后继无人的严峻形势，“空巢家庭”“留守老人”现象严重。最后，传统农村“反馈式”代际模式已经被打破，家庭代际关系失衡，儿女剥削父母的不平衡代际关系存在于当前中国大部分农村地区。③ 以上这些因素从根本上动摇了农村家庭养老中主要供养行动者的结构根基，导致家庭养老功能逐渐弱化。

除了家庭成员（个体），政府、市场、社区、社会组织等异质行动者在现行的农村养老供给格局中也扮演着供给主体的角色，在不同历史时期发挥作用。在上述供给行动者中，政府所承担的角色及所发挥的作用被寄予厚望，受到广泛关注，很多研究者都对政府在农村养老供给中的职能、责任、定位予以探讨和分析。孙中锋等人秉持“有限政府原则”④，强调政府在农村养老供给方面应该“有所为，有所不为”。“有所为”指政府的职能和定位应该立足于政策的制定、推行和落实，为农村养老服务体系建设保驾护航，营造适宜的制度环境；“有所不为”则是在制度安排和具体实践上应该放手交给市场和其他类型的行动者，并通过市场运行检验其有效性。针对后一点，学者们在分析范式上提出了以下几种具有代表性的观点：第一，“委托代理”说。吉鹏认为，建立在养老服务的安排和提供与直接经营权分离的假设基础上，可以在养老服务供给中引入由政府、社会组织、社区、家庭、市场等行动者组成的多层次委托代理机制，进行服务外包，实现养老资源配置最优化。⑤ 第二，“协同治理”说。持此观点的学者认为，协同治理的核心就是强调治理主

---

① 蒋承、赵晓军：《中国老年照料的机会成本研究》，《管理世界》2009 年第 10 期。

② 王小龙、兰永生：《劳动力转移、留守老人健康与农村养老公共服务供给》，《南开经济研究》2011 年第 4 期。

③ 贺雪峰、郭俊霞：《试论农村代际关系的四个维度》，《社会科学》2012 年第 7 期。

④ 孙中锋、吴昊：《城镇化进程中农村养老供给现状及困境分析》，《老龄科学研究》2014 年第 3 期。

⑤ 吉鹏：《社会养老服务供给主体间关系解析》，《社会科学战线》2013 年第 6 期。

体的多元化[①]，在合作与竞争过程中互为补充，建立农村养老服务网络，最终实现利益的平衡。第三，“合作供给”说。雷咸胜和崔凤根据养老服务产品的技术属性，依照叠加递进的状态将养老服务产品划分精细化[②]，强调供给行动者之间的共治和网络链接。

3. 养老供给模式研究

目前，自我养老、家庭养老、社会养老和政府养老是我国农村主要的养老模式，这些模式在应对农村老年人日趋多样化的需要方面显得力不从心，甚至问题凸显。第一，自我养老更多依赖的是老年人的自我资源，即收入和储蓄。绝大多数农村老年人都从事农业生产，农业收入是其收入的重要组成部分。但是，农业生产在较大程度上受制于年龄、身体机能状况等，同时存在着土地收益的降低和农业生产的风险性等问题，老年人的收入实际上只能自给自足，有的甚至入不敷出。农村老年人的自我储蓄能力较弱，且“父母责任大而儿女义务轻”的不平衡的代际关系[③]使老年人的财富积累急剧缩水。自我养老目前只是农村养老供给服务的一种补充模式，且“在很大程度上是农村老年人的一种无奈选择”[④]。第二，家庭养老资源由于社会变迁和社会转型逐步减弱，从根本上动摇了农村家庭养老的根基，表现为：其一，农村家庭的小型化、代际倾斜、劳动力转移以及直系亲属帮扶养老模式被打破，契约取代血缘，姻缘代替血缘，弱化了家庭养老的功能。[⑤] 其二，农地资源不断减少，失地农民增加，经营农地所能获得的收益逐渐下降，产生的直接后果是农地养老功能减弱[⑥]；间接后果是老年人进一步丧失在家庭财产决策过程中的话语权。其三，农村家庭养老的传统文化、道德伦理、风俗习惯在工业化和多元价值观的挑战下受到前所未有的冲击，教育和制约作用明显减弱。第三，长期存在的城乡二元体制造成了养老保障方面的城乡差距。虽然全国农

---

① 同春芬、汪连杰、耿爱生：《中国养老保障体系的四维供给主体与职责定位》，《湘潭大学学报》2015 年第 3 期。

② 雷咸胜、崔凤：《农村养老服务产品的合作供给》，《人口与社会》2015 年第 3 期。

③ 贺雪峰、郭俊霞：《试论农村代际关系的四个维度》，《社会科学》2012 年第 7 期。

④ 孙中锋、吴昊：《城镇化进程中农村养老供给现状及困境分析》，《老龄科学研究》2014 年第 3 期。

⑤ 郭文娟、麻学锋：《优化西南边疆农村家庭养老资源供给的思考》，《经济与管理》2010 年第 11 期。

⑥ 黄乾：《农村养老资源供给变化及其政策含义》，《人口与经济》2005 年第 6 期。

村地区都先后建立了“新农合”，并于2009年开始实施“新农保”，但保障水平偏低，保障功能不强，且资金缺口大，收不抵支；公办养老机构和私营养老机构在农村地区发展缓慢，甚至近似于空白。第四，农村地区政府层面的养老供给主要为五保户供养制度和敬老院集中养老模式。农村敬老院的供养对象主要是“三无”老人，他们是老年人中的极少数，入住率不高，造成了养老资源的闲置和浪费；敬老院规模普遍不大、经济保障水平较低、覆盖面小，难以解决日益突出的养老供需矛盾。其他有益的补充养老供给方面，幸福院的建设取决于村庄的经济发达程度，远不能达到普惠型的制度目标①；由于经济困难和服务主体的缺乏，社区养老在农村基本处于空白。综上所述，目前农村地区的养老供给模式仍然处于一种“残缺型”福利状态。

（三）关于健康促进视角下养老服务的研究

1. 制度设计研究

党的十八大及十八届五中全会后，“健康中国”概念上升至国家战略层面，医养结合则是推动“健康中国”的具体探索和实践突破。医养结合的顶层设计是核心，制度和政策是保障。《国务院关于加快发展养老服务业的若干意见》《国务院关于促进健康服务业发展的若干意见》以及九部委联合颁发的《关于推进医疗卫生与养老服务相结合的指导意见》等多个文件，从服务主体、服务对象、服务内容、服务供给方式、资金渠道等多个方面对医养结合服务的发展进行了中长期规划和合理布局，进一步明确医养结合不是“医疗机构+养老机构”的简单叠加，其实质是医疗资源和养老资源的整合，是医疗、康复、养老和护理的统一一体化，为的是提高老年人的生活质量和健康水平。在相关制度和政策的指导下，医养结合在城市的实践已经形成了“青岛模式”“合肥模式”“长沙模式”等成功范式，但如何在农村地区构建医养结合服务体系则存在理论和实践的空白。邹纯青认为，农村地区实行医养结合养老服务缺乏体制机制保障的原因在于，中央颁布的有关推进医养结合的“意见”等属于传达宏观政策信息的公文，对具体操作和实践不需做出明确规定，强制性和稳定性相对较弱，而如何贯彻落实这些文件则取决于地方各级

① 张世青、王文娟、陈岱云：《农村养老服务供给中的政府责任再探》，《山东社会科学》2015年第3期。

政府的认知和执行力。[①]

如何通过具体的制度设计和制度完善助推医养结合服务是学者们关注的焦点。其中，长期护理社会医疗保险制度受到了学者们的青睐。20 世纪 80 年代，部分发达国家催生了长期护理社会医疗保险制度的出台，基本目的是缓解医疗保险基金的支付压力，基本形式是整合慢性病的社会照料和医疗保险制度，并在长期运行中形成了以税收为筹资渠道的“英国模式”，扩充社会医疗保险的“法国模式”，单独建立公共长期照护保险制度的“日本模式”等。[②] 这些发达国家对社会养老服务体系的路径优化探索，对于我国建立医养结合养老服务具有较好的借鉴和启发。有学者呼吁，中国应尽快建立医养结合的长期护理保险制度，具体策略方面形成了“直进式路径”与“迂回式路径”的不同设想。首先，在“直进式路径”方面，王杰和戴卫东提出了“城市居家养老护理保险与农村护理救助”的模式设想[③]。杨贞贞认为，在我国经济发展水平与发达国家差距较大的条件下，很难实行“广覆盖”，应该采取“城镇基本医疗保险统筹基金划拨支付与个人缴费相结合”[④] 的社会养老服务筹资模式，推进医养结合的长期护理保险制度。鲍捷等人则建议通过税收优惠政策和宽松的投资模式推行社会医疗保险介入医养结合，转变从医疗保险制度到健康保障制度的偿付结构。[⑤] 张晓杰提出了“基本医疗保险 + 养老服务补贴 + 多元筹资”的组合式基金模式。[⑥] 另外，在“迂回式路径”方面，蒋虹认为，从“以商业性为主、社会性为辅”过渡到“覆盖全民的社会性长期护理保险制度”比较符合我国的基本国情[⑦]，是一种更为现实和稳妥的制度选择。荆涛则采取了“三步走”的策略，从“商业长期护理保险模式”到“商业长期护理保险模式 + 社会基本长期护理保险制度”，再到“覆盖全民的、强制长期护理保险模式”。[⑧]

---

① 邹纯青：《新型城镇化之农村医养结合养老模式探析》，《管理观察》2015 年第 21 期。

② 杨贞贞：《医养结合的社会养老服务筹资模式构建与实证研究》，北京大学出版社 2016 年版，第 13 页。

③ 王杰、戴卫东：《长期护理保险在中国的选择——基于制度经济学的分析》，《市场与人口分析》2008 年第 4 期。

④ 杨贞贞：《医养结合的社会养老服务筹资模式构建与实证研究》，博士学位论文，浙江大学，2014 年。

⑤ 鲍捷、毛宗福：《社会医疗保险助推医养结合服务的政策探讨》，《卫生经济研究》2015 年第 8 期。

⑥ 张晓杰：《医养结合养老创新的逻辑、瓶颈与政策选择》，《西北人口》2016 年第 1 期。

⑦ 蒋虹：《我国长期护理保险的发展模式选择》，《西南金融》2007 年第 1 期。

⑧ 荆涛：《建立适合中国国情的长期护理保险制度模式》，《保险研究》2010 年第 4 期。

2. 价值导向和制度规范化研究

医养结合养老服务的建立和推行可以通过观念内化与角色建构的方式限定社会成员的程序规范、责任与义务等，建立所有行动者共同遵守的价值导向机制。它对行动者具有规约性，没有强制性，但同时也具备使能作用，“既赋予权利也施加责任，既赋予特权也施加义务，既提供许可也实施命令和操纵”[①]。医养结合的价值导向与社会成员的价值取向和价值需要具有内在的高度一致性，其基本要素包括规范性秩序和规范性效益。其中，主流价值观、信念、道德会对医养结合的规范性秩序具有极大影响，规范性效益又可具体表现为权利、责任、义务、利益期待、行为方式等。

首先，医养结合养老制度的规范性取决于政策的价值取向以及推行过程和管理流程中的规范化和制度化。第一，作为一项制度设计，医养结合的直接目的是保障老年人多层次、多样化的基本养老需要，但其价值取向却存在重社会、轻个体的倾向。除了注重社会的整体效益，医养结合还应该重点关注经济水平欠发达的农村地区老年人的需要差异。我国长期存在的城乡二元社会保障体系使农村的医疗、养老保障水平和保障力度远低于城市，农村老人相对处于较为弱势的地位，在农村地区推行医养结合所面临的困难和挑战更为艰巨。因此，如何为农村老人构建多层次与递进性的医养结合专业化梯度服务序列是政策设计的出发点[②]，是社会与个体兼顾的价值取向。第二，医养结合的推行离不开卫生、民政、老龄和社保等多部门的介入和合作，彼此间的职责交叉问题容易产生“多头管理”或“多头不管”的局面[③④]，给医养结合的推行带来来自科层结构的阻碍。第三，我国的服务机构一直以来存在着“双轨运行”模式，公营机构从政策、资金、保障等方面可以获得较多来自于政府的支持和倾斜；民办机构则处于“爹不疼、娘不爱”的弱势地位。如果不从体制改革层面破除这种不公平竞争现象，必然会影响医养结合服务供给质量。

其次，在医养结合的规范性效益方面，学者们认为，医保约束成为目前

① ［美］W. 理查德·斯科特：《制度与组织——思想观念与物质利益》，姚伟、王黎芳译，中国人民大学出版社 2010 年版，第 63 页。

② 张晓杰：《医养结合养老创新的逻辑、瓶颈与政策选择》，《西北人口》2016 年第 1 期。

③ 黄佳豪、孟昉：《“医养结合”养老模式的必要性、困境与对策》，《中国卫生政策研究》2014 年第 6 期。

④ 冯丹、冯泽永、王霞、李秀明：《对医养结合型养老机构的思考》，《医学与哲学》2015 年第 4A 期。

推进医养结合的掣肘，医养结合机构在医保方面出现了权利和义务、责任不对等的局面。老年人接受医疗服务可以享受医保，而养老机构却很难成为医保定点机构，由此产生的可能后果是：一方面，由于医保数量达标，医疗机构的工作动力和工作积极性可能下降；① 另一方面，是否能够纳入医保定点范围，对医养结合型养老机构内源性发展机制有较大影响。医养结合型养老机构在解决老年人从“住院模式”转变为“养老院模式”的过程中，由于缺乏医保定点的资质，可能存在部分老年人长期霸占“住院模式”资源、将养老服务费用转移到医保的道德风险②。以上的消极因素最终损害的是老年人的整体利益，影响的是老年人的合法权益。此外，在保障老年人的健康需要和避免医疗事故责任上，急需完善风险规避和问责机制方面的相应法规细则，明确医养结合机构的相应权利、责任、义务等；如若不然，将会阻碍、束缚医疗机构和养老机构的前进步伐，使其步步保守，缺乏创新精神和探索动力。③

二　国外研究现状

（一）关于长期照护制度的研究

为了积极应对老龄化问题，很多国家相继建立了长期照护制度（Long－term Care，LTC）。迄今为止，各国对 LTC 并未形成一个统一、规范的概念界定，但是这并不妨碍学者们分别从照护对象、运行模式、照护模式等角度来探讨和分析 LTC。

1. 长期照护对象研究

日本长期照护保险的覆盖对象包括两类：第一类为 65 岁及以上人口，第二类为 40—64 岁的群体。只要达到年龄标准，第一类人群可以享受长期照护制度提供的所有照护服务，第二类人群只有在患有与年龄相关的特殊疾病（16 种）时才可享受特定服务。④ 此外，荷兰、德国、美国等国家基本都是面

---

① 朱吉、贾杨、陆超娣、王磊、姜丽、陈戈、朱立峰：《上海市“医养融合”面临的问题及对策建议》，《中国卫生资源》2015 年第 3 期。

② 黄佳豪：《关于“医养融合”养老模式的几点思考》，《国际社会科学杂志》（中文版）2014 年第 1 期。

③ 朱吉、贾杨、陆超娣、王磊、姜丽、陈戈、朱立峰：《上海市“医养融合”面临的问题及对策建议》，《中国卫生资源》2015 年第 3 期。

④ Japan Ministry of Health，*Labour*，*and Welfare*：*Long term care insurance operational situation report*（*Provisional*），2016－05－19，http://www. bm. mhlw. go. jp/topics/ kaigo/osirase/ jigyo/m08/0809. html.

向全体国民推行长期照护保险，只不过，各国的运作模式有所不同。作为世界上第一个建立全面的、强制性的长期照护制度的国家，荷兰的长期照护保险覆盖了各个年龄阶段的公民。德国的LTC由国家通过立法的形式强制推行，以“照护保险依附健康保险”为原则，所有承担法定义务的被保险人在参加健康保险的同时都必须参加公立机构提供的法定长期照护保险①，其他未被包括在法定照护保险里的国民也必须参加由私立公司提供的私人照护保险。美国的长期照护保险实行自愿购买，并以老年人为主，但由于投保费用高昂，其覆盖范围有限。②

2. 长期照护制度运行模式研究

埃斯平·安德森（Esping Andersen）将福利国家体制分为自由主义福利体制、保守主义福利体制和社会民主主义福利体制三大类③，各国从不同的福利国家体制出发，衍生设计出了不同的长期照护制度。第一，在以美国、英国等为代表的自由主义福利体制国家里，长期照护被视为个人责任和个人选择，鼓励个人通过市场化保险服务来分担个人风险，政府出资购买的长期照护服务仅面向特定救助对象。美国的长期照护保险实行完全市场化运作，但是老年人可以通过国家的医疗救助来获取长期照护资金，如，40%的医疗救助资金用于支付长期照护服务，30%的长期照护对象可以享受医疗救助④。英国的LTC是由地方政府对有照护需要的个体进行家庭资产调查，在调查结果基础上分别予以差别化的保障。第二，保守主义福利体制国家以德国、荷兰、日本等为代表。这些国家通过立法形式明确公民参加长期照护保险是法定义务，通过健康保险和长期照护保险的叠加为LTC的执行形成了稳定资金来源，政府与个人共同承担社会风险。如，德国于1994年将《长期照护保险法》编入了社会法法典，将全社会的“护理需要”都纳入了社会保险体系，实行全民保险⑤，充分发挥家庭、社会和国家在福利产品供给方面的作用。在社会健

---

① 刘涛：《福利多元主义视角下的德国长期照护保险制度研究》，《公共行政评论》2016年第4期。

② Howard G.，“Long－term care financing reform：lessons from the US and abroad”，*The Commonwealth Fund*，February，2010.

③ ［丹］哥斯塔·埃斯平－安德森：《福利资本主义的三个世界》，苗正民、滕玉英译，商务印书馆2010年版，第134—186页。

④ Howard G.，“Long－term care financing reform：lessons from the US and abroad”，*The Commonwealth Fund*，February，2010.

⑤ 陈诚诚：《德国长期照护保险制度的特色及改革动态》，《中国医疗保险》2014年第12期。

康保险已经覆盖了全国2/3的中低收入人群的基础上，荷兰于1968年建立了单独的、强制性的长期照护保险，几乎覆盖了全部人群。日本2000年正式启动长期照护保险制度，以政府为主导将分散在卫生部门和社会福利部门的资金予以整合，由消费者自由选择服务内容和服务供给方[①]。第三，包括了挪威、瑞典、丹麦等在内的社会民主主义福利体制国家发展出了普及性和“去商品化”程度最高的长期照护制度[②]，将家庭照料服务社会化，强调国家或政府是长期照护的主要供给来源，家庭仅是长期照护的支持性力量或扮演补缺性角色，每个公民都有权享有长期照护服务。

除了安德森所划分的三大福利国家体制，东欧和南欧的福利国家（如西班牙、意大利、波兰等）发展出了“家庭主义”长期照护制度。这种制度非常强调老年人长期照护的家庭责任，政府或公共部门提供有限的资金支持。“家庭主义”长期照护制度的公共支出占GDP的比重一般在0.5%以下。[③] 有限的财政支持固然能够减轻国家负担，却加重了家庭的照护压力，因此，东欧和南欧各国也结合各自国情向照护对象发放现金津贴，由照护对象向家庭成员、邻里或社会购买照护服务。另外，东亚福利国家以发展性、生产性和儒家主义为特点设计了以不干预主义和保守主义为一体的长期照护制度，将照顾老年人视为家庭成员的责任，“当儒家传统家庭模式稳定时，整个社会也相对较稳定，政府信奉‘不干预型’的家庭政策，当政治经济发展削弱了儒家传统的家庭凝聚力时，政府则倾向于透过政策以保留传统”[④]。可见，不同福利体制国家的长期照护制度运行模式有所差异，体现出多样性特征，但总体而言，长期照护制度是内嵌于福利国家体制内部的。

3. 长期照护模式研究

居家照护、机构照护和社区照护构成了发达国家长期照护服务的主要模式，其内容涉及日常生活照料、医疗康复护理、心理健康服务、精神慰藉、临终关怀等，在满足照护对象基本生存需要的基础上，尽可能维护和促进他

① 李时华：《日本长期照护保险制度的特征与启示》，《中国医疗保险》2015年第8期。

② 张盈华：《老年长期照护的风险属性与政府职能定位：国际的经验》，《西北大学学报》（哲学社会科学版）2012年第5期。

③ Colombo，Francesca，“Help wanted? Providing and paying for Long－Term Care”，*OECD Health Policy Studies*，OECD Publishing，2011，https://trove.nla.gov.au/work/152369106.

④ 张立龙：《福利国家长期照护制度及对中国的启示》，《社会保障研究》2015年第6期。

们的自主能力，提高生活质量。此外，各国的 LTC 还表现出不同的制度特色。荷兰推出的“个人照护预算”为个人自由选择并自主购买照护服务内容、方式和供给者提供了政策保障和资金支持。[①] 德国的长期照护推行多元主义路径，在家庭、社区之外，鼓励公立福利协会、私人照护公司和具有公益性质的社会福利机构提供照护服务；照护递送模式呈现为多元组合形式，即有照护需要的公民既可以申请照护货币津贴购买照护服务，也可以申请部分照护津贴和部分照护服务的组合待遇。[②] 日本的照护服务内容包括了居家照护以及器具租借和设施改建两大部分 13 项服务内容，并于 2006 年增加了 6 项预防性长期照护服务[③]，老年人以及准老年人可以自由选择照护服务内容，充分体现了以照护对象为中心的制度设计理念。

（二）关于养老资源供给的研究

除了老年人自身尽力克服身体、认知和社交等方面的退化，且持续而积极地投入社会和生产性活动中，建立和制定能够满足老年人需要的保障体系与政策也是提高老年人生活质量的关键因素。国外学者更多从养老保障角度来探讨养老资源的供给问题。

1. 社会保险型养老保障制度研究

社会保险型养老保障制度以社会保险为保障重点，其他救助型措施和福利性政策作为补充，在自保的基础上强调“援助自助者”。这种模式以美国、日本、德国等国为代表。其一，在美国，入住养老院的人数从 2000 年的 4.5% 下降到 2014 年的 3.2%；在 65 岁以上老年人人群中，年龄越大越倾向于进入养老院养老，54—74 岁的老年人进入养老院的比例为 1%，75—84 岁的比例为 3%，而 85 岁及以上的老人则达到了 10%。[④] 最容易进入养老院的老年人通常是独居者、健康状况或身有残疾影响日常生活的老人、非正式照顾者负担过重的老人等。[⑤] 长期医疗保险范围的放宽以及私人长期养老保险的

---

① Brown J. R. , Finkelstein A. , “Why is the market for long – term care insumnce so small?” *Joumal of Public Economics*, No. 91, 2007.

② 刘涛：《福利多元主义视角下的德国长期照护保险制度研究》，《公共行政评论》2016 年第 4 期。

③ 李时华：《日本长期照护保险制度的特征与启示》，《中国医疗保险》2015 年第 8 期。

④ Administration On Ageing, *Profile of Older Americans: 2015*, 2016 – 05 – 20, http://www. aoa. acl. gov/Aging_Statistics/Profile/2015/6. aspx. 2015.

⑤ Mcfall S. , Miller B. H. , “Caregiver burden and nursing home admission of frail elderly patients”, *Journal of Gerontology: Social Science* , Vol. 47, No. 2, 1992.

出现，为美国老年人养老提供了养老院以外的另一种更方便、更自由的选择，也为其他养老方式的选择提供了可行方案。[①] 按照 Administration On Ageing 的统计数据，2015 年，美国超过半数（56%）的老年人与配偶居住在一起，其中，70% 的老年男性以及 45% 的老年女性与配偶居住在一起；29% 的老年人独自居住，独居比例随着年龄的增加而增加，年龄在 75 岁以上的女性老年人独自居住的比例为 46%。[②] 大多数美国老年人在养老安排上选择与配偶而非儿女在一起生活，一方面是因为婚姻满意度在晚年达到高峰，夫妻间的互动更为积极、有效；另一方面配偶共同生活既不增加儿女的家庭负担，同时老年人的个人隐私和人际关系也不会受到侵犯，老年人可以更多从配偶那里获得支持与照顾。关于独居者家庭数量上升的现象，有学者认为部分原因是政策导向。例如，美国 1987 年开始实施的“反向抵押贷款”项目使老年人能够依靠自己的房屋维持晚年生计，增加了老年群体的经济收益；政府建设便利老年人居住的住房政策以及长期照护制度使老年人不需要进入专门的养老机构养老。[③] 与此同时，美国的农民与城市居民一样主要通过社会养老保险、私营退休养老保险和个人养老保险三大渠道，在统一制度下享受社会养老保障。[④] 其二，日本农村的养老保障体系主要依托社会养老，采取双结构年金制。日本政府于 1961 年全面实施《国民年金法》，强制将农民全面纳入国家社会养老保障体系中，农民年满 65 周岁就可领取与城市居民同等的养老金，进入了“国民皆年金”的时代。1971 年，日本政府开始实施《农业劳动者年金基金法》，采取自愿方式鼓励农民参保，旨在提高农民晚年养老的生活水平。由“个人储蓄 + 国民年金 + 农业者年金”组成的养老保障体系的建立[⑤]使日本农民的养老供给有了可靠来源，具备可操作性和持续性，同时也推动了农村养老保障体系的法制化和规范化。

---

① Ness J., Ahmed A., Aronoe W. S., “Demographics and payment characteristics of nursing home residents in the United State: A 23 - year trend”, *Journal of Gerontology: Social Science*, No. 59A, 2004.

② Administration On Ageing, *Profile of Older Americans: 2015*, 2016 - 05 - 20, http://www.aoa.acl.gov/Aging_Statistics/Profile/2015/6.aspx. 2015.

③ Kinsella K., Velkoff V. A., *An ageing world: 2001*, Washington, D. C.: U. S. Government Printing Office, 2001, Series P95/01 - 1.

④ 财政部财政科学研究所、王桂娟：《美国农民的养老保险制度及其对中国的启示》，《中国财政学会 2010 年会议暨第十八次全国财政理论讨论会论文集》，北京，2010 年，第 605—610 页。

⑤ 李敬波、宋立平：《国外农村养老保障制度对我国的启示》，《黑龙江社会科学》2010 年第 3 期。

2. 社会救助型养老保障制度研究

由于国家财力有限，难以实现全民福利，仅能向特殊群体提供养老金救助，因此，这种制度是一种最低程度的基本养老保障，以南非、巴西等国家为代表。南非自1928年开始建立非缴费性的“国民养老金计划”，实行了国家财政完全转移支付，同时在财政预算安排中预留保障救助金用于满足贫困和弱势人群的基本生活需要。2010年，南非财政预算的50%以上用于各省、市的教育、医疗、社会救助、市政基础设施和人居工程，通过兴建公共设施①，以工代赈增加贫困人口的收入②。这种“普救式+选择式”并存的社会救助计划扩大了受益人口覆盖面，加强了对贫困和弱势人群（如黑人、妇女、儿童、老年人、农民等）的保障力度。③④ 巴西农村养老保障采取的也是非缴费性养老金制度，由两大基本支柱构成：其一，“农村年金计划”依靠的是政府财政全额筹资，65岁以上的农民按照从事农业劳动年限作为领取养老金的依据，养老金的发放标准与法定最低工资持平，养老金的发放并不限于农业劳动者个体，还包括其配偶。其二，“社会救助年金计划”建立在收入调查的基础上，政府无偿对67岁以上的、收入低于法定最低工资或身患残疾无法参加劳动的农村老年人提供救济金，救助年金发放标准与社会养老保险一致。⑤

三 研究评述

（一）关于养老需要研究的评述

对相关研究的梳理发现，学者们普遍认为老年人的养老需要结构会随着社会经济条件、生活方式、观念意识等方面的变化而体现出复杂性和层次性。对老年人养老需要的评估和测算是农村老年人养老需要转化为市场行为的关键，也是农村养老服务体系建设中制度设计和政策安排的基础。但是，纵观

---

① 杨立华：《南非社会保障体系中的社会救助制度》，《西亚非洲》2010年第9期。

② Enid Schatz, Xavier Gómez－Olivé, Margaret Ralston, Jane Menken, Stephen Tollman, “The impact of pensions on health and wellbeing in rural South Africa: Does gender matter?” *Social Science & Medicine*, No. 75, 2012.

③ Enid Schatz, Xavier Gómez－Olivé, Margaret Ralston, Jane Menken, Stephen Tollman, “The impact of pensions on health and wellbeing in rural South Africa: Does gender matter?” *Social Science & Medicine*, No. 75, 2012.

④ Amar Hamoudi, Duncan Thomas, “Endogenous coresidence and program incidence: South Africa's old age persion”, *Journal of Development Economics*, No. 109, 2014.

⑤ 徐文芳：《国外农村养老保障实践及对我国的启示》，《社会标准研究》2010年第2期。

国内相关研究，养老需要研究方面存在的不足为：第一，列举法的使用更多是服务于学者们的特定研究目的和研究假设，项目设置随意性和差异性较大。第二，养老需要的测量指标及评估方面还缺乏统一、有效的操作化标准，甚至在某些概念的界定上还时有交叉、混乱现象出现。第三，由于农村地区经济发展水平和养老服务供给的差别，实证研究不可能穷尽农村老年人的所有养老需要。因此，合理、可行的做法就是遵循养老需要的逻辑基点和理论依据，确定农村老年人养老需要的内涵和边界，在此框架中进一步列举、设计具体的测量指标和实证方法。在此基础上以老年人的多种养老需要作为甄别不同养老服务供给对其生活质量意义的标准，为健康促进养老供给体系推行的先后次序、轻重缓急提供依据。

（二）关于养老供给研究的评述

学者们普遍认同，任何国家的社会保障制度建设都是建立在本国社会经济发展的现实基础上，其背后都有着深刻的文化、历史传统、政治体制、社会条件等沉淀。建立具有中国特色、符合中国国情的农村养老保障体系是中国在当前以及未来都必须要独立承担和面对的现实任务。但是，现有研究存在的不足为：第一，现有研究较少以老年人的养老需要为出发点，从养老需要和养老供给衔接角度为社会福利制度设计和养老实践提供相关实证证据。第二，健康促进养老供给目前还处于起步阶段，供给主体尚需培育和扶持，供给模式尚在摸索和调整，可及性还是一个有待考察和确认的问题。因此，本书认为，研究农村养老供给要以老年人的养老需要为基础，融合养老服务和健康理念，将医疗、康复、养老、养生集合一体形成综合的新型养老模式，即健康促进养老供给要“通过提升医疗服务对养老服务的健康促进支持”①。就农村地区而言，机构结合式的医养结合在当前并不适合其实际发展需要，也不是唯一可选择方式。农村健康促进养老供给要以老年人的养老需要为导向，从大健康和大医疗角度把养老资源和医疗资源相结合，实现社会资源利用最大化，通过医疗介入养老服务为所有老年人增益。但是，在研究农村社会养老服务，尤其是健康促进养老供给时，在充实社会养老服务内涵和功能定位的基础上要厘清社会养老服务的理论逻辑，谨慎对待广义理解方式。

① 王彦斌：《欠发达地区农村医养结合养老服务体系构建》，《探索》2017 年第 6 期。

第三节 理论视角

一 马斯洛与阿尔德福的需要理论

以“需要”为本的社会福利目标定位是“以人为本”原则的体现，其核心是将社会福利目标定位从国家回归到人①。从个体角度来说，人类的生命活动始于以生存为目的的基本需要，人的基本需要是普遍存在的、客观的，它构成了人类行为和社会互动的基础②。没有需要，人类就失去了生命存续和种族繁衍的内在依据，“需要”是标记个体“活着”的重要指标。只要生命存续，个体就会源源不断地产生需要；当需要不存在时，个体也许就不再存在。从此意义上来理解，需要就是人类生存的动机，贯穿了人类生命的始终，这是需要的自然属性，可以具体体现为个体需要。正如亚伯拉罕·马斯洛（Abraham Harold Maslow）所言：“人是一种不断需要的动物，除短暂的时间外，极少达到完全满足的状态。一个欲望满足后，另一个迅速出现并取代它的位置，当这个被满足了，又会有一个站到突出位置上来。人总是在希望着什么，这是贯穿他整个一生的特点。”③ 人之所以能超越动物本能，是因为其需要具有社会意义，个体因需要而存在，同时需要又必须在社会中得到满足。个体是存在于社会整体中的人，通过劳动结成关系，通过劳动与社会、历史建立联系，需要是人的本质属性、是人之所以成为人的根本。当个体需要与社会中其他人的需要建立了关联，人与人之间就互为存在并进行社会互动。与此同时，当个体社会成员的需要聚集为一种同一社会文化背景下全体成员都具有的需要，并统一归入社会需要体系中时，就表现为社会成员需要的集合。这就是需要的社会属性，具体体现为社会需要。从社会福利视角理解社会成员的社会福利需要，其内涵可以被界定为“人类为了生存和福祉的生理、心理、经济、文化和社会要求”④。

---

① 彭华民：《论需要为本的中国社会福利转型的目标定位》，《南开学报》（哲学社会科学版）2010 年第 4 期。

② ［英］莱恩·多亚夫、伊恩·高夫：《人的需要理论》，汪淳波、张宝莹译，商务印书馆 2008 年版，第 49—75 页。

③ ［美］亚伯拉罕·马斯洛：《动机与人格》，许金声译，中国人民大学出版社 2012 年版，第 9 页。

④ 彭华民等：《西方社会福利理论前沿》，中国社会出版社 2009 年版，第 30 页。

对需要的类型划分是理解由需要发展而来的关联概念的基础。马斯洛的“需要层次理论”是解释人类动机的重要理论。他将人类的需要从低到高分为五个层次：其一，生理需要。处于需要层次的最底端，却是最重要、最有力量的。生理需要是个体维持生存和种族繁衍的基本需要，如食、饮、睡眠、性欲等，如果得不到满足，个体就无法生存。其二，安全需要。在生存需要得到满足后，个体就会产生寻求保护并免受威胁，从而获得安全感的需要。其三，社会需要。是指从他人、社会群体、社会组织或活动中获得接纳、爱护、关注、鼓励、支持等的需要。其四，尊重需要。这是获取并维护个体自尊心的需要，包括自尊和受到他人尊敬、关爱、赞许等。其五，自我实现的需要。在马斯洛眼中，自我实现是人存在的目的、是个体发挥潜能和创造性获得成就的需要。按照马斯洛的观点，在需要的整体结构层次中，越是基础的需要对人的影响力越大，只有低一级的需要得到基本满足后，高一级的需要才会成为个体行为的动机，各需要之间有先后次序和高低层次之分。

阿尔德福对马斯洛的“需要层次理论”进行了修正、重组，提出了“ERG 理论”。他将人的需要分为三种：其一，生存需要是个体满足生存的所有生理和物质上的需要，相当于马斯洛需要层次理论中的生理需要和安全需要。其二，关系需要是个体保持重要人际关系、维持一定社会地位和存在价值的需要，包括马斯洛社会需要以及尊重需要的外部内容。其三，发展需要是个体寻求自身发展的内部需要，包括马斯洛尊重需要的内部成分和自我实现需要的部分内容。ERG 理论认为，需要之间不是刚性的递进关系，个体某一时期的动机可能是多个需要共同起作用，多种需要具有并存性；如果高层次需要得不到满足，低层次需要的力量就会越大，满足愿望也会越强烈，即存在一个“挫折—退化”的过程。①

二　罗斯和伊瓦思的福利多元主义理论

真正从理论角度论述福利多元主义的学者是罗斯（Rose）。他认为，“福利国家”的概念提法本身就存在着让人以为福利供给就是国家负完全责任的错误导向，“国家在提供福利上的确扮演者重要的角色，但绝不是对福利的垄

① Clayton P. Alderfer, “An empirical test of a new theory of human needs”, *Organizational Behavior & Human Performance*, No. 4, 1969.

断”[1]。罗斯主张，福利是整个社会的产物，市场、家庭、个人都生产福利[2]，如果仅从国家角度来考察社会福利存在很大的局限性。社会的总体福利体现为国家、市场和家庭所做出的福利贡献，它们所提供的福利总和就是整个社会的总体福利，可以用公式表示为“TWS = H + M + S”，即“社会总体福利 = 家庭福利 + 市场福利 + 国家福利”[3]。市场和家庭参与社会福利供给可能会带来国家福利供给的减弱，但并不影响社会总体福利的供给水平，“如果有多种来源而不是单个垄断的供应者，社会的总福利可能会更多”[4]。任何一个主体如果作为福利供给的单一提供者都是存在缺陷的，只有国家、市场和家庭联合起来，才能扬长避短，互相补充，实现社会福利供给的最优化，即“国家、市场和家庭之间与其说是相互竞争的关系，不如说是相互补充的关系，三者此消彼长，一方的增长对其他方的贡献具有替代性”[5]。罗斯对福利多元主义理论的阐述，奠定了从规则、筹资和供给主体考察社会福利多元供给的理论框架。

在对福利多元主义的解析过程中，学者们形成了颇具代表性的三分法和四分法的分析框架。福利多元主义的三分法是在罗斯的观点基础上发展而来。罗斯对福利多元主义的内涵阐释，实质上暗含着将社会福利提供主体分为国家、市场和家庭三个组成部分的分类思想。紧随其后，伊瓦思（Evers）提出了福利三角的分析范式。他在文化、经济和政治背景中将社会福利来源解构为对应的组织、价值和社会成员关系。在伊瓦思看来，“国家是公共组织，体现了平等和保障的价值，社会成员关系表现为行动者和国家的关系；（市场）经济是以选择和自由为价值保证的正式组织，其社会成员关系表现为行动者和市场的关系；家庭属于非正式的或私人的组织，基本价值是团结和共有，体现了行动者和社会的关系”[6]。伊瓦思从福利混合的角度考察了三种社会制

---

① 彭华民等：《西方社会福利理论前沿》，中国社会出版社 2009 年版，第 18 页。

② Rose R. , “Common goals but different roles: The state’s contribution to the welfare mix”, Rose R. & Shiratori R. , *The Welfare State East and West*, Oxford University Press, 1986.

③ 彭华民等：《西方社会福利理论前沿》，中国社会出版社 2009 年版，第 1 页。

④ ［加］R. 米什拉：《资本主义社会的福利国家》，郑秉文译，法律出版社 2003 年版，第 114—115 页。

⑤ 彭华民等：《西方社会福利理论前沿》，中国社会出版社 2009 年版，第 18 页。

⑥ 彭华民、黄叶青：《福利多元主义理论：福利提供从国家到多元部门的转型》，《南开学报》（哲学社会科学版）2006 年第 6 期。

度相互补充、相互竞争的关系[①]，即“（市场）经济提供着就业福利；个人努力、家庭保障和小区的互助是非正规福利的核心；国家透过正规的社会福利制度将社会资源进行再分配”[②]。社会成员作为行动者嵌入三种社会制度中，并与三种社会制度发生着互动关系，在互动过程中获得一定的身份角色。欧尔森（Olsson）也用福利三角的观点来分析福利国家，只不过他认为，国家、市场和民间社会（家庭、邻里、志愿组织等）构成了福利的主要提供者，其中，民间社会因为强调福利的私有化和分散化而成为解决福利国家危机的重要途径。[③] 可以说，福利的三角构成就像三角形的三边共同支撑起社会福利的供给，它们之间是平衡的、稳定的，如果其中一方的力量被增强或减弱，三者之间的均衡状态就会被打破，福利国家就会面临着福利危机。

随着福利多元主义理论在实践中的深入，学者们进一步拓展了社会福利输送部门的构成。伊瓦思认为，社会福利的提供仅依靠国家、市场和家庭是不够的，他于 1996 年在原三角的基础上加进了民间社会，对原有的福利三角范式进行了修正，变成了福利四分法。民间社会以志愿性作为行动协调原则，促成私人利益、局部利益与公共利益相一致。在伊瓦思之后，约翰逊（Johnson）在国家、市场和家庭的基础上加入了志愿组织，认为国家的作用是有限的，应该发挥市场、家庭和志愿组织在福利提供中的作用，他将四者之间的组合称为“混合福利经济”。吉尔伯特（Gilbert）和特瑞尔（Terrell）也认同福利四分法，认为社会福利透过政府、非正式组织、志愿组织和营利组织到达那些需要帮助的公民手中，并共同嵌入在福利国家社会市场中的公共领域以及经济市场中的私人领域。[④] 哈特利·迪安（Hartley Dean）认为，“福利混合”就是福利从国家部门的提供转向更加多元化的提供主体，包括了国家部门、非正式部门、志愿部门和私人/商业部门。其中，人们依赖家庭和社区来获得日常性的福利需要，这种非正式的福利供给是建立在人际关系基础之上；

① Evers A.，“Shifts in the welfare mix：Introducing a new approach for the study of transformations in welfare and social policy”，Adalbert Evers，Helmut Wintersberger，*Shifts in the Welfare Mix*，Frankfurt：Campus Verlag Press，1988.

② 彭华民等：《西方社会福利理论前沿》，中国社会出版社 2009 年版，第 3 页。

③ Olsson S.，E. Och H. H. & Eriksson I.，*Social security in Sweden and other European countries—Three Essays*，Stockholm：ESO，1993，p. 113.

④ ［美］Neil G.、Paul T.：《社会福利政策导论》，黄晨熹、周烨、刘红译，华东理工大学出版社 2003 年版，第 79 页。

志愿部门要么作为行政代理以国家名义开展活动，要么与国家部门平行地提供服务，要么作为国家部门服务的补充发挥角色；有支付能力的人则按照商业原则从私人/商业部门购买所需的人类服务；国家部门在福利供给中仍然发挥其特定作用，“福利国家的部分元素，尤其是享有高度公众支持的卫生医疗与教育等基本服务的核心提供，不能轻易地委托给非正式的、志愿性或私人部门”①。福利多元主义理论的四分法是在福利三分法的基础上发展而来，在国家、市场和家庭的基础上加入了志愿组织，使得福利供给来源更加多元化。总体而言，福利多元主义理论中多元化的主体并不是完全独立地提供社会福利，它们之间相互合作、相互补充，建立福利分担机制，生产着不同类型的社会福利的满足人们的需要，共同致力于实现福利资源的最优配置和良好运行。

总之，福利多元主义理论的核心思想就是“福利提供从国家到多元部门的转型”②，即福利是全社会的产物，它的来源应该是非垄断性的，应该鼓励不同社会成员参与到福利供给中，通过福利的多元组合安排，由国家的全面福利安排转变为由不同社会成员或组织提供福利。

三　拉图尔的行动者网络理论

行动者网络理论（Actor - Network - Theory，ANT）由以米歇尔·卡龙（Michel Callon）和布鲁诺·拉图尔（Bruno Latour）为代表的科学知识社会学家提出，其中，拉图尔是该理论的集大成者。作为当代科学人类学和法国新社会学派的重要代表人物，拉图尔提出“科学是在行动者网络中进行建构”的基本主张，促进了科学观向社会学和人类学的转向。

首先，确认非人类因素在科学实践中的地位和作用是“行动者网络理论”建立的前提之一。拉图尔在反对知识社会学和科学社会学中主体与客体二元对立模式基础上，提出了将平等对待自然与社会、主体与客体等因素作为科学研究基本态度的“广义对称性原则”③，即“社会与自然具有同样的建构

---

① ［英］哈特利·迪安：《社会政策十讲》，岳经纶、温卓毅、庄文嘉译，格致出版社、上海人民出版社 2009 年版，第 136 页。

② 彭华民等：《西方社会福利理论前沿》，中国社会出版社 2009 年版，第 13 页。

③ “广义对称性原则”将社会因素以及人类在创造科学知识过程中涉及的所有自然物都纳入考察，实现从观念到观念、从社会性观念到自然物之间的真正的对称。消解了以往科学观的主体——客体模式，放弃了“人类中心主义”，打破了自然与社会、主体与客体、人与非人类、物与非物的二分法，非人类因素首次与人类同时出现成为行动者，彼此间相互纠缠、互生共现。

性，因为它们是同一稳定化过程的双重结果”①。他认为，不论是人，抑或是非人类，“任何通过制造差别而改变事物状态的东西都可以被称为行动者”②。

其次，“行动者网络理论”建立的另一个前提就是对行动者能动性的观念分析，尤其是非人类因素的行动者角色。在行动者网络理论中，“人的去中心化”观点相对降低了人类在科学实践中作为唯一中心的存在感，非人类因素的地位和作用得以彰显。拉图尔试图重新建立起人类与非人类因素之间的紧密联结。他将非人类行动者的能动性予以升级，要求对称地看待人类行动者与非人类行动者的能动性。在他看来，行动者的行动不是主动的、自觉的，而是被迫的，“一个行动者，即是说它在其他事物的驱使之下从事行动”③。这表现为：第一，能动性的实质是支配行动者产生行动的力量。在卡龙提到的“电话”例子里，电话作为一个装置或工具被放置在特定位置，不会对人类产生过多的价值和意义，而一旦电话铃声响起，接或者不接都会对人类做出的行动产生实际影响。在这个例子里，人类不再是行动的唯一中心，电话作为一种自然物也参与到整个行动中，并驱使人类做出相应行动。第二，能动性指行动者通过产生差别而发挥作用。正如拉图尔在《答复 D. 布鲁尔的〈反拉图尔论〉》中所指出的：“在某种程度上，当某人或某物被说成是起到某种作用时，甚至被说成是起到某种‘重要的’‘关键性的’和‘决定性的’作用时，该人或该物必然使唯心主义的指控无效，他/她/它必然产生差别。”④

当然，作为物，非人类行动者永远不能改变“无口不能言、无脚不能行”这一基本事实，因此，非人类行动者能动性的实现离不开“代言人”。代言人是政治学中的常用术语，意指代表个体、集体或社会组织利益而进行信息传播的人。拉图尔的代言人则既可以代表人，也可以代表物。他特别指出，在巴斯德与炭疽疫苗的例子中，不是所有的人类和非人类行动者都面向大众进行演讲、宣传，总有物、有人是隐身幕后、潜心钻研，所以他们需要一个总的代言人（人类行动者）来代表自己与大众沟通、表达利益，而巴斯德就是

---

① ［法］布鲁诺·拉图尔：《我们从未现代过》，刘鹏、安涅思译，苏州大学出版社 2010 年版，第 108 页。

② ［法］布鲁诺·拉图尔、［英］史蒂夫·伍尔加：《实验室生活：科学事实的建构过程》，张伯霖、刁小英译，东方出版社 2014 年版，第 157 页。

③ 贺建芹：《非人类行动者的能动性质疑》，《自然辩证法通讯》2012 年第 3 期。

④ ［法］布鲁诺·拉图尔：《答复 D. 布鲁尔的〈反拉图尔论〉》，张敦敏译，《世界哲学》2008 年第 4 期。

这样一个代言人。表面上看，大众面对的只是单个的科学家，其实在他背后是以这个科学家为代表的庞大的群体，是由许多人和物结成的科学家联盟。[①]非人类行动者是人类的创造物，其本身并非主体性存在，不具备独立自主的能动性和创造性，它们作为人类实践活动的对象凝结了人类的需要和价值，通过主体性的人对人类的生产、生活发生作用。一言以蔽之，非人类行动者能动性的实现，首要得益于其与人类行动者能动性的互生共现；接着通过人类行动者的代言，非人类行动者的存在得以展现，利益得以表达，能动性得以实现。

最后，行动者与网络、与转译者的关系是行动者网络构建的关键。第一，拉图尔把网络界定为一组“其本身的性质并未确定的实体之间的、未得到明确说明的关系”[②]，即广义对称性“从根本上反对行动者内在存在着强弱之分，只承认行动者所形成的联盟的强弱”[③]，一个网络的建立就是两种关系同盟系统的联结，是人类行动者和非人类行动者共同构建和演进的结果，具体表现为一系列的行动，所有作为转译者的异质行动者通过行动不断产生运转、输出结果。行动者网络理论中的“网络”是一种描述连接的方法，它强调工作、互动、流动、变化的过程，研究者若想研究行动者就必须尊重行动者的多样性，到行动过程中去寻找，参与到行动者的行动中。[④] 第二，拉图尔对功能主义把行动者看作处于某个特定位置以完成该位置预设功能的人的看法持有异议。他认为，行动者如果不能造成差异就一定不能被称为行动者，要打破“黑箱”就得承认行动者作为转译者的身份。转译者是与中介者相对立的概念，后者原封不动地对意义和力量进行转运，只要给定输入就会有确定输出，而行动者的不确定性决定了转译者的输入不一定会产生既定的结果，随时有可能改变、转译、扭曲、修改原本给定的意义或元素。可以说，任何一

---

① 贺建芹：《行动者网络理论：人类行动者能动性的解蔽》，《科技管理研究》2014 年第 11 期。

② ［英］提姆·梅伊、詹森·L. 鲍威尔：《社会理论的定位》，姚伟、王璐雅等译，中国人民大学出版社 2013 年版，第 170 页。

③ 左璜、黄甫全：《拉图尔行动者网络理论奠基事物为本哲学》，《自然辩证法通讯》2013 年第 5 期。

④ 为了说明他的行动者观点，拉图尔在《潘多拉的希望》中举了一个有趣的例子——“人用枪杀人”。在拉图尔看来，“枪杀人，不是人杀人”以及“不是枪杀人，而是人杀人”的判断都是有失偏颇的。在这个杀人行为中，枪和人都应该承担责任、都是行动者，因为人已经不是以前的那个手里无枪的人，当他用枪杀人，就已经变成了一个“凶手”；枪也不是以前躺在枪套里的那把枪，现在变成了“凶枪”。

个行动者都在用自己的语言和行为将其他行动者的问题和角色进行转译，所有行动者随时都处于转译和被转译的过程中，每一个行动者的角色和行动目标都是通过其他行动者的转译而得以界定和确立。据此，转译者更像是一种对待行动者的态度，从行动者的概念构成来对待世间所有事物。[①]

第四节 基本观点

一 老年人的养老需要是理解养老供给的根本出发点

首先，从广义的“健康”概念角度来说，健康促进养老服务体系可以视为一种面向全体老年人的准公共健康服务。传统观点认为，健康就是没有疾病或没有虚弱状态，这是一种纯粹的生物医学模式的看法，导致人们把对健康需要的满足和健康管理聚焦在疾病控制和延长寿命方面，无助于人们从整体生活质量上看待健康、理解生命。1946 年，世界卫生组织将健康界定为“健康是一种躯体的完全适宜，精神和社会的安乐，而不仅仅是不存在虚弱和疾病”[②]。WHO 对健康的界定确定了“生物—心理—社会”模式（BPS 模式）下的健康标准，是迄今为止对健康最权威的定义。在此定义基础上，可以把人们的健康需要理解为三个递进的层次：第一，身体健康需要，又可称为生理健康需要或躯体健康需要，是指确保躯体的结构完好、功能正常的需要。具体可分为两个层次：预防性健康需要和治疗性健康需要。前者是“人们能够进行正常的生活和工作的基础上的健康需要，是一种主动的健康需要”[③]，满足人们“未病先防”的需要；后者需要满足的是“既病防变”的健康需要，通过利用医疗卫生技术、器械、药物等手段和医疗卫生资源帮助患者达到减轻痛苦、增进健康、延长寿命的目的。第二，心理健康需要，又称精神健康需要，是人们“能够积极地、正常地、平衡地适应当前和发展的社会环境的良好的心理状态”[④] 的需要，即无心理疾病且拥有积极发展的心理状态。第三，社会健康需要着重体现为个体的社会适应性和对环境的适应能力，“可以解释为社会化的个人完成

---

① 吴莹、卢雨霞、陈家建、王一鸽：《跟随行动者重组社会》，《社会学研究》2008 年第 2 期。

② World Health Organization, *Constitution of the World Health Organization*, Geneva: World Health Organization, 1946, pp. 1315 – 1323.

③ 高其法：《浅论居民的行为心理与健康需要》，《医学社会学》2009 年第 1 期。

④ 泛珠三角地区九所师范大学联合编写：《现代心理学》，暨南大学出版社 2008 年版，第 290 页。

角色任务的能力处于最适当的状态”①，强调健康与环境之间的动态平衡。三个健康需要之间是相互作用、互相影响的动态关系。身体健康需要是心理健康需要和社会健康需要的基础，个体如果没有身体状态的完好和身体的康健就无法追求心理健康需要和社会健康需要，心理健康需要和社会健康需要反过来又能促进身体健康；社会健康需要建立在身体健康需要和心理健康需要的基础上，同时对于保持身体健康需要和心理健康需要起到了协同作用。

如果将健康促进养老服务体系与老年人的健康需要进行对应，可以发现，健康促进养老服务体系完整地反映了健康需要的三个层次：健康促进养老服务体系中的医疗卫生资源主要通过预防性和治疗性医疗卫生手段和资源满足老年人保持躯体结构完好、功能正常的需要，而包含了经济供养、生活照料、精神慰藉、社会参与、自主等服务内容在内的养老资源则涵盖了老年人的部分生理健康需要以及全部的心理健康需要和社会健康需要。医疗卫生服务是养老服务的基础和强有力的支撑，而养老服务数量上的充分供给和质量上的提升能确保老年人精神状态完好和社会状态完好，反过来又进一步促进了其身体状态的完好。本书认为，从老年人健康需要满足角度来说，健康促进养老服务应该以“基础在医，重心在养”“以医促养，以养为主”的医养结合为核心。

其次，农村老年人的养老需要不是固定不变的，随着个体利益诉求的变化和社会发展而不断丰富和扩大，进而带来养老需要结构的变动，表现为多样化、复杂化和混合性的基本特点，这与老年人的生活情境和现实条件密不可分。具体体现为：第一，个体在不断产生需要的过程中标记着生命存续的意义，通过产生需要、满足需要、再产生需要、再满足需要的过程，展现个体积极性。当全体社会成员都在当前或未来面临着身体机能下降、衰老、养老、提高晚年生活质量等共同问题和特定目标时，个体的养老需要会聚合为集体需要，并转化为动机，推动社会成员改善养老和医疗条件、改变养老资源和医疗卫生资源的配置模式、改进养老服务供给体系的行动。第二，个体不断变化的需要和围绕个体的生活环境两者之间的一致性要求并不总是高度统一的。结构、空间、距离等日常生活的简单成分会随着个体年龄增长、时间变化而逐渐成为生活中的挑战。例如，由于经济、文化和社会发展程度不同，人们的观念意识、文化习俗、生活方式体现出较大的区域差异，在不同

① ［美］F. D. 沃林斯基：《健康社会学》，孙牧虹等译，社会科学文献出版社 1999 年版，第 124 页。

区域和特定文化生态环境中长期生活、居住的老年人，其利益关切和养老需要在外化为所有老年人都具有的养老需要时，会显示出内容、水平、满足程度等方面的差异。同时，伴随着年龄的增加和生理机能的下降，老年人的健康状况也会发生诸多变化，如慢性病的侵袭、日常生活自理能力下降等。因而，老年人在医疗方面对于预防、医疗、保健、康复等医疗卫生服务以及经济供养、生活照顾、精神慰藉、社会参与等服务的需要就会日益增加，体现出一定的层次性和差别化。第三，老年人的养老需要在发展、转化过程中，受到众多内源性因素和外源性因素的影响，造成老年人养老需要的混合性和复杂性。较为典型的例子就是，年龄作为一个重要的定序变量，其增长会影响个体的健康需要。一方面，健康资本的折旧率会随着年龄的增长而增长，由于医疗卫生服务价格的上升，导致健康的影子价格上涨，个体健康需要的下降；另一方面，年龄的增加导致健康投资回报有限，收益减少，个体健康需要随之下降。老年人按照其健康状况大致可以分为自理（正常）老人、借助（轻度失能）老人和介护（中度及以上失能情况）老人三类，“医”“养”分离的养老服务体系无法满足处于不同健康状况老年人的多元化需要。

很显然，老年人养老需要的层次性和复杂性，客观上要求相应的健康促进养老服务供给数量和质量方面的充分保证。但是，在一定的时空条件下，人类行动者与非人类行动者的资源和力量是有限的，西南农村养老服务供给必定也是有限的。这样，养老需要的层次性和进化性与养老服务供给有限性之间就产生了矛盾。为解决这一矛盾，一方面，要以发展变化的视角，对西南农村老年人养老需要的动态性、连续性进行考察，要以需要为导向，研究健康促进养老供给的可及性路径；另一方面，在细分养老市场需要的基础上，克服供给行动者的单一化、服务内容的趋同化和服务定位低层次化等问题，分层次、分步骤优化养老资源配置，甄别养老服务供给内容和供给项目的主次、轻重缓急，整合行动者的资源，打造健康促进养老服务的行动者网络，形成西南农村“医”“养”双向互通和转介的互补型服务序列，满足该类地区农村老年人的养老需要，保障老年人的合法权益。

二　养老文化与养老需要和供给相互联系、相互影响

首先，从供需理论来看，老年人的养老需要从产生、供给到满足，经历了一个由低到高、循序渐进的过程。第一，老年人养老需要的产生不是与生

俱来的，其产生、发展总是发生在特定的时空场域中，不能脱离现实的政治、经济、文化发展状况。同时，老年人的医养需要也不是一成不变的。当老年人不断提出关于养老、关于医疗卫生的需要，如果个体、群体或社会能给予及时满足，低层次需要的满足可能会促使老年人将需要的满足指向高层次。同一时期，老年人可能同时产生多种需要，并表现出适度的超前性，这在一定程度上能够刺激、激励健康促进养老服务供给的数量和水平。据此，西南农村老年人的养老需要是养老供给的前提和基础。第二，老年人的养老需要也可能因为外部环境、外在条件和医养供给状况的改变而改变。例如，我国西南农村自然条件相对较为恶劣、生态脆弱、土地资源匮乏，存在着经济基础薄弱、经济发展水平相对较低、社会保障不充分等问题，这决定了该类地区农村老年人的养老需要是在适应自然和社会环境的过程中做出的反应。如果老年人的养老需要更多地停留在满足吃穿用等物质供给和基本医疗卫生服务方面；如果包含了日常生活照料需要和精神慰藉需要的关系需要，因为主要供给行动者（儿女等家庭成员）的外出打工、流动导致与老年人的交往频率、情感交流和亲情抚慰减少，相当一部分西南农村老年人的关系需要仅有部分内容能够得到满足；如果在“利益至上”“金钱至上”的经济发展主导倾向下，“对老年人社会价值的认定，也就不可避免地带有经济尺度的色彩”[①]，老年人由于身体机能的下降导致其直接的经济价值呈下降趋势，从社会到家庭都不重视老年人的社会价值，忽视了老年人在“老有所学”“老有所用”“老有所为”方面的成长需要；如果国家对西南农村基本社会养老保障和公共卫生服务实行的是自上而下的“供给主导性”供给，且是一种低层次、低水平、有限的养老供给；如果健康促进养老服务供给的人类行动者和非人类行动者之间缺乏必要的协作、联动，各行其是，那么可以预见的是，西南农村老年人的高层次需要得不到满足，就会退化、退缩，转向低层次需要的满足，并在低层次需要上徘徊、滞留。很显然，不充分、不完全、低层次、碎片化的养老供给会导致该类地区农村老年人的养老需要也呈现出低层次化发展趋势。

其次，从个体角度来说，人类的生命活动始于以生存为目的的基本需要，需要的满足离不开自然，更离不开自然条件所创造的客观实体，需要本身构成了人类的生活情境和行为内驱力。在与自然交换的过程中，个体之间分工

---

① 姚远：《文化价值是老年人的首要社会价值》，《人口与经济》2000 年第 1 期。

协作，不断生产用于满足自身生存的物质资料和生活资料，结成了“真正的社会联系”，此时，满足生存目的的基本需要便转化为社会化的个人需要，同时集合成为同一社会文化背景下全体成员认可的共同需要。需要的普遍性和共同性使得它能够被认知，表达为主观性的需要，通过指向具体物品而得以满足。很显然，当人们的需要服务于不同目的、指向于不同满足物品时，需要本身已经体现出了层次性，有了高低之分。本书以阿尔德福的 ERG 理论为逻辑基点，提出西南农村老年人的养老需要分为生存需要、关系需要和成长需要。在需要满足的过程中，老年人的生存需要体现为经济供养需要和医疗卫生需要，与生存动机紧密相连；关系需要是老年人在亲和动机驱使下对特定社会关系的表达，包括了生活照料需要和精神慰藉需要；成长需要是老年人寻求自我发展、自我完善的内部需要，在成就动机作用下具体体现为社会参与需要和自主需要。老年人的三个养老需要层次之间不是刚性的阶梯式上升结构，同一时期可能会同时并存着多种需要；低层次需要在数量和质量上的充分满足会促使老年人的养老需要指向更高层次，实现需要的“满足—上升”逻辑；高层次养老需要得到的满足愈少，该类需要就愈加受挫，作为替代，老年人会转向寻求较低层次的需要满足，产生需要的“挫折—退化”现象。西南农村健康促进养老服务体系要在充分满足老年人生存需要的基础上，通过多元供给行动者的联动、合作促成整个养老服务供给结构的动态变化，以满足老年人的关系需要和成长需要，避免“挫折—退化”现象的发生。

与自然、社会的联结过程中，老年人获取了满足基本需要的物质生活资料，产生了“基本的文化迫力”[①]，在诱发高层次需要的同时产生新的文化回应。文化作为一种“手段性的现实”，存在的目的和功能就是满足人们的需要。养老文化作为文化的具体表现形态，继承了文化的民族性[②]的首要特性，以不同的文化层次回应着老年人不同层次的养老需要。据此，养老文化至少包含了物质性、社会性和主观性三个基本特征，分别对应着养老方式和行为、养老行为的共有准则和正式及非正式的养老制度安排，以及有关养老的共有信念和共有价值观。养老文化与需要的紧密联系决定了它必定会随着老年人养老需要的动态变化而变化。具体而言，如果西南农村老年人的养老需要能

① ［英］马凌诺斯基：《文化论》，费孝通译，华夏出版社 2002 年版，第 25 页。

② 李炳全：《文化心理学》，上海教育出版社 2007 年版，第 209 页。

够在数量和质量上得到充分满足，那么养老文化的物质层面内容将会促进其社会文化的发展，进一步强化其主观文化。反之，如果该类地区农村老年人养老需要表现为低层次水平上的徘徊、滞留，满足需要的供给水平低下、来源单一，那么老年人的高层次需要就会产生“挫折—退化”现象，养老文化的文化功能将偏向其物质性层面和某些社会性层面，主观性层面获得持续再生产、维持和经营的内在动力缺失。除了老年人的养老需要，养老文化还受到“强制性”政治制度和人们的参与性实践的影响而发生着变迁。如，国家对农村地区基本养老服务的统一均等化供给、快速城镇化进程以及现代大众传媒的扩散性传播等人的参与性实践活动，以集体性力量深刻改变着养老文化赖以存在的自然环境、社会条件和心理契约，导致西南农村养老的物质文化、社会文化以及主观文化逐渐变得同质化和模式化，传统养老方式的文化基因和精神内核被逐渐解构，人们对养老文化传统的坚持也随之改变。当然，不可否认的是，文化一经产生便不断地扩展着自身的功能性，必然会作用、影响人们的实践活动。如果西南农村老年人表现出低层次需要满足的要求和高层次需要满足的受挫，那么这一特点必然与自上而下的低层次、低水平、有限的养老供给彼此联系又相互影响，这实际上是老年人的需要和行动者的供给行为对特定养老文化做出的适应性回应，反映的是养老文化低层次、低水平作用的基本事实。

三 健康促进养老供给可及性通过行动者网络实现

20 世纪 60 年代末，基于确保每个公民都有公平获得医疗卫生服务权利的目的，西方研究者在卫生政策和卫生服务领域率先提出了“可及性”概念，用于评价医疗卫生服务的公平性、平等性、效率和质量。近几年，国家层面颁布的如《关于推进医疗卫生与养老服务相结合的指导意见》《关于印发中医药健康服务发展规划（2015—2020 年）的通知》《关于鼓励民间资本参与养老服务业发展的实施意见》等有关医养结合的政策、指导意见中，提出并使用了诸如“老年人健康医疗服务可及性明显提升”“优先保障基本医疗卫生服务的可及性”等政策表述，引导可及性研究从公共卫生服务领域延伸、扩展到公共养老服务领域。[①] 这些政策表述和研究表明，把可及性作为一个兼具

① 王振振、雍岚、王乐：《居家养老社区服务可及性评价研究》，《人口与发展》2016 年第 3 期。

“服务使用”和“适合度”内涵的分析概念，不但具备了逻辑上的自洽性①，而且从空间和时间可及性、经济可及性、服务内容可及性、服务方式可及性等变量来进行测量也具有可操作性。

第一，虽然人们的养老需要不尽相同、支付能力存在差异，但每个公民都应该有享受和获得社会福利的基本权利。这种权利是国家建立健康促进养老服务体系的基本目的，国家应该致力于为全体公民提供丰富的养老服务。简言之，公民个体是否能平等、公平地获得养老服务是可及性的第一个内涵，即“服务使用”内涵。第二，可及性还是公民个体与养老服务体系之间的适合程度，既能够呈现养老服务使用的效果和效率，又能反映其他可能引发公民个体服务使用行为的影响因素。第三，可以从四个维度来测量健康促进养老供给的可及性，即时间和空间可及性、经济可及性、服务内容可及性、服务方式可及性。时间和空间可及性反映的是老年人与养老服务机构之间的空间距离、交通资源及获取服务需要耗费的时间、成本等；经济可及性是养老服务的成本、价格、社会保障机制等与使用者（老年人）的购买意愿、支付能力和现有社会保障相匹配；服务内容可及性是老年人的个人基本状况、健康意识和信念、养老需要等与可接触得到并可使用的医疗资源和养老资源之间的适合度及使用情况；服务方式可及性评价的是现有的养老供给水平、养老服务方式与人类行动者、非人类行动者之间的适合度，以及老年人对现有养老服务方式的选择倾向和利用情况。

健康促进养老服务体系是对农村老年人当前及未来养老需要的一种自然回应，其构建及推行是异质行动者之间相互冲突、博弈、磨合最终走向协调、合作的复杂过程。异质行动者的行动资源、价值偏好、利益诉求、权力、地位等方面的差异和特点，不但构筑了行动者场域，同时也化解了人与物之间的不可通约性。只要是通过制造差别而改变事物状态的任何东西都可以称为“行动者”。因此，除了个人、家庭、政府、社会组织等人类行动者，养老供给的主体还应该将包含了生产资料、工具、场所、养老文化、市场等在内的实体和非实体的非人类行动者纳入行动者范畴。当养老问题作为彰显人性和人类福祉的基本命题，与所有社会成员的利益密切相关，并成为个体需要和社会需要的集中体现时，一方面，养老供给主体——异质行动者以及养老需

① 王鹏飞、白卫国：《农村基本养老服务可及性研究》，《人口与经济》2017年第4期。

要主体——人类行动者的行动指向具备了一致性，共同致力于建构多元化、利益化的行动网络，发展该网络以解决特定的养老服务问题。这是一个动态的过程，而非静态的概念，必然体现为福利供给多元主体的互动、协同。另一方面，科学、合理、有效地解决养老问题，推动健康促进养老服务体系的建立，是制度与行动者网络互动的过程，也是行动者造就网络，表达利益诉求，自下而上、渐进式植入新制度的过程。

医养资源的有机整合实质是将包含了预防、治疗、康复、保健等医疗卫生服务在内的医疗资源，以及包含经济供养、生活照料、精神慰藉、社会参与、自主等基本内容的养老资源纳入统一的制度安排整合；在福利多元主义理论的指导下，充分调动人类行动者和非人类行动者的资源和力量，共同致力于发挥健康促进养老服务体系的整体性功能，从养老、养生、健康、保健以及身体健康、心理健康、社会健康等方面为老年人提供全面服务，提高老年人的晚年生活质量；最后，是将传统养老文化、地方性知识和现代养老理念、现代养老方式的融合，使能异质行动者为老年人的晚年生活选择提供多种选择可能。

第二章　西南农村老年人养老需要和养老供给的关系

第一节　养老供给的行动者构成及行动者网络的形成

一　养老供给的行动者构成

（一）人类行动者构成

西南农村养老供给的人类行动者主要是由与养老利益密切相关的个人和组织所构成。

1. 以所拥有的自身资源为基础并联结的人类行动者

在西南农村，养老的人类行动者构成中不可忽视的一股重要力量是老年人自身及其配偶，他们的养老方式一般被称为“自我养老”。何谓自我养老？目前学术界还缺乏一个科学、统一的界定。首先，从狭义角度来说，比较具有代表性的观点有三种：第一种观点认为，自我养老就是不依赖离退休金和他人（儿女或亲朋等），凭借自己的劳务报酬、个人储蓄或其他合法投资性收益而实现自立养老、自力养老。[①] 这种观点强调老年人经济上的自主、自立。第二种观点认为，自我养老应该是老年人“有自己的收入来源、自己料理自己的生活”[②]，即自我养老包含了经济自立和生活自理两部分[③]。第三种即养老的“自我积累制”观点。该观点认为，人们应该具备一种养老意识，从年轻时起就有意识、有计划地积累养老所需的经济供养、生活照料和精神慰藉

① 穆光宗、姚远：《探索中国特色的综合解决老龄问题的未来之路——全国家庭养老与社会化养老服务研讨会侧记》，载中国老龄学会编《中国的养老之路》，中国劳动出版社2000年版，第97页。

② 刘从龙：《中国未来养老方式的选择》，《人口研究》1996年第6期。

③ 陈芳、陈建兰：《我国“自我养老”模式研究述评》，《学术论坛》2013年第1期。

方面的资源，树立“养老靠自己”的意识。当这三方面资源中的某一部分或某两部分不能自立，老年人可依据自己仍可掌控的资源存量向家庭、社会或国家进行交换；当三种资源全部消耗殆尽，“才向家庭、社会或国家净索取”[①]。该观点主张，自我养老的基本内涵应该包括经济自立、生活自理和精神自强[②]，这能够对发挥老年人的个人价值和社会价值起到正向作用，在实施过程中也具备一定的可操作性。其次，从广义角度来说，自我养老实际上是一个较为宽泛的概念。从个体的终身发展来看，人们在年富力强时为国家、社会、家庭所做出的贡献其实都是在为晚年的养老生活进行积累，到了年老体衰时，国家、社会和家庭所提供的养老帮助和养老资源都是一种对过去积累的“兑现”[③]。本书认为，在当前现实条件下农村地区的自我养老还仅是养老的一种辅助、补充形式，尚不能跻身主流养老模式。但是，从长期发展来看，伴随着农村社会保障体系的逐步完善和保障力度的增强、家庭结构的变化、代际关系的新演化、人的自我观念意识的进步等，自我养老应该被视为与家庭养老、社会养老等并驾齐驱的、独立的养老模式来进行分析，而不仅仅充当家庭养老的不完全、补充形式。尤其当“双独婚姻”和“单独婚姻”在中国婚姻关系中所占比重逐步增大后，自我养老将成为中国未来老年人养老的重要选择[④]，农村老年人也不能除外。

2. *以血亲关系为基础并联结的人类行动者*

在有关家庭养老运作机制的研究中，一直存在着“反馈”模式和“接力”模式之争。费孝通先生认为，中国人重视血缘的传承，以血缘为纽带建立了家族，确定了家庭内伦理，规定了内部成员的责任和义务，代际之间的关系互动具体体现在抚养和赡养两方面。抚养义务共同存在于东西方文化中，但在西方社会，儿女对父母没有赡养义务，而中国的亲子关系则相对更强调儿女对父母的赡养责任。他将西方社会中“甲代抚育乙代，乙代抚育丙代”的模式称为“接力”模式；将中国“甲代抚育乙代，乙代赡养甲代，乙代抚

---

① 陈赛权：《中国养老模式研究综述》，《人口学刊》2000 年第 3 期。

② 陈芳、陈建兰：《我国“自我养老”模式研究述评》，《学术论坛》2013 年第 1 期。

③ 李元旭：《论我国转轨时期的代际契约与养老模式的变革》，《学术月刊》2001 年第 5 期。

④ 郭志刚：《我国现行生育政策与“四二一”家庭》，知识出版社 2004 年版，第 347—348 页。

育丙代，丙代赡养乙代”的模式称为“反馈”模式。①“反馈”体现的是“尊老爱幼”“哺育—反哺”的伦理道德②，是中国孝道的内伦理基石。同时，费孝通先生也提出，亲子关系的内容是丰富而生动的，既包括物质方面的因素，也有精神和情感因素。西方儿女也许与父母之间不存在赡养义务，但他们在精神、情感和经济等方面仍有着千丝万缕的联系。此外，他认为从简化的赡养模式来看待儿女对父母的赡养义务也是不确切的，因为，“这种提法不仅把实际上不负赡养义务的女儿包括在内，而且有一个重要的角色没有提到。那个角色就是儿子的妻子，从她丈夫的父母来说是这家的‘媳妇’”③。费孝通先生的“反馈”模式和“接力”模式一经提出，受到了很多学者的支持和推崇。

近些年，伴随着社会经济的快速发展，价值观念多元化，长期维持家庭养老模式的文化理念能否超越社会经济发展的制约并继续保持活力，成为探讨养老问题绕不开的话题。其中，如何看待“反馈”模式和“接力”模式在我国家庭养老中的表现形态和适用性是最具争议的。第一种观点认为，从基本内涵来说，“接力”仅是一种抚育模式而非养老模式，因为其基本内涵就未包括“赡养”部分。④ 第二种观点认为，“反馈”模式和“接力”模式反映的社会经济发展阶段不同。一般而言，社会经济发展程度越高，外部环境或社会所承接的养老功能和作用也就越明显，即西方的“接力”模式实际是代际交换演进过程中的更高阶段。⑤ 第三种观点认为，“反馈”模式和“接力”模式也有可能反映的只是学者不同的观察角度，西方社会并非不存在“反馈”，只不过这部分功能是在家庭之外进行的。⑥ 上述争论从不同的逻辑出发点和关注点为人们从整体和多维角度理解家庭养老的运作机制提供了较好的理论视角。

可以说，无论是“反馈”模式还是“接力”模式，其本质都是以血亲为纽带构建的养老模式，其产生和存在与社会经济发展状况密切相关，关注的

---

① 费孝通：《家庭结构变动中的老年赡养问题》，《北京大学学报》（哲学社会科学版）1983 年第 3 期。

② 刘汶蓉：《当代家庭代际支持观念与群体差异》，《当代青年研究》2013 年第 3 期。

③ 费孝通：《家庭结构变动中的老年赡养问题》，《北京大学学报》（哲学社会科学版）1983 年第 3 期。

④ 张岭泉、邬沧萍：《应对人口老龄化——对“接力”模式和“反哺”模式的再思考》，《北京社会科学》2007 年第 3 期。

⑤ 杜亚军：《代际交换与养老制度》，《人口研究》1989 年第 5 期。

⑥ 于学军：《中国人口老化与代际交换》，《人口学》1995 年第 6 期。

问题核心是代内关系的平衡。从现时中国来说，家庭养老在某些方面仍在延续着传统的“反馈”模式，但已不能完全代表现阶段中国家庭养老的代际实际支持水平和现状。其一，代内平衡已然被打破。如代际重心明显下移，“轻老重小”①，代际关系失衡，“父母责任大而儿女义务轻”②。其二，家庭养老的概念边界扩大、内涵日趋丰富，如伴随着观念、意识的“解放”以及独生儿女长大成人、成家立业，家庭养老的主要供养行动者范围扩大，女儿及女婿也成了老年人养老的主要供养责任人；养老过程中的家庭功能已经逐渐外化，政府和社会的介入给家庭养老提供了更多来自外部力量的支持，提升了代际支持的水平和层次，也为老年人的养老生活提供了更多选择。其三，从较长的时间阶段来看，随着社会经济的发展，西方社会与中国家庭养老模式之间的一致性要大于差异性。

3. *以所拥有的社会性资源为基础并联结的人类行动者*

当前，我国社会性养老资源的供给包括两个部分：一是政府通过设立正式制度而实现的养老安排，如“新农保”、“新农合”、农村低保制度、农村五保户供养条例、救济制度等；二是由政府和社会组织共同构建的社会养老供给体系和农村三级医疗卫生服务体系。国家所提供的社会福利有别于家庭所提供的非正式福利和市场提供的自由选择的、正式的社会福利，它以公共权威为基础为民众提供和安排公共福利，体现平等、保障的社会价值。从现实条件来说，政府对西南农村的社会福利供给责任不但不应该减弱，反而应该提升和加强。换言之，国家仍应是西南农村社会福利的主导者和主要供给者。此外，福利多元主义理论主张，公共福利供给主体应该实现多元化和分权化，这为社会组织参与公共福利供给提供了合理性依据，也为社会组织从福利补充者角色转变为主要的服务供给行动者之一奠定了理论基础。社会组织作为社会分化的产物，相对独立于政府和市场之外，在养老服务供给中扮演着举足轻重的角色。相对于政府和市场，社会组织最明显的特点就在于其非营利性、非官僚化和志愿化，所奉行的是以最小成本获取最大社会效益的理念以及资源整合能力强等，这些都成为社会组织参与养老供给的显著优势。

---

① 关颖：《改革开放以来我国代际关系新走向》，《学习与探索》2010 年第 1 期。

② 贺雪峰、郭俊霞：《试论农村代际关系的四个维度》，《社会科学》2012 年第 7 期。

（二）非人类行动者构成

养老供给领域的非人类行动者可细分为实体的非人类行动者和非实体的非人类行动者，其基本特征是物质性和概念性。

1. 实体的非人类行动者

此类行动者与养老供给密切相关，是有具体形态或可实际进行接触、认知和利用的人类创造物。在西南农村，实体的非人类行动者组成通常包含以下几类：其一，生产资料类。生产资料类的非人类行动者是老年人在从事劳动生产时所需要的资料和对象，包括土地、小农具、饲料、家畜、牲畜、肥料、农药、农业机械等。其二，生活工具类。它们是人类行动者创造的，用以为老年人的养老生活和医疗服务提供便利、诊断、治疗等的器具，也是老年人为达到、完成某一目的或促进某一事物的手段。如拐杖、轮椅、代步车、助听器等老年辅助工具；又如摩托、自行车、三轮车、平板车、汽车等农村常见、常用的交通工具以及火车、飞机等其他交通工具；再如电话、广播、电视、手机、互联网、宣传栏、宣传展板等常见的沟通交流工具；还如听诊器、诊疗箱、注射器、医用冰箱、西药、中草药等各类应用于诊断、治疗、康复、保健等医疗卫生实际工作中的所有器械、工具和用品；甚至如房屋、床、灶、锅、碗等老年人在日常生活中经常用到的各类生活器物以及养老需要满足过程中涉及的器具和手段等。其三，场所类。场所一词强调的是老年人的养老行为、寻医问药行为与活动场地的依存关系，是老年人日常生活或活动的主要处所，如以家庭住所为代表的生活场所，包括了村寨空地、公房、活动中心、广场、乡村图书馆、娱乐室、休息室等在内的活动交流场所；还包括养老院、敬老院、各级各类医院、乡镇卫生院、村卫生室等承载了特定社会功能、服务特定人员的公共服务场所；甚至包括特定建筑物的、养老服务发生的具体场所，如居家养老服务中心、日间照料中心、农村幸福院、老年公寓等。其四，物质文化遗存类。这类非人类行动者是人类文化活动的结果和痕迹，一般通过文字、语言形态进行表现，如报刊、书籍、宣传手册、墙报、电视剧、电影、花灯等。其五，与老年人养老生活密切相关的或用以达到特定养老目的其他物质类因素。

2. 非实体的非人类行动者

非实体的非人类行动者没有具体形态，也不能被实际感知，但它们都产生于现实世界，是存在于人们意识系统的、抽象的概念、对象或联系。与西南农村养老供给联系较为紧密的非实体的非人类行动者主要为养老文化和市场。

（1）养老文化

养老文化作为一种特定的文化现象，由于其非实体性的特质可作为非人类行动者而被解读和分析。第一，养老文化是对自然环境和社会条件的适应，即“人类的文化与行为与其所处的自然生态环境之间相互作用的关系”[①]，造就了特定的“文化生态”。中华民族在特定的“文化生态”中发展出一套具有本民族特色的生存策略，影响着西南农村居民对养老方式的选择。第二，老年人群体在家庭养老模式和养老行为选择上呈现出一致性和差异性的高度统一，这既是由老年人所在地的社会发展水平所致，也与养老文化的社会性因素密切相关。其一，人类生活的共同性特点及各民族间的交流、共享导致子对亲的敬仰是人类所共有的。中国儒家文化把奉养长辈、顺从长辈和祭祀先辈看作中国孝伦理的三大内蕴[②]，强调儿女对父母的孝顺，把孝看作个体安身立命的道德准则和行为规范，并在“修身、齐家、治国、平天下”的家国关系中把孝从个人和家庭层面推广、延伸为社会及国家层面的治国之道，演绎出社会层面的孝悌和国家层面的孝治。[③] 这样，自下而上形成了中国传统的“孝文化”或养老文化。在长时期民族交流、互动以及文化的碰撞、渗透过程中，中华民族都倾向于把“孝”或“孝道”视为养老文化的核心价值和主要内容，推崇敬老、尊老的精神以及养老、送老的行为，推行以家庭养老为主的养老模式。其二，地区发展差异和养老文化社会性因素方面存在的差异性使不同地区人民在养老规范形成和发展、养老方式选择等方面呈现出一定差异。第三，从养老文化的观念性因素来看，中国的养老文化以传统的孝文化为基础，包含了三个基本内涵：年龄标识、生活依赖和生存性。年龄标识是人们在处理代际关系时的基本准则，以此确定长幼顺序，形成普遍遵守的“礼”“法”，并成为人们认同的行为模式；生活依赖则强调养老资源的逆向流动和向上倾斜，即儿女向父母、晚辈向长辈提供资源，“养儿防老”是这一内容的最好体现；生存性是指我国传统养老文化更多涉及的是对老年人的经济

① 林庆：《民族文化的生态性与文化生态失衡》，《云南民族大学学报》（哲学社会科学版）2010年第2期。

② 郑晓江：《孝的伦理内蕴及现代归位》，《南昌大学学报》1997年第4期。

③ 陈功：《社会变迁中的养老和孝观念研究》，中国社会出版社2009年版，第61—63页。

和物质供养，满足老年人的基本生存需要，老年人更多处于被动接受的地位，忽略了老年人精神、情感方面的需要，即便有精神慰藉方面的供给也仅仅只达到“悦亲”的层面。[①] 因此，养老行为由于牵涉了很多社会层面和主观层面因素，由血缘联系上升为血缘道义，最终进化为血缘法律和血缘文化。[②]

传统养老文化在过去较长历史时期从物质、社会和观念三个层面塑造着共居于中华大地上的各民族有关养老的行为和模式、制度安排以及价值理念和思想信念等。时过境迁，传统养老文化生长的“土壤”已经发生了翻天覆地的变化，文化本身也在不断变迁，某些内容在时代发展面前已不合时宜。因此，对待传统养老文化的基本态度应该是在批判中继承、在继承的过程中赋予其新的时代内涵，形成适应现代养老制度的文化价值共识和社会理念。首先，在养老文化的认知和解读方面，要强烈意识到当前孝道的内涵已经发生了变化，“孝”变得相对化，在坚持集体主义价值的同时也可以有限地接受个人主义价值，养老文化应该呈现出多样化形态。[③] 其次，在养老文化的理念构建方面，要淡化年龄标识，不要刻意区分和强化“老年”概念，要树立“非老年化形象”；培养老年人的自主、自立精神，增进其社会参与感；政府在制定相关养老政策时，应发挥老年人的参与性、能动性，赋予其话语权；将“健康老龄化”“积极老龄化”理念纳入新养老文化内涵建设中，将养老文化变为乐龄文化。[④] 总而言之，现代养老文化建设要以“敬老、尊老、养老”为价值取向，倡导老年人“自立、互助”的基本原则，以“尊严、福祉、成长”为内容，以“积极老龄化”为目的。[⑤]

（2）市场

市场作为“看不见的手”，能够通过价格、利率、汇率等经济杠杆对养老市场资源配置起重要作用，用市场竞争机制分担风险与不幸，是在家庭和政府之外的社会福利再分配。但是，就目前我国养老服务供需结构而言，社会化养老服务的供给无论是从数量还是从质量上来说都处于失衡状态，需求远

---

① 姚远：《从尊老养老文化内涵的变化看我国调整制定老龄政策基本原则的必要性》，《人口与发展》2009 年第 2 期。

② 姚远：《对家庭养老概念的再认识》，《人口研究》2000 年第 5 期。

③ 杨善华：《以“责任伦理”为核心的中国养老文化》，《晋阳学刊》2015 年第 5 期。

④ 姚远：《从尊老养老文化内涵的变化看我国调整制定老龄政策基本原则的必要性》，《人口与发展》2009 年第 2 期。

⑤ 闵丹：《人口老龄化与养老文化重构的挑战与机遇》，《社会科学家》2015 年第 6 期。

大于供给，政府和市场在某些情况下双双处于“失灵”状态。第一，政府对公共权力空间的让渡有限，以企业为代表的市场主体在养老服务中仅充当有限的补充保障提供者，形成了“强政府＋弱市场”的格局。[①] 第二，在服务供给准入资格方面，政府试图强调进入养老领域的企业组织的非营利性以保障社会养老服务的社会公益性，即“社会办福利机构应当坚持非营利的性质和发展方向”[②]，而企业的天性是以营利为目的，追求利益的最大化。这种矛盾使得企业在参与养老服务供给中不得不面对“公益”与“营利”的博弈[③]，企业创办的养老机构在政府委托、社会捐助或慈善捐助、政策优惠力度等方面获得的帮助和支持极其有限，导致一些按市场化运作的养老机构普遍面临财务危机，且处于服务积极性不高、服务层次单一化的低水平运营状态。第三，“强政府＋弱市场”的格局使得养老机构的内生增长动力不足，专业化进程十分缓慢。与养老服务密切相关的技术标准、等级评定办法、收费标准、工作岗位标准、服务人员的准入制和评估标准等行业标准目前还处于尚未出台、新建或未完全落实等状况，整个养老服务市场呈现低资质化和非专业化状态。

提高西南农村养老供给的数量和质量，要在福利多元主义理论和“积极福利”思想指导下推行社会福利制度的改革。首先，要调整国家和个人之间的权责关系，主张“无责任即无权利”，个体要培养为自己的幸福和为福利负责任的意识，国家和社会要推动建立个人责任—集体责任的新关系，将福利国家转变为社会投资型国家；作为社会投资型国家，除了减轻政府负担、最大限度地利用市场的动力机制，还要充分考虑公共利益，通过培育政府、市场和个人之间权责结合、彼此协调、共同参与的福利观，最终实现社会福利多元化和民主化的基本目的。另外，养老服务供给的多元化就是要在政府、市场、家庭、社会组织等要素间建立协作机制，引入市场竞争机制，充分调动市场能动性，打破养老服务供给中政府独力支撑的现象，引导多元主体共同提供养老服务，形成从国家到地方再到个人的多层次养老服务供给网络，并在这一过程中优化运行效率，提高服务质量。

---

① 锁凌燕：《转型期中国养老保障体系形成过程中政府与市场的关系》，《经济科学》2013 年第 1 期。

② 中华人民共和国民政部：《关于支持社会力量兴办社会福利机构的意见》，2005 年 11 月 16 日，http://www.jinjiang.gov.cn/show.aspx? id＝624&ctlgid＝774842，2017 年 10 月 5 日。

③ 付诚：《政府与市场的双向增权》，《吉林大学社会科学学报》2010 年第 5 期。

二　养老供给的人类行动者与非人类行动者的网络联动

（一）“农村健康促进养老供给体系”是异质行动者的“必经之点”

卡龙用“必经之点”（Obligatory Passage Point，OPP）[①] 来说明在转译过程发生之前，应该将核心行动者面对的问题聚焦为所有行动者实现目标的必经之点，各自角色的被转译是必经的、唯一的选择。[②] 当然，要实现成功的转译，就要让各被转译者接受网络对其新角色的定义，满意自己进入网络后所发生的转变。

西南农村养老供给的行动者包括老年人及其配偶和儿女及其配偶等家庭成员、政府、社会组织等人类行动者，以及如生产资料类、生活工具类、场所类、物质文化遗存类和其他物质类的实体的非人类行动者和养老文化、市场等非实体的非人类行动者。在转译发生之前，上述行动者面对的问题集合并表现为必经之点——“农村健康促进养老供给体系”，核心行动者为每个行动者明确主体目标，通过问题的解决而获得可预见的利益或发展。

在农村健康促进养老供给体系的行动者网络中，每个行动者的利益目标如图 2.1 所示。

对老年人而言，他们的利益目标是养老需要能够获得最大程度的满足，在自主性、尊严、社会参与等方面得到来自他人和社会的认可和支持，提高晚年生活质量。对老年人儿女及其配偶等供养行动者而言，其利益目标为在为老年人养老生活提供力所能及的帮助和支持的同时，能获得更多的资源来源和机会，提升个人和整个家庭的生活质量。对政府而言，经过转译，它从单打独斗、独力承担的农村养老供给主体角色中得以部分抽身，转变职能，促使更多的行动者参与养老供给，减轻负担。对社会组织而言，转译使得其在农村养老服务供给中不再是以补充者和辅助者的角色出现，能够充分发挥自身优势，提高社会效益。对实体的非人类行动者而言，作为潜在的行动者，虽然其在农村养老供给中一直存在着，但由于价值无法得以转换，其在养老

---

① Michel Callon，“Four models for dynamics of science”，sheila jasanoff，*Handbook of Science and Technology*，London：Sage，1995，p. 52.

② 为了说明转译过程，卡龙曾特别举例：在巴斯德炭疽实验中，巴斯德与其招募的更多成员扩张了“网络”，通过各种转译手段改变了异质行动者们和炭疽杆病毒之间的力量平衡，使实验室成为消灭炭疽杆病毒潜在的异质行动者盟友的一个必经之点。

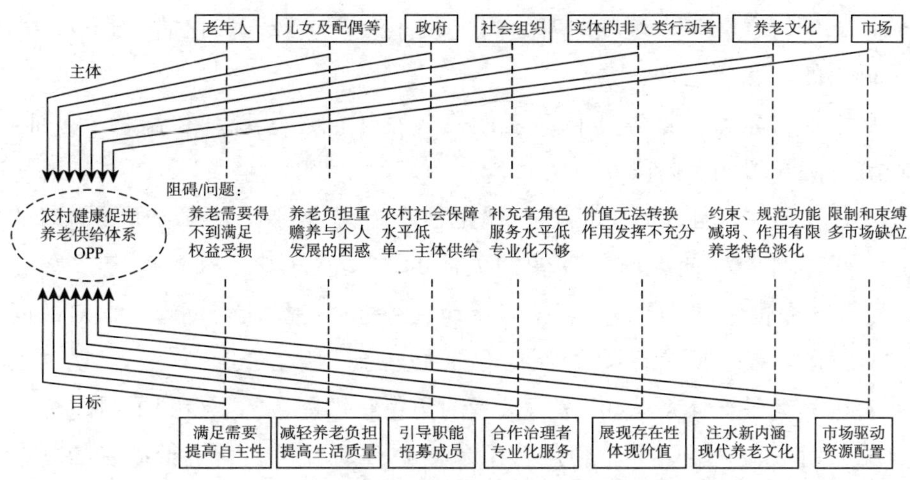

图 2.1　农村健康促进养老供给体系的行动者网络

供给的作用和地位经常被忽略，因此，它们需要通过适当的代言人来为自己的利益发声，表明自身存在性，在养老供给中发挥更大的作用。对非实体的非人类行动者而言，养老文化在新的时代背景下需要被赋予新的特点，提升内涵的边界和层次，继续在西南农村养老供给中起到规范、约束行为和维系文化生态的作用，并在以中华民族整体利益为基本前提之下继续探索和利用养老文化在农村养老供给中的优势和独到之处；农村养老服务应该是市场大展拳脚的领域，在以提高所有社会公民基本福祉的前提下，发挥市场在资源配置方面的决定性优势，全面、深入地介入农村养老服务供给，这样才能满足老年人的养老需要，提高其晚年生活质量。

（二）养老供给行动者网络的转译

行动者网络理论认为，行动者的“力量源于操作”。异质行动者在解决社会问题的过程中组成行动者网络，它们之间不是简单的力量结合，而是基于各自的行动能力、角色、利益、功能、地位等在网络中被重新界定、安排和赋予。转译使这一过程得以实现，与此同时，通过转译，异质行动者被组合在一起，彼此间相互联结、相互作用，其结果就是“它们被联系地那么好，以至威胁前者就等于威胁后者”①。所以，转译不同于中介，经过异质行动者

① ［法］布鲁诺·拉图尔：《科学在行动：怎样在社会中跟随科学家和工程师》，刘文旋、郑开译，东方出版社 2005 年版，第 198 页。

的转译，任何意义和力量随时都有可能发生改变、转译、扭曲、修改，实现整个网络的动态变化。

西南农村养老供给异质行动者网络包括了问题呈现、利益赋予、征召、动员和排除异议四个阶段。

第一阶段，问题呈现。问题呈现是核心行动者将整个网络所要面对的关键问题予以界定，使异质行动者们关注的对象问题化，通过确定“必经之点”，结成行动者网络联盟。当核心行动者将上述各异质行动者所面对的问题聚集在一起，设置所有行动者必须共同通过的“必经之点”——建立“农村健康促进养老供给体系”，每个行动者的角色和主体目标都得到了明确。

第二阶段，利益赋予。利益赋予是核心行动者明确其他行动者的利益及利益实现途径，在异质行动者之间建立协调和共商机制，稳定行动者网络的过程。

第三阶段，征召。征召是指行动者网络中的每一个行动者都被赋予彼此相关且可接受的任务。行动者们在征召过程中，各自的角色和地位不尽相同，政府通常扮演了征召主体的角色。政府的征召方式通常包括职能征召、行政征召、购买服务征召和专业化征召四种。

第四阶段，动员和排除异议。在动员和排除异议阶段，整个行动者网络实现了稳定运行，异质行动者推选出各自的行动代言人，赋予并支持其代表自己行使各项权力。在行动和权力行使过程中，异质行动者之间的差异和利益诉求不同会导致异议的出现。异议既可能成为网络发展、成型的障碍，也是网络不断进化的动力。在排除异议的过程中，异质行动者之间经过试探、博弈、互动、协商等，进一步达成谅解，保持一致。

第二节　养老文化与养老需要和养老供给的关系

一　养老文化及其表现形式

理解养老文化，首先要理解什么是文化。20 世纪 60 年代以后，越来越多的社会科学学者倾向于把文化理解为“共享的象征（或意义）体系或模式”。劳拉（Laura）认为，文化不但“包括了高度组织且形式化的意义体系（如宗教），也包括日常日常生活中不可或缺的‘相对而言为俗世，且被视为理所当然’的意义网络（例如，知道是否该带个礼物至朋友家中，或者进入屋子里时该不该脱鞋），此外，文化更包括了高度组织但同时保持开放性的象征体系（如语言与时尚）”[①]。这种对文化的象征学界定意在强调文化具有集体性，即“文化体系乃历史性地关联于特定时刻中的特定社会团体，并以复杂的方式与其他社会面向相互交织”[②]。

民族性是文化的首要特性，也是一个民族区别于其他民族的特有属性，因而民族文化是一种“存在标识”，“无论是通过先天继承还是后天习得，文化对一个人来说都是不可分离的部分，是一个拥有物……一种非常特殊的拥有物……它们既是人的确定的‘本质’，又是人的描述性的‘存在特征’”[③]。民族文化的识别性使得人们既可以通过内在文化的外化表现形态来识别不同民族，各民族也可借助语言、服饰、饮食、仪式、庆典等文化符号或载体表达各自民族的独特性。在此基础上，民族文化表现为民族共同体在不同社会历史时期发展和传承而来的一切显性和隐性的精神成果。一直以来，对我国民族文化的理解有广义和狭义之分。广义的民族文化是中华民族在历史长河中所创造的一切物质文化和精神文化，狭义的民族文化特指社会主义时期的少数民族族群文化。[④] 基于基本立论和研究主体，本书主要从广义角度理解民族文化。

作为中华民族文化的具体表现形态之一，养老文化包含于中华民族文化之内，除继承了其基本属性和特点，还与中华民族文化形成的特殊的文化圈、社会历史背景密切相关，因而能从更为具体和细微的角度高度还原一个国家、一个民族共同体在看待人生暮年或对待老年人方面所持有的基本文化观。据此，养老文化至少体现为以下三种表现形式。

（一）物质性的养老文化

养老文化是从人们对自然环境、社会条件、经济体系和技术的适应性发

---

① ［美］Laura Desfoe Edles：《文化社会学的实践》，陈素秋译，（台北）国立编译馆与韦伯文化国际出版有限公司 2006 年版，第 9 页。

② ［美］Laura Desfoe Edles：《文化社会学的实践》，陈素秋译，（台北）国立编译馆与韦伯文化国际出版有限公司 2006 年版，第 10 页。

③ ［英］奇格蒙特·鲍曼：《作为实践的文化》，郑莉译，北京大学出版社 2009 年版，第 82 页。

④ 汪春燕：《从民族政策视角论民族文化传承》，《西北民族大学学报》（哲学社会科学版）2006 年第 1 期。

展而来的，“每一种文化都以原始的力量从它的土生土长的土壤中勃兴起来，都在它的整个生活期中坚实地和那片土壤联系着”①。养老文化产生、发展的特定时空场域决定了中华民族的生产和生活方式，并以此发展出了相应的养老行为。

在与自然长期相依相存的过程中，中华民族构建了天、地、神、人的天人合一的宗教哲学，并以之指导具体生活实践。他们对居住环境的自然要求发展出了独到的环境理念和生活方式。但是，闭塞落后的自然条件和地理环境使得西南地区的经济基础比较脆弱，经济发展严重滞后于其他地区，给养老文化发展造成了阻碍。其中，最明显的表现就是由于交通出行不便给西南农村居民的生产生活带来的诸多限制和不便，如商品意识不强、观念落后、消息闭塞、养老物资缺乏、养老生活条件艰苦等。同时，以前广种薄收、粗放经营的落后生产方式在一些西南边疆地区仍然存在。低水平的经济收入和单一化的经济来源使得西南农村老年人在年事增高、劳动力下降之后，所获得的养老供给必然受限于一定的自然环境和生活条件，呈低层次化发展，仅能为老年人提供物质生活的必需品，满足其衣、食、住、行等基本生存需要。此外，传统以家庭为单位的生产方式和自然分工使得家庭养老成为最主要的养老方式，“养老方式是生产方式和经济形态所决定，并随着生产方式和经济形态的发展而发展。以家庭为单位的生产方式决定了生产资料为家庭所有，家庭成员共同劳动，劳动者共享劳动所创造的物质财富。劳动者在劳动中所创造的价值，除了维持自身的生存需要外，它的剩余劳动和剩余产品的积累都留在了家庭内部。所以，家庭成员赡养老年人，是责无旁贷的。家庭养老是家庭经济所决定的”②。

（二）社会性的养老文化

养老文化为西南地区居民的物质生产、养老生活提供了精神依托和价值意义，在一定历史时期甚至扮演着养老行动圭臬的重要作用。同时，养老文化的生成性决定了它“随着人类实践活动以及在人的实践活动基础上产生的

① ［德］奥斯瓦尔德·斯宾格勒：《西方的没落》，张兰平译，陕西师范大学出版社 2008 年版，第 40 页。

② 姚远：《中国家庭养老研究述评》，《人口与经济》2001 年第 1 期。

社会历史条件的变化而变化”①。从此意义上说，人类的实践活动以及所生成的社会条件成了养老文化变化的重要外部因素，而外部生产生活现象的变化也改变着养老行为和养老制度安排。因此，养老文化的社会性是指养老行为的所有正式和非正式的养老制度安排。

养老行为的制度安排是中华民族在长期生产劳动和社会交往过程中有意或无意形成并共同遵守的，有关养老的规则、服从程序、标准原则或行为准则。首先，从主体角度来说，养老行为的制度安排可分为个体行为准则和集体行为准则。前者从个人角度提出其行为所应服从的约束条件，明确个体在养老活动中所应承担的责任和义务；后者则是从整体或社会角度来规范所有社会成员应共同遵守的行为约束条件。其次，从约束条件来说，分为限制性行为准则和提倡性行为准则。前者是通过法律法规、约定俗成的社会规范等让个人和群体知道“不能做什么”；后者是让个体和集体主体在众多价值事物中选择和实施具有最大正向价值效应的行为准则，让行为主体明白“应该做什么”。最后，从性质角度来说，这些制度安排有正式和非正式之分。“正式制度是指人们自觉发现并加以规范化和一系列带有强制性的规则。正式规则包括政治（和司法）规则、经济规则和契约”②，正式制度是非正式制度的基础，可以补充、强化非正式制度的有效性，也能够修改、修正或替代非正式制度。非正式的行为准则产生于封闭性和自给性的农业生产时代，深深根植于人们的日常生产生活之中，基本不受外力，尤其是正式制度和政府权力的影响而自发运行，作用于人们的行为与习惯，又通过人们的反应和态度得到检验和评价。

养老制度安排大致可以分为三类：其一，家庭养老制度，指“家庭承担养老责任的文化模式和运行方式的总称，包括家庭养老模式和家庭养老方式两个层次”③。前者以血缘道义为核心，体现家庭代际互动以及特定养老价值观和情感维系的文化模式和整体性思维，养老的主体责任由家庭成员承担；后者是家庭成员履行养老责任的一种直观性和非规范性的行为方式或生活方式。其二，政府养老制度，即养老责任的承担主体为政府，通过统一、无差

---

① 林剑：《论民族文化的创新》，《江海学刊》2015 年第 6 期。

② ［美］道格拉斯·C. 诺思：《制度、制度变迁与经济绩效》，杭行译，格致出版社、上海三联出版社、上海人民出版社 2008 年版，第 55—56 页。

③ 姚远：《对家庭养老概念的再认识》，《人口研究》2000 年第 5 期。

别的政策制定和服务提供实现养老供给的均等化。其三，社会化养老制度或市场化养老制度，利用市场对养老需要的敏感性以及资源配置的效率，以等价交换作为市场运作的内在逻辑，体现养老福利权利和责任、义务的统一。在实际的制度安排过程中，三种养老制度彼此之间并不是泾渭分明的，部分会出现重叠和交叉，呈现互为补充的态势，养老责任主体和养老服务供给的分离符合福利多元主义的理论构想。

（三）观念性的养老文化

文化的观念性是指“一个人群共享的一套观念或知识，包括广泛持有的信念、文化价值观和共同的行为图式。主观文化为群体中的个人提供了一个思考自我和世界的共同方式，一个理解社会实在的共同参考框架”①，涉及文化的观念、意识形态层面的内容。养老文化的观念性可以理解为中华民族在养老实践中发展而来的一套有关养老的共有信念、共有价值观以及做法行事。

有关养老的观念和知识要为某一群体广泛熟知或成为该群体的共有信念和共有价值观，首先，理应上升为一种集体意识或社会意识，让人们能够明确感知这套观念和知识在日常生活中是常见常用的，“只有经过感知和解读，并内化为某种心理尺度，生活要素的变化才能被接受，才能成为起作用的现实力量”②，并通过人们的行动广泛地体现在社会制度和社会惯例中。“当群体中大多数人确信其他群体成员共享某一知识，这一知识便成为了一种主观规范或一种社会期望。”③ 这类知识一旦成为主观规范，便对人们的社会行为发挥着教育约束作用。其次，人们“接受某些内容的文化，久而久之出现的效果是从中吸纳某种‘方式’、某种‘模式’”④，即，群体广泛共享的知识也会内化为个体的信念和价值观（即濡化），并终身跟随个体，促使个体按照社会赞许的做法来行事。比如，当人们在幼年时期亲身感受到父母对自己的关爱照顾和细心呵护，目睹父母对年迈祖父母的赡养侍奉，于潜移默化中便接受了“老吾老，以及人之老，幼吾幼，以及人之幼”的思想，并自觉地将对

① ［美］赵志裕、康萤仪：《文化社会心理学》，刘爽译，中国人民大学出版社 2011 年版，第 12 页。
② 沙莲香：《中国民族性（三）：民族性三十年变迁》，中国人民大学出版社 2011 年版，第 29 页。
③ ［美］赵志裕、康萤仪：《文化社会心理学》，刘爽译，中国人民大学出版社 2011 年版，第 12 页。
④ 沙莲香：《中国民族性（三）：民族性三十年变迁》，中国人民大学出版社 2011 年版，第 28 页。

家庭成员的爱延伸到他人和社会。

养老文化的物质性、社会性和观念性决定了养老文化具有层次性。“为适应生态环境，人们发展出不同的生存策略、技术手段和其他物质文化（material culture）；为协调集体生活中的社会活动，社会文化（social culture）的各个方面被创造出来；最后，观念文化（subjective culture）被构建，为人们的集体生活经验赋予意义。”① 即，养老的物质文化在人们适应自然的过程中被创造出来，人们在交流、互动中结成特定的社会关系并产生养老的社会文化，在物质文化和社会文化的基础上，人们发展出养老的观念文化用以发现生活和解读世界。养老文化的这三个层面是相互连结、相互影响的，“物质文化的某些方面可能会促进社会文化特定方面的发展，进而强化某个方面的主观化，相应的，观念文化可能会合法化和强化社会文化和物质文化”②。

二 养老文化的外部影响因素

（一）农村基本社会养老保障

提高公共服务的水平以及实现公共服务均等化是我国公共服务体制改革的基本目标。由国家或政府统一供给的农村基本社会养老保障由于具备了受益的非排他性和消费的竞争性而被视为准公共服务，能够为全体农村居民所共同享用是农村基本社会养老保障均等化的前提。因此，如果没有新农保和新农合的全覆盖，就不可能有农村基本社会养老保障的均等化。目前，由政府主导实施的新农保和新农合已经基本实现了在农村地区的全覆盖，这为实现公共服务均等化奠定了良好基础。

农村基本社会养老保障均等化的内涵包括：第一，根据我国将长期处于社会主义初级阶段的基本国情，农村基本社会养老保障以满足农村老年人的生存发展为最低限度，保障其基本生活水准不下降，体现低水平、广覆盖的基本原则。第二，养老保障均等化包含的基本价值判断就是，在现有社会经济发展条件下，必需的、关系老年人基本生存的养老服务必然为所有农村老年人所普遍、公平地享有，无分性别、地域、民族等。第三，均等化不是平

① ［美］赵志裕、康萤仪：《文化社会心理学》，刘爽译，中国人民大学出版社2011年版，第15页。

② ［美］赵志裕、康萤仪：《文化社会心理学》，刘爽译，中国人民大学出版社2011年版，第15—16页。

均化，养老保障的均等化具有相对性。其一，由于中央政府转移支付体制、各地方政府财政保障力度、区域经济发展水平、农村养老保障的地域和地方性文化特点以及老年人养老需要等方面存在的差异，决定了要实现城乡基本社会养老保障平均化于目前而言是不现实的。只能是在农村地区让所有农村居民都能获得基本社会养老保障的平等权利，都能享受国家提供的、与社会经济发展水平相适应的社会养老供给。其二，在现有的经济发展水平之下，地区与地区之间、地区内部之间存在发展差异。因此，农村基本社会养老保障只能是在国家统一制度安排下将农村地区养老供给差距控制在一个较为合理、可接受的范围之内，而不是政府大包大揽，不问实际，不考虑地区差异，强制实行养老供给的平均化。其三，养老供给应当以农村老年人的养老需要为导向，根据地域、地方性文化、风俗传统等区别对待，不能绝对均等化。第四，作为一种公共服务，农村基本社会养老保障由国家或政府占主导地位，强调公平和可持续的社会保障目标。

可见，当前我国农村地区所实行的以新农保和新农合为主、以最低生活保障制度和五保户供养制度为补充的基本社会养老保障，核心在于向全体农村老年人提供普遍的、无差别化的基本供给，关注的是老年人的福祉，实现养老供给的机会平等、权利平等和结果平等，体现的是平等、公平、保障的社会价值。

（二）城镇化进程

城镇化又被称为城市化，是我国现代化发展的必由之路，是“发展中的社会为了获得工业发达社会所共有的某些特点，而经历的文化和社会经济变迁的、包容一切的全球性过程。……第四个亚过程是都市化。这一点特别以人口从乡村居区到城市的迁移为标志”[①]。从现代化理论来看，现代化是一个不断同质化的过程，这与强调特殊性的前现代化社会是相对应的。城镇化对养老文化的影响表现在以下几个方面。

第一，从养老的物质文化来看，首先，“自然条件的变化，如气候变化、自然灾害、资源匮乏、人口变迁等都会引起文化的变迁”[②]。城镇化使“农

① ［美］威廉·A. 哈维兰：《当代人类学》，王铭铭译，上海人民出版社 1987 年版，第 575—576 页。

② 冯钢：《社会学》，浙江大学出版社 2004 年版，第 160 页。

村”转变为“城镇”，“农业”转变为“非农产业”，“农村居民”转变为“城镇居民”，进一步促进了“大杂居、小聚居”的居住格局形成，从前孕育了传统养老文化的“土壤”发生了重大改变，传统养老文化逐渐丧失了其生成与保持的自然环境和社会条件。民族边界相互交织、混沌化，各民族间的交流和交往方式以及融合程度越来越强，传统养老文化系统随着城镇化和生活场域的变化出现失衡、变得弱化。其次，在城镇化高速发展过程中，生态移民工程、城镇化、易地扶贫搬迁等一系列新的社会变迁活动促使一部分西南农村居民从山区、农村迁入城镇，居住空间或主要生活场域的变化改变了他们的传统生活方式和文化传承空间，带来了物质文化的同质性发展。一方面，乡镇设计规划、居民建筑、生产工具等高度相似；另一方面，西南农村居民日常生活用品、消费品等从外观到性能各方面极其相似，养老生活方式逐渐趋同。

第二，从养老的社会文化来看，村规民约作为乡土中国用以维护农村社会秩序最基本的社会规范和生活规则，其产生于农耕社会，是一种“生自民间，出于习惯，由乡民长时间生活、劳作、交往和利益冲突中显现，因而具有自发性和丰富的地方色彩”[①] 的知识传统。它依附于土地经济而具有了乡土性、血缘性、传统性和自治性的基本特性，依靠民间自发、村民自觉和共同体内部的舆论压力来实现对村民具体行为的培育、规范和操控，约束力较强。伴随着城镇化进程的推进，农村从“农耕经济”进入了“市场经济”，从“身份社会”迈进了“契约社会”，从“熟人社会”转变为“陌生人社会”，村民自治制度嵌入农村，国家“依法治国、建设社会主义法治国家”的治理理念深入乡村，传统的村规民约也开始现代转型。在转型过程中，有些地方的村规民约是由基层政府统一发放模版或由村委会自行制定实施，村民很少参与制定，也未召开村民会议集体讨论通过，“基层政府发挥了主导作用，制定出各种符合法律、政策的村规民约‘范本’，以匡正原有的超越于法律之上的‘罚则’，使村民权利得到国法保障”[②]。这样做的好处是村规民约可以在法治和自治原则下转型为法律、政策的地方化版本，起到秩序与价值的双重整合功能。但存在的最大隐患是传统的村规民约由于正式制度的过多介入和

① 苏力：《法治及其本土资源》，中国政法大学出版社 1996 年版，第 14—56 页。

② 周铁涛：《村规民约的历史嬗变与现代转型》，《求实》2017 年第 5 期。

过多植入国家法的内容而成为政府的规约。失去合理的自由发展空间的村规民约也就失去了原有的价值和功能，已不能完全代表村民的意愿和话语，导致村民对村规民约的认同度降低，权威不再，约束力大大减弱。国家权力的过分干预使得村规民约的内在精神、规约内容和表述方式与国家法基本一致，削弱了养老的社会文化的道德约束力量，导致乡土公共权威的弱化。此外，一些传统农村社区在长期互动过程中形成的社会控制和行为规范的养老文化机制受到了城镇化的冲击，在当地居民群体中的认同程度大大下降，在维护和调节社会秩序良性运行方面的作用已经大不如前。可以说，城镇化的快速进程使西南农村居民的社会性价值发生变异和扭曲，瓦解了西南农村的内部秩序和自身规范。

第三，从养老的观念文化来看，养老观念文化随着物质文化和社会文化的改变，从文化价值、文化心理到人们的行为图式都出现了变迁。“文化逐渐发展出越来越确定的选择标准，形成行动的驱动力，与这些驱动力相适应，文化特性的不同方面和行为领域也取一种越来越一致的外形。”① 西南农村居民在特定的历史文化背景中发展出一套有关生死的本体性价值，以祖先崇拜为主体形式强化对亲属关系的认同而达到世系延绵的目的，而这一切在消费的社会语境下被不断解构，人们不再追求心灵或生活的意义，只看当下，极力宣扬着“金钱至上”的价值追求，思想观念或价值取向趋同；借助现代传播媒介，西南农村居民精神消费的内容、形式等趋于一致；一些极富代表性的地方性特色节日或民族节日正在逐渐消失，“节日程序不断简约，节日仪式简单，节日活动项目减少，节日持续时间缩短”②，保留下来的节日的首要目的是服务于经济发展而非地方性文化或民族文化的传承；年轻一代对城市生活和现代生活的向往使得他们产生了改变传统生活方式的要求，不愿意花费时间和精力来学习传统文化，导致依靠言传身教来进行代际传承的传统文化出现了断层，面临着后继无人的尴尬。

（三）大众传媒

首先，大众传媒对养老文化本身产生着影响。对西南农村居民来说，

---

① ［美］鲁思·本尼迪克特：《文化模式》，王炜等译，社会科学文献出版社2009年版，第48页。

② 王埃亮：《大众文化视角下的少数民族文化认同》，《黑龙江民族丛刊》（双月刊）2014年第1期。

大众传媒拉近了他们与主流社会、与世界的距离，打开各种传播媒介，世界近在眼前，人们可以随时随地了解这个世界任何角落的事情，按照大众传媒理念塑造着对世界的看法和评价，关注和议论的话题单一、浅表。各地方性养老文化之间正常的交流和碰撞，既可能产生养老文化的趋同（这是正常的），产生养老文化的回归和压制，也可能会有新养老文化的诞生，这些都是在漫长的时间过程中逐步实现的。而大众传媒的出现大大加速了这一过程，且由于媒介环境的一致性和主流媒体的扩散性传播加剧了养老文化的趋同而减缓了其他两种趋势。显性的养老文化同质化表现为大众传媒的外包装和节目形式等趋同，隐性的同质化表现在传播方式和养老文化内容的趋同化。传统养老文化被大规模生产和消费，变成人们熟悉的商品和服务，强大的消费和商品逻辑破坏了养老文化的传统形式，其底蕴和内核在大众传媒面前消失殆尽。

其次，表现为大众传媒对养老文化和人的异化。在消费主义盛行的现代社会，大众传媒对信息的生产、加工、处理都是在一定的理念和利益下进行的，为了“眼球经济”，甚少去探讨传统文化的内涵、神圣性以及所形成的特定场域等，更钟情于传统文化或民族文化中那些神秘的、原始的奇风异俗，观众们通过镜头所获得的也仅是猎奇和窥探。长此以往，西南农村居民对自身文化的理解也在大众传媒的聚焦之下发生偏移，把那些反差巨大、符号色彩鲜明的部分视作传统文化的核心，为了迎合一些人的猎奇心理而着重强化这些内容，忽略了这些“奇风异俗”仅是中华传统文化的最表层，其背后反映的是中华民族在长期与自然抗争、历史进化过程中所发展起来的独特的文化体系和价值内涵，对中华文化不再虔诚，也缺乏文化自信。大众传媒对传统文化的异化导致传统养老文化对人的行为和道德观念、价值判断的内在约束力越来越弱，人们的思想观念和行为模式也发生了异化。大众传媒的无孔不入已经深深主宰了人们的生活，人们无时无刻不处在大众传媒所营造的“拟态环境”中，按照大众传媒所传播和倡导的方式思考着、行为着、互动着，对世界的理解越来越吻合大众传媒制造的拟态，逐渐在消费中沦为大众传媒商品的附属物。

三 养老文化与养老需要和养老供给相互影响

（一）养老文化产生于人们的养老需要

人的需要是文化产生的基础，是“文化所由滋长，发展，及绵延的条件”①。可以说，文化的存在意义就在于它的功能，“一物品之成为文化的一部分，只是在人类活动中用得着它的地方，只是在它能满足人类需要的地方。所有的意义都是依它在人类活动体系中所处的地位，它所关联的思想，及所有的价值而定”②。因此，养老文化必然受到养老需要的影响，在满足人们衣食住行以及医疗卫生需要的基础上、在表达人在集体生活里产生的社会性需要的过程中，从物质性、社会性和观念性三个层面对老年人的养老生活发生着作用。

文化作为一种“手段性的现实”，存在的目的是满足人们的需要。养老文化作为文化的组成方面，其文化功能的起点在于老年人的养老需要。老年人在与自然和社会联结的过程中获得其养老生活所需的一定物质和能量，基本需要的满足产生了“基本的文化迫力”③，诱发了高层次需要，并产生新的文化回应以适应衍生而出的新需要。养老文化作为文化的具体表现形态，继承了文化的民族性④的首要特性，包含了物质性、社会性和观念性三个基本特征，分别对应着养老方式和行为、养老行为的各种正式及非正式的养老制度安排，以及有关养老的共有信念和共有价值观。养老文化与需要的紧密联系决定了它必定会随着老年人养老需要的动态变化而变化：如果老年人的养老需要能够在数量和质量上得到充分满足，那么养老文化的物质层面内容将会促进社会文化的发展，进一步强化其观念文化；反之，如果老年人养老需要表现为低层次水平上的徘徊、滞留，满足需要的供给水平低下、来源单一，那么老年人的高层次需要就会产生“挫折—退化”现象，养老文化的文化功能将偏向其物质性层面和某些社会性层面，观念性层面获得持续再生产、维持和经营的内在动力缺失，导致地方性养老文化之间差异不明显。其次，养老文化在“强制性”政治制度和人们的参与性实践的影响下发生着变迁，其物质文化、社会文化以及观念文化逐渐变得同质化和模式化，传统养老方式的

---

① ［英］马凌诺斯基：《文化论》，费孝通译，华夏出版社 2002 年版，第 43 页。

② ［英］马凌诺斯基：《文化论》，费孝通译，华夏出版社 2002 年版，第 17 页。

③ ［英］马凌诺斯基：《文化论》，费孝通译，华夏出版社 2002 年版，第 25 页。

④ 李炳全：《文化心理学》，上海教育出版社 2007 年版，第 209 页。

文化基因和精神内核被逐渐解构，人们对养老文化传统的坚持也随之改变。当然，不可否认的是，文化一经产生便不断地扩展着自身的功能性，影响着人们的实践活动：如果西南农村老年人表现出低层次需要满足的要求或高层次需要满足的受挫，那么这一特点必然与自上而下的低层次、低水平、有限的养老供给彼此联系又相互影响，实际上是老年人的需要和行动者的供给行为对特定养老文化做出的适应性回应，反映的是养老文化低层次、低水平作用的基本事实。

同时，需要是人类行动和互动的先决条件。由需要诱发的动机促使人类去寻找合适的目标，在达成目标的过程中产生行动并选择行动的手段，“这样，人的活动范围和选择的自由度和机会就大大增加，原来只存在或属于特定民族或文化的东西因具有通性而为更多的民族或文化所拥有、采用，进而存在于每一民族或文化区的文化物质就极大地增长，人们优化自己生命存在的可能性或途径也随之迅速增加”①。人们的集体性实践使养老文化赖以存在的自然环境和社会条件发生变化，传统养老文化受到了冲击和挑战。当养老的物质文化、社会文化以及观念文化在实践活动的推动和改变下变得同质化、均一化和模式化，西南农村文明和养老文化的多样性可能被消解，有关养老或有关养老文化的伦理精神、价值诉求的差异可能逐渐变得不突出或逐步趋同，农村居民的实践和信仰就会被迫从以前的背景环境中剥离出来，传统文化自信缺失，传统养老方式的文化基因和精神内核被逐渐解构。

（二）养老文化影响着养老需要和养老供给

文化一经产生，将赋予人类在基本生理需要之外的扩充，获得人体功用性的进步，使个体超越躯体限制派生出新的文化力量，“一切文化要素，若是我们的看法是对的，一定都是在活动着，发生作用，而且是有效的”②。所以，“文化即在满足人类的需要当中，创造了新的需要。这恐怕就是文化最大的创造力与人类进步的关键”③。文化作为人类达到其他目的的手段，形塑着人类的行为，表达着人类的需要，影响着人类的观念和意识。具体到养老领域，养老文化对老年人养老需要的回应交织形成了一张庞大而复杂的网，将养老需要以及各行动者的供给行为都网在养老文化网络之中。养老文化为某个群体

① 李炳全：《文化心理学》，上海教育出版社2007年版，第279页。

② ［英］马凌诺斯基：《文化论》，费孝通译，华夏出版社2002年版，第15页。

③ ［英］马凌诺斯基：《文化论》，费孝通译，华夏出版社2002年版，第92页。

或某个民族构建着特有的共享知识的网络，形成了该群体或该民族的共同核心特质，人们从这些共同核心特质中分离出不同的行动模式以指导他们的行为。

可以说，西南农村老年人所表现来的养老需要和养老供给行为就是对传统养老文化及其特有的地方性养老文化做出的创造性和适应性回应。老年人消费的养老服务或养老产品承载着特定养老文化的内涵和价值，既影响了作为消费主体的老年人，也影响着消费服务或消费品提供者——异质行动者的行动。首先，养老文化的文化功能表现为三方面：第一，养老文化有益于老年人群体的生存；第二，养老文化有益于人们的社会功能最优化；第三，养老文化能够使个体心理从中受益。[①] 其次，养老文化催发了人类行动者的行动，并通过行动展开了人与世界的关系，使人和世界发生了一定的变化，“这里所说的变化包含二重涵义：其一，行动作为特定的存在形态，其发生和展开本身也表现为广义存在的变化过程；其二，在作用于世界的过程中，行动同时使人和世界发生了不同形式的变化”[②]。与此同时，非人类行动者通过人类“代言人”也参与了人类的实践性行动，通过养老供给行动，异质行动者分别展现了各自所具有的社会作用和社会意义。如果西南农村老年人的养老需要以及养老供给都体现出低层次化趋势，这根本上可能体现的是养老文化低层次、低水平作用的基本事实。

第三节　养老供给可及性的研究视角和实现条件

一　养老供给可及性的需要视角

（一）老年人养老需要的基本特点

老年人养老需要的基本特点包括三个方面：第一，客观性。人类的生命活动始于以生存为目的的基本需要，没有需要，人类就失去了生命存续和种族繁衍的内在依据。对需要的满足和维持是劳动的内在驱动力，《1844 年经济学哲学手稿》讲“需要是人的本性，而需要只能通过人的对象性的活动才能满足。人的对象性的活动，从根本上来说是为了创造能满足人的需要的对象的

① ［美］赵志裕、康萤仪：《文化社会心理学》，刘爽译，中国人民大学出版社 2011 年版，第 72 页。
② 杨国荣：《人类行动与实践智慧》，生活·读书·新知三联书店 2013 年版，第 39 页。

自觉自为的活动”。没有需要，人类的劳动就失去了存在意义和价值。同时，人是“自由的、有意识的活动”[①] 的存在物，能够认识自己的需要、表达自己的需要，并通过有意识的、自由的对象化活动来主动追求需要的满足。从此意义上说，客观自然条件和生活环境决定了农村老年人最基础、最基本的养老需要是获得维持生存的物质和生活资料，以及寻求保护并免受疾病威胁、获得安全感的需要。这些需要的满足能让老年人的生存和发展成为可能。第二，层次性。阿尔德福在 ERG 理论中提到，人们共同存在着生存需要、关系需要、发展需要三种核心需要。生存需要是最基本也是最基础的需要，只有满足了个体全部生理和物质上的欲望，需要才会指向更高层次；关系需要强调个体在与他人和群体的互动过程中保持良好健康的心态，获得如尊重、信任等关系方面的满足；发展需要是需要的最高层次，是个体自我发展和自我完善的需要，对生存需要和关系需要具有指向性。第三，替代性。养老需要的产生和发展与一定的历史条件相联系，养老需要的动态变化与满足也应置于具体的历史背景中来分析和解决。其一，老年人的三类需要不是刚性的阶梯式上升结构，它们之间没有固定的出现次序。换言之，同一时期可能会同时存在着几种不同的需要。这些需要会随着个体利益诉求的变化和社会发展而不断丰富和扩大，进而带来养老需要结构的变动，驱动着老年人追求满足、寻求帮助、不断挑战现有供给的上限并提出新的供给要求、内容和水平，从需要角度最终促成整个农村养老供给体系的变化。其二，某个层次的需要得到满足后，并不绝对地指向高层次需要的满足，可能会在同一水平上停留、反复。当个体追求高层次需要满足受挫时，人们会转向寻求较低层次的需要满足来替代高层次需要，产生需要的“挫折—退化”现象[②]。对农村老年人群体而言，生存是第一要务，但在生存需要之上，老年人们还有照料需要、情感需要、社会参与需要以及自主需要等。这些需要相互制约，相互渗透，贯穿了老年人一生发展的始终，是个人化、群体化、社会化需要的体现。低层次需要在量和质上的充分满足会促使老年人的需要指向更高层次，实现需要的“满足—上升”逻辑；但如果高层次需要的实现受到阻碍，老年人的需

① 《马克思恩格斯全集》第 1 卷，人民出版社 1985 年版，第 53 页。

② Clayton P. Alderfer, “An empirical test of a new theory of human needs”, *Organizational Behavior & Human Performance*, No. 4, 1969.

要就会在低层次水平上徘徊、滞留，低层次需要便会膨胀，可及性的效果便大打折扣。因此，有效、可及的养老供给是要在充分满足老年人生存需要的基础上，创造一切条件尽可能地满足他们的关系需要和发展需要，避免“挫折—退化”现象的发生。

（二）老年人养老需要的类型

1. 生存需要体现为经济供养需要和医疗卫生需要

老年人的生存需要是老年人为了维持生命存续，“过正常社会生活所不可缺少的基本物质和精神的生活条件的需要”①，包括老年人的衣、食、住、行及健康、医疗需要等，与生存动机紧密相关。

随着年龄增加，老年人的体力大不如前，劳动能力下降，退出了劳动就业领域，直接导致经济收入的减少。就西南农村老年人而言，经济收入的减少或丧失使得代际支持发生倾斜，老年人在无法获得如城市老年人的退休金等养老保障支持的情况下，只能更多地依赖儿女的经济供养，养老的物质负担较重，经济供养需要较为强烈。与此同时，到了老年期，老年人身体机能下降，抵抗力减弱，衰老和疾病的侵扰是不得不面对的人生议题，健康需要成为老年人最为关注的需要，也是最渴望得到满足的需要，这导致他们对医疗卫生的需求量增大。这些以生存动机驱动的需要在某些情况下与有形物质的供给状况关系密切，部分可由老年人自给自足，但多数必须借助于其他行动者的劳动和服务来实现。在获得物质满足的同时，老年人也要从观念、意识、倾向等方面为生存需要进行着精神方面的准备和创造基本条件（如健康意识、养生观念、寻求正规帮助的意识等），并接受来自他人和社会群体的最基本的精神性支持和帮助，如需要得到重视、安全得到保障、自由得到维护等。

2. 关系需要体现为生活照料需要和精神慰藉需要

关系需要是老年人发展人际关系的需要，是一种“想成为别人生活中的一部分、与别人保持联系的一种情感或需要”②。关系需要的满足取决于个体与他人、与社会群体的交流、互动，在结成的特定社会关系中获得接纳、肯定、重视。对西南农村老年人而言，其关系需要可体现为生活照料需要、精

① 王彦斌：《管理中的组织认同》，人民出版社 2004 年版，第 112 页。

② ［美］Robert D. Hill：《积极老年生活心理健康七法》，王海梅、杨柳、高艳苹译，中国轻工业出版社 2011 年版，第 79 页。

神慰藉需要等具体内容，满足的主要渠道是配偶、儿女、亲朋好友以及其他与其生活密切相关的个人和社会群体等，与亲和动机关系密切。

人的社会属性决定了“没有人是一座孤岛，可以自全，每个人都是大陆的一片，整体的一部分”。个体必定要与他人或群体产生联系，得到来自他人和社会的帮助，获得情感联系，明确自己在特定环境中的地位和作用，搭建社会关系网。这些行为均是在亲和动机的驱动下而发生的。一方面，老年人由于年老多病、生活自理能力下降，不仅需要他人和群体提供经济上的帮扶，更需要生活上的关心和照料，尤其是老年人生病或生活完全不能自理时，对生活照料的需要会更加强烈。另一方面，保持各种社会关系的联系，通过与自己相同或类似的个人、群体的沟通、交往，能够让老年人的自我认知、态度、行为等得到确认和支持，获得成员资格，明确社会身份。这其中，由血缘和婚姻而产生的人际关系尤为重要。

3. *发展需要体现为社会参与需要和自主需要*

积极的社会参与、保持求知求学的欲望和需要、控制感或自主性的获得是老年人需要层次的最高阶段，与老年人的生活质量和生命质量密切相关。可以说，老年人的发展需要是个体自我发展、自我完善的需要，具体包括社会参与需要和自主需要。这些需要可以通过个人潜能的挖掘和个人能力的开发来满足，体现了“老有所用、老有所为、老有所成”的个人价值和社会价值目标，与成就动机紧密相关。

即便年事增高，个体的成就动机依然在激发着自我效能感，让老年人重新定位自己的社会身份和角色，调整生活策略，保持高水平的生理和认知功能，以积极性和建设性的心态持续投入能够创造社会价值的社会性和生产性活动中。成就动机能够从内源性“增能”方面对老年个体产生启发：当生命接近终结，丧失和衰退是不可避免的，但可塑性仍然可能存在；增强老年人的社会参与，使他们保持积极性和建设性，这就是最好的“老龄化”。① 根据 2002 年《第二次老龄问题世界大会的报告》对老年人社会参与的内涵界定，本书将老年人的社会参与分为五个核心内容：其一，经济活动的社会参与，指老年人以再就业或一定的经济生产方式参与社会经济活动。其二，社会活

① Horstman, Maria Jansen, Dirk Ruwaard, “Conflicting notions of citizenship in old age: An analysis of an activation practice”, *Journal of Aging Studies*, No. 35, 2015.

动的社会参与，包括“照顾家人，进行维持生存的生产性劳动，家务劳动，以及在社区内从事志愿服务工作”[①]。其三，文化活动的社会参与，是指老年人参与或继续参与文化生活和终身学习等。其四，政治活动的社会参与，主要指“老年人以影响政府人员的选择或采取的行动为直接目的而进行的活动”[②]。其五，人际交往的社会参与，体现为社会支持和家庭关系两个方面：社会支持反映的是老年人获得社会支持的情况以及其帮助他人的能力和主观满意度，其实质是人际间的互动和社会资源的互换；家庭关系反映的是家庭成员间的人际亲密程度、交流方式、互助方式以及主观满意度等，是老年人社会参与的重要表现之一。

如果从自主理论的基本假设“人们之间的差异并不是需要多少的不同，而是如何较好地满足这些需要”[③] 来看，发展需要应该被视为“对于心理成长、完整性和幸福人生至关重要的营养物质的满足”[④]。其中，自主需要是老年人能够感觉到的、用意志控制行为以及对自己行为负责的程度，能够激发个体多种适应性行为和心理过程。[⑤] 自主需要的重要表现是控制感或自主性的获得，例如，不管出于什么原因，老年人寻找适合自身情况的养老解决方案或居住选择方式，都是为了尽可能维持较长时间的自主权，是个体实现有价值的个人目标的持续过程。[⑥] 可以说，要想晚年生活变得美好，老人必须要有赋予了尊严和意义的目标和计划，通过日常活动实现自身的个人潜能。[⑦]

---

① 《第二次老龄问题世界大会的报告》，2002 年 4 月 8 日—12 日，https://www.un.org/chinese/events/ageing/index.html，2017 年 10 月 11 日。

② 陈岱云、陈希：《人口新常态下服务于老年人社会参与问题研究》，《山东社会科学》2015 年第 7 期。

③ Deci，E. L. & Ryan，R. M.，*Intrinsic Motivation and Self－determination in Human Behavior*，New York：Plenum. 1985，p. 96.

④ Deci，E. L. & Ryan，R. M.，“The ‘what’ and ‘why’ of goal pursuits：Human needs and the self－determination of behavio”，*Psychological Inquiry*，No. 1，2000.

⑤ Deci，E. L. & Ryan，R. M.，“On happiness and human potentials：A review of research on hedonic and eudaimonic well－being”，*Annual Review of Psychology*，No. 52，2001.

⑥ Frieder R. Lang，Margund K. Rohr，“Successful aging in societies of long living：The model of selection，optimization，and compensation”，*International Encyclopedia of the Social & Behavioral Sciences*，Vol. 13，No. 3，2015.

⑦ Claude Ferrand，Guillaume Martinent，Neriman Durmaz，“Psychological need satisfaction and well－being in adults aged 80 years and older living in residential homes：Using a self－determination theory perspective”，*Journal of Aging Studies*，No. 30，2014.

二　养老供给可及性的供给视角

对养老供给内涵的理解可以从公共物品理论入手。公共物品理论将公共物品定义为可供全体社会成员共同享用的物品，具有非排他性和非竞争性。非排他性是指公共物品一经生产出来，就不可能排除其他可能的消费者（不论其付费与否），因为排他的成本太高。非竞争性则是从消费角度来解释：其一，每增加一个额外消费者都不会影响其他人的消费，也不会导致成本的增加，即在给定的生产水平下，“提供给额外一个人的边际成本严格等于零”①；其二，某一个体的消费行为并不会影响其他人的消费及获利，即边际拥挤成本为零。如果以非排他性和非竞争性为指标，公共物品可以分为两类：1. 纯公共物品，兼具受益上的非排他性和消费上的非竞争性特征；2. 准公共物品则是具有不完全上述特征的物品，即，这些物品或是具有消费上的非竞争性但不具备受益上的非排他性（第Ⅰ类准公共物品），或是具有受益上的非排他性但不具备消费上的非竞争性（第Ⅱ类准公共物品）。② 第Ⅰ类准公共物品的非竞争性决定了采取市场化供给是最好的方式，如医疗、教育、保险等；第Ⅱ类准公共物品由于强调受益上的非排他性，“因而价格形成困难，比较适宜采取免费供给方式”③，如孤儿院和养老院等社会福利服务。此外，准公共物品一般都具有“拥挤性”特点，即消费者人数的增加会减少每个消费者从公共物品中的获利。换言之，当公共物品的消费人数达到“拥挤点”，边际拥挤成本不可能为零。

首先，养老供给具有受益上的非排他性。这是确定的，也是不容置疑的。养老供给是针对全体老年人的公共产品，体现的是社会公共福利，任何人不可能独占专用，无论是城市老年人还是农村老年人，均可通过一定渠道和手段享受健康促进养老供给体系建立所带来的好处和效益。当然，存在的特殊情况就是，政府主办的如敬老院这类养老机构对入住人员的资格、类型等有着特殊的筛选标准，主要供养对象是“三无”老人，因而具有一定的排他性。

---

① ［美］约瑟夫·E. 斯蒂格利茨、卡尔·E. 沃尔什：《经济学》（上册），黄险峰、张帆译，中国人民大学出版社 2010 年版，第 254 页。

② ［日］植草益：《微观规制经济学》，朱绍文、胡欣欣等译校，中国发展出版社 1992 年版，第 232 页。

③ ［日］植草益：《微观规制经济学》，朱绍文、胡欣欣等译校，中国发展出版社 1992 年版，第 285 页。

但如果考虑到政府提供的该类服务属于救助型社会福利或补缺型社会福利，体现的是平等、保障的社会价值，且所救助的老年人在整个老年人群体中只是少数，可以不将其视为常规意义上的排他性，也就不影响从整体角度来把握养老供给的非排他性特征。

其次，由于服务内容的不同以及服务供给情况的差异，养老供给在消费上表现出的竞争性特点较为复杂。第一，从服务内容来说，养老供给并不完全具备消费上的非竞争性，它同时包含了医疗资源（预防、治疗、康复、保健等）和养老资源（经济供养、生活照料、精神慰藉、社会参与、自主）两块内容，但因为其基本实质是“以医促养，以养为主”，医疗卫生服务是手段，养老是根本目的，老年人在医疗卫生资源方面的付费使用情况并不能完全代表养老供给的全部内容。而且，不可忽视的是，医疗卫生资源构成中的健康教育和公共卫生服务在具体实施过程中是由政府直接出资或通过服务购买方式进行供给的，决定了此类医疗卫生服务消费也并不完全是竞争性的。第二，从服务方式来说，现有的养老服务方式包括自我养老、家庭养老、社会养老，医疗服务方式包括健康教育、公共卫生服务、门诊、住院等。这些资源或服务方式虽然面向所有老年人，但老年人要有使用的意愿和倾向，并具备一定的经济支付能力才可获得，价格或支付能力一般就可成为竞争标准之一并依此设定一定的准入门槛。如，老年人寻求医疗诊断和临床诊治等非基本医疗服务、入住营利性养老机构等在消费上就是竞争性的。在某些条件下，并不是老年人愿意付费或有能力付费就能使用这些资源或服务方式。当然，如果这些资源供给充足，养老供给就不具备竞争性；但如果这些资源的消费人数达到“拥挤点”之后，随着人数的继续增加，边际拥挤成本也会随之增加，竞争性的特点就会更加明显。例如，当进入养老院养老的老年人数量达到一定程度后，在给定的床位数、服务人员和其他软硬件配置情况下，其他想进入养老院养老的老年人就只能排队等待或转寻其他养老方式。其他解决之道就是，政府和其他社会组织投入财力、物力、人力新建或扩建养老院，以期能够接纳更多有需要的老年人，当然，成本便会随之成倍增加。就我国现有的医疗资源和养老资源配置来看，资源供给的数量、类型、水平、层次等远远满足不了老年人日趋旺盛的养老需要。资源短缺、供不应求、供需失衡、主体缺乏是当前我国建立健康促进养老供给体系所面对的最大难题。总体而言，就现阶段社会发展水平来说，我国养老供给的竞争性特点明显。

正因为养老供给是具有非排他性和竞争性特点的准公共服务，因此从可及性角度分析养老供给具备了理论上的自洽性。从健康促进养老供给角度来说，在任何历史时期和生命阶段，个体均有可能受到健康风险的威胁。老年期个体的健康脆弱性主要是由于生命周期进入衰亡阶段带来的不可避免的健康风险的聚集和叠加。一方面，健康风险是在一个缓慢发展过程中逐步显现的身心威胁，由于持续时间长且具有可预测性，因此一些诸如提高健康素养、养成良好的健康习惯、购买健康保险、心理干预、积极融入社会等行之有效的方法可以增强个体抵御此类健康风险的能力；另一方面，健康风险中的重、急、危等疾病风险以及应激性的心理障碍则表现出突发性和不可预测性，这就需要个体和社会有足够的资源储备和应变能力以应对此类威胁，而来自制度性操作层面的养老实践无疑是最行之有效的路径。《"健康中国 2030" 规划纲要》将"共建共享、全民健康"视为建设"健康中国"的战略主题。在这个主题之下，"个体健康依托于群体健康，依赖于健康生活环境，个体和社会的改变需要与卫生服务改善和健康促进政策齐头并进"[①]，把健康融入社会保障制度，以健康促进医养资源的有效整合，建设高效益和低成本结合的养老健康服务体系。

因此，健康促进养老供给就是对现有医疗资源和养老资源的有机整合和有序共享，"以医促养、以养为主"，最终形成覆盖城乡、规模适宜、功能合理、综合连续的医养结合服务网络，实现养老资源利用的最大化。如果以非排他性和非竞争性为衡量标准，健康促进养老供给是一种准公共服务，能够从可及性角度分析其供给程度和效果等。

三 养老供给可及性的实现条件

（一）空间和时间可及性

世界卫生组织在《2000 年世界卫生报告》中将可及性解释为居民到初级医疗卫生服务机构的方便程度[②]，考察的是居民满足基本医疗卫生需要、获取基本医疗卫生服务在空间上的难易程度。可见，空间和时间可及性对于服务

① 翟绍果、王昭茜：《公共健康治理的历史逻辑、机制框架与实现策略》，《山东社会科学》2018 年第 7 期。

② World Health Organization, *World Health Report 2000: Hearth Systems: Improving Performance*, Geneva, 2000, pp. 27 – 28.

需要者来说是首要考虑的因素。养老供给的空间和时间可及性是指农村老年人在获取养老服务、医养资源过程中，对位置空间、时间的期望与实际情况之间的适合度，可以具体化为空间可及性和时间可及性。空间可及性是特定居住地的农村老年人获得某类医疗卫生服务或养老服务的便捷程度，如以什么样的交通方式到达、多长时间能够到达。距离越近、速度越快、交通出行越方便，空间可及性就越强，这取决于养老供给行动者与老年人居住地的距离、交通便利程度等。时间可及性是老年人到达养老服务地点或机构后，在多长时间内可获得所需要的服务和资源，所耗费的时间越短，时间可及性就越强，这取决于某类医疗卫生服务或养老服务供给行动者的资源配置情况（数量、分布、类型）和工作效率。

按照世界卫生组织 1981 年提出的保障初级卫生保健最低限度指标，理想的空间和时间可及性应是居民在家中或步行 15 分钟的距离有适当的卫生设施。[①] A 省地处我国西南边疆，全省 94% 的国土面积是山地，25 个世居少数民族在这片土地以“大杂居、小聚居”的居住格局和谐相处。地理环境的特殊性以及老年人年老体弱的基本事实决定了用空间和时间可及性分析西南农村养老供给可及性是十分必要的，既可评判基本卫生服务和养老服务是否涵盖了大多数老年人，是否为其养老生活提供了最大便利，又可考察医疗卫生和养老供给的水平和分布情况，即医疗资源和养老资源的布局、规划是否合理。

（二）经济可及性

经济可及性考察的是养老供给行动者的服务价格、服务成本、社会保险机制、医疗保险和养老保险与老年人的经济来源、经济收入、购买意愿、经济支出之间的关系，即服务价格、保险机制等与老年人实际支付能力的适合程度。对西南农村老年人而言，能够以越低花费额、越小成本获得适当的并符合其需要的养老服务，经济可及性就越强。

从养老供给行动者角度来看，经济可及性首先体现在所提供的服务是否在老年人经济可承受范围内以及老年人对服务价格的敏感程度。其次，任何养老供给都会涉及为老年人提供一定服务而产生的费用，即边际成本，这是

① 傅华：《预防医学》，复旦大学出版社 2006 年版，第 76 页。

影响供给数量和质量的一个重要因素。如果成本过高，容易损害供给行动者的所得利益，挫伤供给积极性。理想的状况是供给行动者们以最佳成本达到资源最优配置，并在供给过程中各有所得。

（三）服务内容可及性

服务内容可及性是衡量西南农村老年人的基本状况（人口学特征、家庭特征、个人倾向等）、健康意识和信念（态度、价值观、健康状况和对健康的认知等）、养老需要等与养老供给内容（医疗资源和养老资源）是否匹配。同时，服务内容可及性还包含老年人对养老服务的使用、对其效果和效率的评判。老年人的养老需要等与养老供给内容的适合度由于供给资源的不同，可以从两方面理解：其一，老年人的基本状况、健康意识和信念、养老需要等与可接触得到并可使用的医疗资源之间的适合度。老年人群体在人口学特征、家庭特征、个人倾向、态度、价值观、健康状况和对健康状况的认知等方面存在差异，导致养老需要差异，进而对养老服务内容的要求也会有所不同。因此，为不同需要的老年人提供多层次和不同内容服务的医疗卫生服务，以及医疗资源供给在多大程度上适应了老年人的需要，是服务内容可及性的一个表现。其二，老年人与可接触得到并可使用的养老资源（经济供养、生活照料、精神慰藉、社会参与、自主等）之间的匹配程度。例如，如果当家庭的经济供养发生危机，来自家族、邻里、村寨或国家层面的经济支持是否能够保障老年人的基本养老要求；各供给行动者能否为老年人提供更高层次的需要服务内容；村寨等组织是否能为有社会参与意愿的老年人提供参与社会事务的机会，并在集体事务上尊重、征询、采纳老年人们的意见和建议等。

（四）服务方式可及性

服务方式可及性是西南农村现有的养老服务方式（自我养老、家庭养老、社会养老）、医疗服务方式（健康教育、公共卫生服务、门诊、住院等）与供给行动者之间的适合度，以及老年人对现有养老服务方式和医疗服务方式的选择倾向和利用情况。

养老服务方式的不同决定了供给行动者的构成和联合形式不同。从福利多元主义理论来说，西南农村养老供给主体应该实现多元化和分权化。首先，表现为养老服务方式和供给行动者的适合度。例如，当老年人面对自我养老资源的匮乏，其他家庭成员的经济帮助和国家层面的社会福利保障对其维持基本养老生活至关重要。其次，不同的医疗卫生服务体系由于其定位、软硬件配备等不同，对应的医疗服务方式侧重点也有所不同。例如，作为医疗卫生服务的网底，村卫生室或村医的设施、设备、学历资格、专业能力等限制了其医疗卫生服务的范围，“有多大能耐做多大事”，村卫生室或村医立足于健康教育、公共卫生服务可能发挥其最大的用武之地；而疾病诊疗、住院等服务由业务水平、能力或条件更好的农村三级医疗卫生服务体系的其他相应机构（如乡镇卫生院、县级医院会其他医疗机构）来承担更为合适。医疗卫生资源各供给异质行动者之间各司其职，各尽其能，互为补充，并发挥各自资源优势结合成行动者网络，才能适应老年人的医疗卫生需要，达到医疗卫生供给可及性。

第三章　西南农村老年人的生存需要与养老供给

第一节　老年人的生存需要

一　老年人的经济供养需要

（一）经济供养需要的基本情况

1. 经济收入低，经济供养需要强烈

经济供养需要是老年人生存需要最基础的组成部分，经济供养需要的满足是老年人生存保障的重要体现，是保障其晚年生活质量的第一要素。本书所涉及的经济收入主要指西南农村老年人一切现金形式的收入，既包括老年人通过自己的劳动所获得的劳务报酬，也包括老年人儿女、亲戚朋友、机构或组织等所给予的经济支持，同时还包括最低生活补助和农业补贴以及老年人通过参加各种社会保险或商业保险、出租房屋和土地等所获得的收入。

国家统计局 2017 年《中国统计年鉴》将城乡居民的人均可支配收入以 20% 作为划分标准，区分了低收入户、中等偏下户、中等收入户、中等偏上户和高收入户五个等级。以此为标准，本书将西南农村老年人的年经济收入按照从低到高顺序排次，以 20% 为标准将调查对象进行五等分分组，研究不同收入档次老年人的经济供养状况。

总体而言，西南农村老年人年经济收入的最小值为 100 元，最大值为 70000 元，中位数为 2000 元，平均数为 5525. 4 元；78. 3% 的老年人年经济收入在平均值以下。其中，低收入户的最小值为 100 元，最大值为 1000 元，中位数为 900 元，平均数为 835. 3 元；中等偏下户的最小值为 1000 元，最大值为 2000 元，中位数为 1500 元，平均数为 1528. 1 元；中等收入户的最小值为

2000元，最大值为3000元，中位数为2000元，平均数为2294.2元；中等偏上户的最小值为3000元，最大值为6000元，中位数为4000元，平均数为3930.4元；高收入户的最小值为6000元，最大值为70000元，中位数为12000元，平均数为18925.5元。以收入最低的40%的老年人经济收入测算其占全体被调查对象经济收入的份额值，阿鲁瓦利亚指数（Ahluwalia Index）为0.09。一般而言，阿鲁瓦利亚指数越小（最高值为0.4），收入差别越大。数据分析说明，西南农村老年人年经济收入的差距较大，最高收入组的平均收入比最低收入组高18090.2元。

较低的经济收入导致64.7%老年人对自己的养老生活怀有担忧、焦虑，觉得自己最担心的养老问题就是“没钱、没收入”，甚至有老年人因此而表露出消极情绪。

> 作为老年人，我们生活上还是有困难的，钱不够用嘛。经济上主要靠儿女，国家投入的还是不够呢。（个案访谈：D地L村L姓老年人）
>
> 姑娘给的钱和政府发给我的（养老金）一年加起来有2000元左右，肯定不够用。（担不担心养老问题?）肯定担心嘛。年纪大，身体不好，又没有钱，只能是过一天算一天，过了一年又算一年。（个案访谈：D地S村某女性老年人）
>
> 我们全家有六口人，四个大人和两个孙女，一年到头只有五六万元钱，我如果不单独做点活计，那钱更是不够花。（我家的收入情况）在村里是中等水平，有好多家的更低。（个案访谈：D地J镇某老年人）
>
> （担不担心养老问题?）最担心的就是没有钱。娃娃负担也重，不可能样样都管嘛。（个案访谈：E地I镇某老年人）

因此，有的老年人直接表示，希望政府在现有基础上将新农保养老金提高，最好每个月人均二三百元。

2. 收入自评低

经济供养需要既与经济收入的绝对值相关，同时也与老年人对经济收入的评价关系密切。经济收入的自评可以反映老年人自我知觉到的、与同类人群相比较的经济收入情况，是一种定性判断。

33.7%的老年人倾向于认为自己的经济收入与同村寨的其他人相比，处于不高不低的中等状态；21.3%的老年人认为自己的收入处于中等偏下；将年经济收入评价为“偏低”的老年人占总数的33.2%。

（二）经济供养需要的比较分析

1. 不同地域及年龄的老年人年经济收入存在差异

首先，从地域角度来看，D地农村老年人的经济收入的最小值为100元，最大值为70000元，中位数为2000元，平均数为6078.9元，经济收入低于总体均值的老年人比例为81.9%。低收入户的最小值为100元，最大值为1000元，中位数为870元，平均数为752.4元；中等偏下户的最小值为1000元，最大值为2000元，中位数为1440元，平均数为1455.6元；中等收入户的最小值为2000元，最大值为3000元，中位数为2000元，平均数为2339.8元；中等偏上户的最小值为3000元，最大值为6000元，中位数为4000元，平均数为4116.3元；高收入户的最小值为6000元，最大值为70000元，中位数为13800元，平均数为21730.4元。D地的阿鲁瓦利亚指数为0.073，说明D地农村老年人的年经济收入差距较大，最高收入组的平均收入比最低收入组高20978元。

E地老年人的经济收入的最小值为0元，最大值为60000元，中位数为2000元，平均数为5059.9元，经济收入低于总体均值的老年人比例为77.9%。低收入户的最小值为300元，最大值为1032元，中位数为1000元，平均数为907.8元；中等偏下户的最小值为1032元，最大值为2000元，中位数为1500元，平均数为1586.9元；中等收入户的最小值为2000元，最大值为3000元，中位数为2000元，平均数为2255.8元；中等偏上户的最小值为3000元，最大值为6000元，中位数为3516元，平均数为3773.6元；高收入户的最小值为6000元，最大值为60000元，中位数为12000元，平均数为16595.2元。E地的阿鲁瓦利亚指数为0.098，说明该地农村老年人的经济收入差距较大，最高收入组的平均收入比最低收入组高15687.4元。

通过上述分析可见，D地和E地老年人的年经济收入存在差异：第一，总体而言，E地农村老年人人均经济收入比D地少1019元，但两地老年人收入的中位数不存在差异。第二，从不同的收入档次来看，E地低收入、中等偏下水平的老年人比同一档次的D地老年人的经济收入平均值分别高155.4元、131.3元；D地中等收入、中等偏上以及高收入水平的老年人比同一档次的 E 地老年人的经济收入平均值分别高 84 元、342.7 元、5135.2 元（见表 3.1）。

表 3.1　不同地域老年人年经济收入的基本情况

单位：元

年经济收入	中位数		平均数	
	D 地	E 地	D 地	E 地
低收入	870	1000	752.4	907.8
中等偏下	1440	1500	1455.6	1586.9
中等收入	2000	2000	2339.8	2255.8
中等偏上	4000	3516	4116.3	3773.6
高收入	13800	12000	21730.4	16595.2

其次，从年龄角度来看，随着年龄的增加，农村老年人的经济收入逐步降低：60—69 岁老年人的经济收入的最小值为 100 元，最大值为 70000 元，中位数为 3000 元，平均数为 6646 元；70—79 岁老年人的收入最小值为 100 元，最大值为 60000 元，中位数为 1900 元，平均数为 4488.7 元；年龄在 80 岁及以上的老年人经济收入的最小值为 250 元，最大值为 24000 元，中位数为 1990 元，平均数为 2871.4 元。89.3% 的 80 岁及以上的老年人年经济收入在 5795 元的总体平均值以下。

2. 不同地域老年人的月开支存在差异

从地域角度来看，D 地和 E 地农村老年人月开支存在差异（$X^2=84.747$，$P<0.05$），E 地农村老年人每月开支的平均数比 D 地老年人高 156.2 元。其中，D 地农村老年人每月开支最小值为 100 元，最大值为 10000 元，中位数为 300 元，平均数为 738.2 元；开支在 500 元以内的人数比例为 64.2%，501—1000 元的比例是 19.9%。E 地农村老年人每月开支最小值为 100 元，最大值为 15000 元，中位数为 500 元，平均数为 894.4 元；58.3% 的老年人每月开支在 500 元以内，25.7% 的为 501—1000 元。

但是，D 地和 E 地农村老年人的开支去向不存在差异（$P>0.01$）。老年人最主要的开支均为“日常生活（衣食住行等）”和“医疗卫生（看病、住院、买药等）”。

（三）经济供养需要的特点

通过上述实证分析可以发现，西南农村老年人经济供养需要的基本特点为：首先，从客观经济收入来看，老年人经济收入普遍偏低，经济供养需要较为强烈。其次，从主观经济收入自评来看，大多数老年人对自己收入的自我评价程度较低。最后，不同地域及年龄的老年人的经济收入和月开支存在差异。

对客观经济收入状况进一步分析发现：其一，E 地老年人的年经济收入水平总体比 D 地老年人低。之所以出现与区域经济发展水平有所偏差的结果①，可能原因为：E 地参与调查的 80 岁及以上的老年人数量比 D 地高 7 个百分点，基于年龄越大的老年人经济收入越低的基本事实，因而出现 E 地老年人总体经济收入被拉低的状况。其二，年龄越大的老年人，经济收入越低。这一结果符合老年人伴随年龄增加，劳动能力下降，收入减少的事实和观察结果。从开支及其去向来看，E 地老年人的每月开支高于 D 地老年人，且开支去向主要为“日常生活”和“医疗卫生”方面。

二 老年人的医疗卫生需要

从生命全程观来看，进入老年期，个体的生理功能迅速衰退，身体健康状况大不如前，面临着疾病和死亡的威胁，“衰落和死亡是不可避免的”。保护自己的身体和精神等避免受到伤害和疾病威胁，获得安全感，是老年人生存需要中的重要内容。一般而言，老年人的健康状况与其医疗卫生需要有着密切关系。

（一）老年人的健康状况

1. 生活自理能力下降

根据表 3.2，老年人的生活自理情况不容乐观，部分能力发生了困难和障碍，困扰着其日常生活。按照困难程度的高低，排在前四位的依次为“保管钱物、存取钱、领取养老金等”“打电话”（包括使用手机接打电话等，以下不再赘述）、“独自坐车外出”“购买日常生活用品”，这些内容均属于工具性日常生活能力。这些能力受损或发生障碍并不会从根本上影响老年人的日常

① 根据调查地点背景资料显示，E 地的社会经济发展水平要高于 D 地。

生活，老年人可以借助他人或相关工具的帮助达到独立生活的目的。

同时，为了较为全面地掌握老年人的生活自理情况，问卷设计还涉及了在婚且有配偶的老年人其配偶的基本生活自理情况。老年人配偶的基本生活自理方面存在困难的项目依次为“保管钱物、存取钱、领取养老金等”“打电话”“独自坐车外出”“购买日常生活用品”“洗衣、打扫卫生”“洗菜做饭”，前四项均属于工具性日常生活能力，后两项则是躯体生活自理能力。

从年龄变量来看，随着年龄的增加，老年人躯体生活自理能力的受损情况逐渐凸显。具体而言，与其他年龄阶段的老年人相比，80 岁及以上的老年人在“洗衣、打扫卫生”“洗菜做饭”“洗澡”等项目上存在困难（见表 3.2）。

表 3.2　老年人的生活自理情况

类别		平均数	标准差
自己	洗菜做饭	1.22	0.6
	洗衣、打扫卫生	1.25	0.64
	上厕所	1.07	0.36
	上下床	1.07	0.35
	穿衣服	1.05	0.3
	洗澡	1.13	0.48
	吃饭	1.05	0.29
	梳头、洗脸、刷牙等	1.05	0.3
	独自坐车外出	1.6	0.88
	打电话	1.68	0.91
	购买日常生活用品	1.4	0.78
	保管钱物、存取钱、领取养老金等	1.82	0.95
	独自行走 100 米	1.16	0.52
配偶	洗菜做饭	2.39	1.44
	洗衣、打扫卫生	2.39	1.44
	上厕所	2.3	1.46
	上下床	2.3	1.46
	穿衣服	2.29	1.47
	洗澡	2.34	1.45
	吃饭	2.29	1.47

续表

类别		平均数	标准差
配偶	梳头、洗脸、刷牙等	2.29	1.47
	独自坐车外出	2.54	1.4
	打电话	2.57	1.39
	购买日常生活用品	2.42	1.43
	保管钱物、存取钱、领取养老金等	2.65	1.35
	独自行走 100 米	2.34	1.45
60—69 岁	洗菜做饭	1.14	0.48
	洗衣、打扫卫生	1.16	0.51
	上厕所	1.06	0.35
	上下床	1.05	0.29
	穿衣服	1.03	0.23
	洗澡	1.09	0.4
	吃饭	1.02	0.2
	梳头、洗脸、刷牙等	1.03	0.23
	独自坐车外出	1.39	0.76
	打电话	1.44	0.8
	购买日常生活用品	1.21	0.61
	保管钱物、存取钱、领取养老金等	1.7	0.92
	独自行走 100 米	1.09	0.4
70—79 岁	洗菜做饭	1.21	0.59
	洗衣、打扫卫生	1.24	0.63
	上厕所	1.06	0.32
	上下床	1.05	0.31
	穿衣服	1.05	0.31
	洗澡	1.11	0.44
	吃饭	1.07	0.35
	梳头、洗脸、刷牙等	1.06	0.31
	独自坐车外出	1.8	0.94
	打电话	1.83	0.94
	购买日常生活用品	1.48	0.82
	保管钱物、存取钱、领取养老金等	1.88	0.95
	独自行走 100 米	1.23	0.61

续表

类别		平均数	标准差
80 岁及以上	洗菜做饭	1.66	0.92
	洗衣、打扫卫生	1.72	0.94
	上厕所	1.15	0.5
	上下床	1.22	0.62
	穿衣服	1.15	0.5
	洗澡	1.41	0.8
	吃饭	1.12	0.44
	梳头、洗脸、刷牙等	1.15	0.5
	独自坐车外出	1.99	0.99
	打电话	2.37	0.91
	购买日常生活用品	2.01	0.99
	保管钱物、存取钱、领取养老金等	2.19	0.98
	独自行走 100 米	1.28	0.69

2. 不同年龄老年人的生活自理情况存在显著差异

躯体生活自理能力（BADL）是评定老年人失能状态的重要依据。根据二级总加式量表及中国老龄科学研究中心课题组（2011）提出的老年人失能等级划分方法，调查对象及其配偶日常生活活动能力回答为"困难"的项目在 2 项以内（含 2 项），定义为"轻度失能"；3—4 项回答为"困难"的，定义为"中度失能"；5 项以上回答为"困难"的，定义为"重度失能"①。失能老人占老年人口的比重为失能率。②

总体而言，西南农村老年人的失能情况为：8.6% 为轻度失能，1.1% 为中度失能，1.5% 为重度失能；轻度失能的配偶比例为 4.1%，中度失能的比例为 0.8%，重度失能为 2.3%；60—69 岁老年人口失能率为 7.5%，70—79 岁老年人的失能率为 11.4%，80 岁及以上老年人口的失能率为 27.9%。根据第六次全国人口普查数据长表中的老年人健康状况数据，我国老年人口的总

① 中国人口与发展研究中心课题组：《中国人口老龄化战略研究》，《经济研究参考》2011 年第 34 期。

② 潘洪金等：《中国老年人口失能率及失能规模分析》，《南京人口管理干部学院学报》2012 年第 4 期。

失能率为2.95%，其中男性老年人的总失能率为2.52%，女性老年人的为3.35%。[①] 本书中西南农村60岁以上老年人的失能率远高于全国平均水平，高出8.25%，也显著高于A省3.9%的平均水平[②]；男性老年人的总失能率高于全国平均水平，高出9.28%；女性老年人的总失能率比全国平均水平高出7.55%。

表3.3的交叉列联表数据显示，60—69岁、70—79岁和80岁及以上的人数分布为53.6%：35.4%：11%，生活自理情况中正常、轻度失能和中度及以上失能的比例为88.9%：8.6%：2.6%。年龄和生活自理情况两个变量构成的列联表卡方检验分析结果达到显著水平（$X^2=31.29$，$P<0.001$）。可见，随着年龄的增长，西南农村老年人的失能率快速增加（见图3.1）。

表3.3 不同年龄老年人生活自理状况的交叉列联表分析

单位：人，%

类别			生活自理			总计
			正常	轻度失能	中度及以上失能	
年龄	60—69岁	计数	307	20	5	332
		年龄内的%	92.5	6.0	1.5	100
		生活自理内的%	55.8	37.7	31.3	53.6
		占总计的%	49.6	3.2	0.8	53.6
	70—79岁	计数	194	20	5	219
		年龄内的%	88.6	9.1	2.3	100
		生活自理内的%	35.3	37.7	31.3	35.4
		占总计的%	31.3	3.2	0.8	35.4
	80岁及以上	计数	49	13	6	68
		年龄内的%	72.1	19.1	8.8	100
		生活自理内的%	8.9	24.5	37.5	11
		占总计的%	7.9	2.1	1	11

① 潘洪金等：《中国老年人口失能率及失能规模分析》，《南京人口管理干部学院学报》2012年第4期。

② 潘洪金等：《中国老年人口失能率及失能规模分析》，《南京人口管理干部学院学报》2012年第4期。

续表

类别			生活自理			总计
			正常	轻度失能	中度及以上失能	
	总计	计数	550	53	16	619
		年龄内的%	88.9	8.6	2.6	100
		生活自理内的%	100	100	100	100
		占总计的%	88.9	8.6	2.6	100

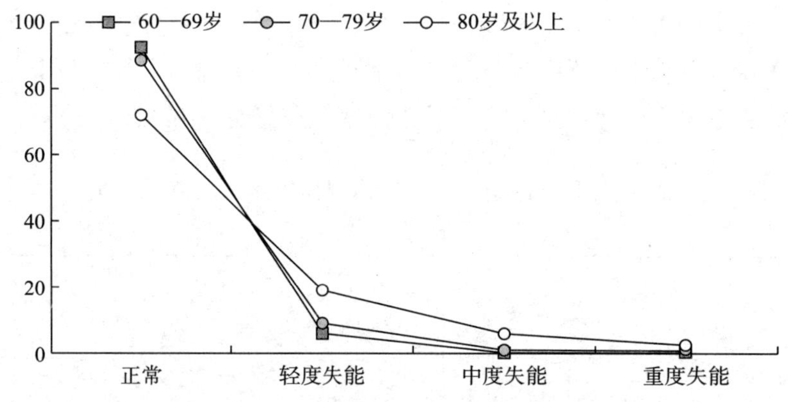

图 3.1 不同年龄段老年人的失能状况

3. 慢性病患病率高

99.2%的老年人均不同程度地患有不同种类的慢性病，其中，患病率较高的为高血压、类风湿、关节炎、颈/腰椎病、慢性支气管炎。女性老年人高血压、类风湿、关节炎、颈/腰椎病等慢性病的患病率高于男性老年人；男性老年人慢性支气管炎和视力残疾的患病率高于女性老年人。

服用适当的药物在一定程度上能够控制慢性疾病的发展，也是一种相对经济、便利的治疗手段。在接受调查的老年人群体中，82.9%的老年人能遵照医嘱按时按量服药，8.3%的老年人无法做到。在无法独立服药的老年人中，57.1%的老年人是因为“不识字”，28.6%的老年人是因为“看不清服药说明”，24.5%的老年人是因为“听不懂医生的话”。可见，受教育程度低是老年人无法遵照医嘱按时按量服药的最主要原因。

4. 健康状况受到受教育程度、生活自理情况、经济状况等因素显著影响

单因素方差分析的结果显示，老年人的健康状况受到受教育程度、生活自理情况、经济状况等因素的显著影响。第一，受教育程度不同的老年人健

康状况的差异显著（$F=4.98$，$P<0.01$），即老年人的健康状况会随受教育程度的不同而有所差异。经比较 *LSD* 检验发现，健康状况的平均数中，文盲显著高于小学和初中及以上老年人（平均分越高，健康状况满意度越低），文盲老年人的健康状况显著低于受教育程度为“小学”的老年人。第二，生活自理情况显著影响着老年人的健康状况（$F=5.74$，$P<0.005$），轻度失能老年人对健康状况的评价明显低于生活自理情况正常的老年人。第三，经济状况既包括对老年人及其配偶年经济收入的客观等级划分，也包括老年人将自己和配偶的收入与村寨中其他老年人进行横向比较形成的主观判断。首先，收入等级显著影响着老年人的健康状况（$F=5.17$，$P<0.001$），低收入以及中等偏下收入老年人的健康状况显著低于中等偏上和高收入老年人。其次，处于不同收入水平的老年人对健康状况的评价有所不同（$F=13.3$，$P<0.001$），收入自评偏低的老年人的平均分显著高于评价为偏高、不高不低和中等偏下的老年人，事后比较 *LSD* 检验显示了它们之间的关联性（见表 3.4 和表 3.5）。

表 3.4 不同因素对老年人健康状况的影响

类别		健康状况			
		n	$\bar{X} \pm S$	*F*	*p*
受教育程度	文盲	365	3.43 ±1.44	4.98	<0.01
	小学	224	3.07 ±1.31		
	初中及以上	50	3.14 ±1.43		
生活自理情况	正常	545	3.19 ±1.39	5.74	<0.005
	轻度失能	53	3.77 ±1.48		
	中度及以上失能	16	3.88 ±1.41		
收入等级	低收入	118	3.53 ±1.45	5.17	<0.001
	中等偏下	120	3.55 ±1.44		
	中等收入	118	3.35 ±1.43		
	中等偏上	120	2.88 ±1.2		
	高收入	120	3.1 ±1.39		
	偏高	72	2.99 ±1.32		
	不高不低	208	2.95 ±1.15		
	中等偏下	131	3.19 ±1.44		
	偏低	207	3.74 ±1.5		

表 3.5 不同因素对老年人健康状况影响的事后比较 *LSD* 检验

类别			均值	标准误	显著性
受教育程度	文盲	小学	0.36	0.12	0.002
生活自理情况	轻度失能	正常	0.58	0.2	0.016
收入等级	低收入	中等偏上	0.65	0.18	0.000
		高收入	0.43	0.18	0.016
	中等偏下	中等偏上	0.67	0.18	0.000
		高收入	0.45	0.18	0.012
收入水平	偏低	偏高	0.75	0.19	0.000
		不高不低	0.79	0.13	0.000
		中等偏下	0.55	0.15	0.000

（二）医疗卫生需要的基本情况

老年人的月开支去向中，用于“日常生活”（78.7%）开支比重高于“医疗卫生（看病、住院、买药等）”（75.3%），但两个开支选项不存在显著差异。以最近半年（6 个月）作为医疗卫生开支调查的时间基点，老年人除了医保报销部分，吃药、看病、住院个人所承担的费用支出最小值为 10 元，最大值为 40000，中位数为 1000 元，平均数为 2232.1 元。

不菲的医疗卫生费用支出给老年人的养老生活带来了较重的经济负担。

人越老病越多，病了就要赶快去吃药看病，经济负担确实重啊。你看我有高血压和糖尿病，都十几年了，每个月光吃药都要花 400 元左右，压力真的大呢。（个案访谈：E 地 Z 村某 P 姓老年人）

我父母生了病之后就一直拖着，最后拖成了大病，而大病保险不是我们这些家庭能买得起的，大病产生的费用也不是我们能支付得了的。（个案访谈：D 地 G 镇 D 村村主任）

去年老倌（指丈夫）修房子摔断腿，前前后后住院、做理疗花了好多钱。听我儿子说，除开国家给报销的那些费用，我们自己也出了三四千块呢。对我们农村人来说，这些钱不得了呢，一个人辛苦一年到头可能都攒不下三四千块钱。（个案访谈：D 地 M 村某女性老年人）

总体而言，西南农村老年人的医疗卫生开支占生活性消费开支的比重较大，经济负担较重。

（三）医疗卫生需要的比较分析

在日常生活中，当有医疗卫生服务需求时，36.4%的老年人会选择去村卫生室看病，33.8%的选择去乡镇卫生院看病，两者的选择比例占总体比例的70.2%。可见，村卫生室、乡镇卫生院等基层医疗机构是西南农村老年人经常就诊的医疗点。在服务内容方面，老年人希望村卫生室能为其提供的排在前三位的项目分别是“上门医疗服务”（巡诊、测量血压/血糖、送药、代煨药等，以下不赘述），“看诸如感冒、发烧等常见病”，“慢性病管理/指导”。老年人希望乡镇卫生院这一级别的医疗卫生机构能为自己提供的服务主要是“上门医疗服务”（看病、巡诊等）、“义务看病”（义诊）、“健康体检”和“看诸如感冒、发烧等常见病”。

除了村卫生室和乡镇卫生院，47.9%的老年人去过县级以上医院就诊，11%的老年人没有去过。生病而没有选择去县级以上医院就诊的老年人，对原因的解释分别为“没钱”（33.8%）、“交通不便”（32.8%）、“离家远”（32.4%）。可见，经济贫困、医疗机构距离远、交通不便等原因成为老年人生病后寻求更高级别医疗诊治的限制性因素。

以地域作为控制变量，D地老年人和E地老年人对村卫生室的医疗卫生需要内容存在差异，D地老年人对于“吃药指导”（$X^2=23.34$，$P<0.001$）、“身体保养”（$X^2=9.58$，$P<0.005$）方面的需要比E地老年人高出15.2%和9.1%。

不同类别的老年人对乡镇卫生院提供的医疗卫生服务的需要存在差异。（1）E地老年人对“义务看病”（$X^2=20.7$，$P<0.001$）、“看诸如感冒、发烧等常见病”（$X^2=3.89$，$P<0.05$）等方面的需要比例比D地老年人分别高出18.3%、6.3%。（2）从性别角度来看，男性老年人比女性老年人更需要“上门医疗服务”（看病、巡诊等）（$X^2=7.48$，$P<0.01$）和“义务看病”（义诊）（$X^2=6.44$，$P<0.05$），前者比后者的需要比例分别高出10.7%、10.4%。（3）老年人对自己收入水平的主观评价也会影响其对乡镇卫生院医疗卫生服务的需要。收入评价水平“中等偏下”的老年人对“义务看病”（义诊）（$X^2=11.22$，$P<0.05$）的需要高于收入评价水平“不高不低”和“偏低”的老年

人，分别高出15.5%和5.9%。(4) 从主要赡养人是否外出打工或工作角度分析，赡养人外出打工或工作的老年人在“义务看病”（义诊）（$X^2=4.56$，$P<0.05$）方面的需要比赡养人没有外出打工或工作的老年人高出9.2%。

通过上述分析可以发现，老年人对村卫生室和乡镇卫生院医疗卫生服务的需要存在差异。

(四) 医疗卫生需要的特点

通过上述实证分析可知，首先，从客观健康状况来看，西南农村老年人的身体健康状况欠佳，普遍患有慢性病是老年人的基本状态；从主观健康自评来看，老年人的健康自评受到受教育程度、生活自理情况、经济状况等因素显著影响，即文盲、轻度失能和经济状况差的老年人对主观健康的自评较低。其次，由于身体机能下降，老年人比较容易受到疾病侵袭，在满足医疗卫生需要上投入的金钱比重较大。最后，老年人对村卫生室和乡镇卫生院医疗卫生服务的需要存在差异；经济贫困、医疗机构距离远、交通不便等原因成为老年人生病后寻求更高级别医疗诊治的限制性因素。

第二节　满足老年人生存需要的养老供给

一　经济供给

(一) 自我养老的经济供给状况

自我养老更多依赖的是老年人的自我资源，即收入和储蓄，因此老年人本身及其配偶也可作为养老资源供给的人类行动者而成为研究与分析对象。

1. 相当数量的老年人仍在从事各类生产劳动

在西南农村，54%的老年人还在从事着生产劳动，其中，从事种植生产的比例为37.9%，从事饲养的比例为11.1%，从事其他（打工、做手工、做小本生意等）生产劳动的比例为5.1%。由此可见，一方面，老年人迫于生存压力和经济压力从事生产劳动的比例较高；另一方面，西南农村老年人自我养老的经济来源主要是农业生产，极少能从其他渠道获取经济来源。

我们这里的老年人只要是腿脚还好，还能做得动，基本都不会闲着。有能力的出去给人家做做活，自己种点山地，养些羊、牛、猪。实在不

行，也可以简单种点菜、养几只鸡，至少不用样样都出去买，还能卖点钱。（个案访谈：D地S村村委会主任）

我有土地，还可以动，种点供自己吃的作物，再养点牲口，生活比以前好多了。主要是靠养牛和羊，年纪大了以后，天天去盘土地也干不动了，养牛、养羊这些我觉得轻松些。另外就是我自己还搞着点副业，在山上养蜂子（蜜蜂），自己也可以过好。（个案访谈：D地G镇M村某男性老年人）

以性别作为控制变量发现，63.7%的男性老年人目前仍在从事种植、饲养等各类生产劳动，其比例比女性老年人高11.2%，两者之间存在差异（$X^2=13.36$，$P<0.05$）。以年龄作为控制变量发现，年龄越“小”的老年人从事生产劳动的比例越高，60—69岁老年人从事生产劳动的比例分别比70—79岁和80岁及以上老年人高出31%和57.5%，不同年龄类别组之间差异显著（$X^2=13.96$，$P<0.001$）。此外，由于区域经济发展水平上的差异，E地基本不做农活、闲着的老年人比例高于D地，高出12.9%，两地农村老年人从事农业生产劳动的情况存在显著差异（$X^2=36.92$，$P<0.001$）。

2. 大多数老年人支出大于收入，储蓄能力较弱

储蓄是老年人在老年期劳动能力下降、收入减少或丧失后维持生存的重要保障之一，老年人的储蓄能力与其老年期养老生活质量密切相关。本书中，67.3%的老年人处于入不敷出状态，3.1%储蓄节余为“0”，仅有29.6%的老年人收入大于支出而有节余。对有现金节余的老年人进一步分析发现，储蓄金额最小值为10元，最大值为28800元，中值为1600元，人均储蓄金额为3244.04元，呈左偏态分布，即40.1%的老年人节余金额在1000元以内，只有6.6%的老年人储蓄金额超过10000元（见图3.2）。

（二）家庭养老的经济供给状况

儿女及其配偶（尤其是儿子）是老年人养老的主要供养责任人，也是养老供给的重要人类行动者。表3.6显示，老年人养老的经济来源排在前三位的分别是“儿女”（70.2%）、“社会保险”（主要为“新农保”和高龄补贴等，占62.6%）、“务农”（35.1%），即，老年人养老的三大经济来源为儿女的经济支持、新农保和高龄补贴等社会保险以及老年人通过自食其力获取的

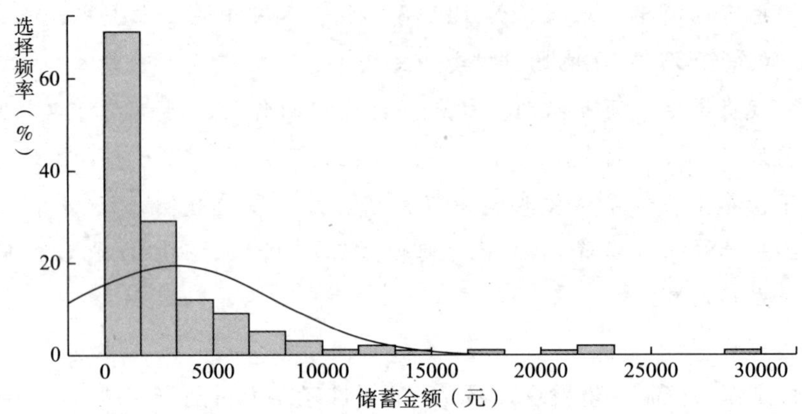

图 3.2　老年人的储蓄情况

劳务报酬。可见，儿女的经济支持是老年人养老最主要的经济来源。但是，相较社会保险而言，儿女的经济支持和老年人通过自食其力获取的劳务报酬相对不稳定，这与儿女自身的工作机会、经济收入、赡养意识等相关，同时也和老年人自身的健康状况等有着密切的关系。总体而言，西南农村老年人经济独立性较差，经济来源单一且脆弱。

表 3.6　老年人的主要经济来源

单位：人，%

经济来源	回答“是”的频率	有效百分比
务农	226	35.1
打工	16	2.5
儿女	452	70.2
亲戚朋友接济	4	0.6
最低生活补助	38	5.9
出租房屋/土地	1	0.2
其他机构或组织赠予/接济	0	0
社会保险	403	62.6
做手工/手艺	5	0.8
农业补贴	7	1.1
其他	54	8.4

此外，由于传统文化和地方性养老文化的影响，西南农村的一些居民对

养老的理解既包括儿女对老年人生前的奉养，也包括死后超度，超度的重要性不亚于生前奉养。超度仪式持续时间长，而且要宰杀很多牲畜款待亲友和村民等，需要儿女大量财力、物力的支撑。

以前我们这里的老人不在了，家庭条件好的做一回法事要弄个把星期、十天左右，差点的也最少三天，而且还是连续三年都要超度。每年花个一两万、两三万都常见，有钱的人家也吃不消，更何况没有钱的呢。所以后来县里、镇上领导就开会，让我们挨家挨户宣传要移风易俗，老人去世的超度只弄一年，不超过三天。这样就好了嘛，儿女既尽了孝心，也没有以前浪费了，经济压力也就小了。（个案访谈：D地J镇某村委会主任）

（三）社会养老的经济供给状况

政府及社会组织提供的社会性养老资源无疑是西南农村老年人在现有条件下可获得的养老供给中比较重要的构成。其经济方面的供给主要通过两大方式来实现：其一，政府制定、出台相关政策法规措施等，从制度层面保障农村老年人的合法经济权益；其二，建立社会保险机制，通过无差别的社会福利供给为农村老年人的养老生活提供部分经济支持。

1. 政策措施为老年人的养老生活提供制度保障

为了保障老年人的合法权益，让老年人能够安享晚年，政府从国家层面设计、出台了一系列政策法规，例如，2009年《国务院关于开展新型农村社会养老保险试点的指导意见》明确指出："新农保制度实施时，已年满60周岁、未享受城镇职工基本养老保险待遇的农村居民，不用缴费，可以按月领取基础养老金。"从参保范围、基金筹集、建立个人账户、养老金待遇、领取条件、基金管理监督等方面做了统一部署和规划，在不增加农民负担的基础上提高其养老保险待遇。

各级地方政府响应中央统一部署和规划，也结合自身发展实际出台相关政策或通过具体举措来为老年人的养老生活提供经济支持。如，A省于2009年11月制定了《A省人民政府关于印发A省新型农村社会养老保险试点实施办法（试行）的通知》，于2015年下达了高龄老人津贴7941万元，该省80岁及以上的老年人每月可领取补助50元，百岁老人的每月人均领取补助363元。[①]

2. 普惠型社会保险体系为老年人的养老生活提供实际支持

作为国家社会保险体系的重要组成部分，“新型农村社会养老保险”（简称“新农保”）秉承“保基本、广覆盖、有弹性、可持续”的基本原则，自2009年开始在全国农村大力推行，各级地方政府根据自身经济发展水平和保障能力给予老年人补贴。

自2012年开始，A省实行了个人缴费、集体补助、政府补贴相结合的筹资办法，地方财政对农民缴费实行补贴，实现了新农保全省覆盖。在本书中，98.8%的被调查对象参加了“新农保”（其余未参加“新农保”的老年人属于退休人员，享受了相应的国家和社会保障），且能享受“60—79周岁老年人每月领取75元养老金，80周岁及以上每月领取105元养老金”的福利待遇；94.6%的被调查者均对新农保政策及能从中实际享受到的好处表示“满意”。

二 医疗卫生供给

村卫生室、乡镇卫生院和县级医疗卫生机构构成了我国农村三级医疗卫生服务的医共体，主要承担着预防保健、基本医疗、卫生监督、健康教育、计划生育指导等任务。以“村卫生室为基础、乡镇卫生院为骨干、县级医疗卫生机构为龙头”的医疗卫生服务网络为广大农村居民的基本医疗卫生服务提供着保障，力图达到让农村居民“小病不出村，常见病不出乡，大病不出县”的基本目标。据此，村卫生室、乡镇卫生院和县级医疗卫生机构由于各自的服务定位和专业化程度等不同，为老年人提供的医疗卫生服务内容也会存在一定差异。

（一）村卫生室的医疗卫生供给状况

从性质上来说，村卫生室是一个村级单位的医疗卫生机构，在养老供给网络中是位于“网底”的人类行动者。按照国家卫生计生委基层卫生司2014年颁发的《关于印发〈村卫生室管理办法（试行）〉的通知》要求，村卫生室主要“承担行政村的健康教育、预防保健等公共卫生服务”，承担的基本医

① 新华网：《1.5亿扶持社会资本投资养老服务机构》，2015年2月10日，http://news.xinhuanet.com/gongyi/yanglao/2015-02/10/c_127479730.htm，2017年11月14日。

疗服务内容为“疾病的初步诊查和常见病、多发病的基本诊疗及康复指导、护理服务；危急重症病人的初步现场急救和转诊服务；传染病和疑似传染病人的转诊；县级以上卫生计生行政部门规定的其他基本医疗服务”。

村卫生室同时承接了基本医疗服务和国家公共卫生服务双重任务，这些任务的具体践行者为村医。目前，调查地的村卫生室或村医为老年人提供的医疗卫生服务内容主要是公共卫生服务，如建立健康档案、健康教育、老年人保健和慢性病管理等。村卫生室医疗卫生供给的基本情况和特点表现为以下几个方面。

1. 健康知识宣传的力度不够，效果有限

作为农村三级医疗卫生服务网的“网底”，村卫生室是健康知识宣传的基层基地。按照各县卫生局的统一安排，健康知识宣传内容通常包括一般疾病防治知识、养生保健知识、一般用药知识、慢性病防治知识、急救知识、禁毒防艾等，常见形式有健康宣传手册、健康宣传栏、医护人员到村寨宣讲等。但在实际开展过程中，却面临着很多问题，如某村医提道：

> 我们主要是搞搞知识讲座，让村民组长通知老人过来给他们讲讲饮食的相关知识，还有一些疾病的相关知识。但是效果不理想，全村 150 个老人才会来三四十个人。（个案访谈：D 地 W 村 Z 姓村医）

参与人数少且积极性不高、形式大于内容、老年人受教育程度低、活动的开展未覆盖所有的村民小组等，因此导致健康知识宣传的力度不够，老年人对该类活动的举办情况知晓率低，普遍缺乏相应的健康知识，教育效果极为有限。表 3.7 的数据显示，75% 的老年人认为所在村寨或社区没有举办过健康知识宣传活动；余下选择知晓健康知识宣传活动开展情况的老年人指出，该类活动主要在村委会（32%）和村卫生室（28.1%）开展，形式为“健康宣传手册”（51.6%）和“健康宣传栏”（41%）。

此外，不同地域老年人对健康知识宣传活动的知晓情况存在差异。D 地和 E 地举办卫生知识宣传活动的地点存在差异（$X^2=23.81$，$P<0.001$），D 地更多是在村委会（48.4%）和村卫生室（25.8%）宣讲，E 地则更多集中在村卫生室（29.7%）和公房（25.3%）。

表 3.7　健康知识宣传活动开展的基本情况

单位：人，%

类别		回答“是”的频率	有效百分比
活动形式	健康宣传手册	83	51.6
	健康宣传栏	66	41
	电影/电视/广播等	5	3.1
	集体讲座	15	9.3
	文艺演出	160	24.8
	卫生宣传日	2	1.3
	医护人员到村寨宣讲	49	30.6
	其他	17	10.6
活动地点	公房	27	17.6
	活动中心	13	8.5
	村子空地	10	6.5
	村卫生室	43	28.1
	村委会	49	32
	祠堂/佛寺等场所	0	0
	其他	11	7.2

2. 健康体检项目简单，体检覆盖率有待提高

专门针对老年人的健康体检如果仅靠村卫生室的人员和设备是无法完成的，一般会由乡镇卫生院和村卫生室共同组织完成。69.7%的被调查者接受过健康体检或类似医疗服务，其中，45.8%的老年人所接受的健康体检或类似医疗服务是由乡镇卫生院组织的，41.5%是由村卫生室组织。87.5%的老年人享受到了免费的健康体检（见表3.8）。

表 3.8　老年人参加健康体检的基本情况

单位：人，%

类别		频率	有效百分比
组织机构	乡镇卫生院	205	45.8
	村卫生室	186	41.5
	自己去医院体检	33	7.4
	其他	24	5.3
	合计	448	100

续表

类别		频率	有效百分比
费用来源	自费	29	6.5
	自己承担一部分	23	5.1
	免费	393	87.5
	其他	4	0.9
	合计	449	100

在调查和访谈中发现，各村委会老年人的健康体检率存在差异。具体原因如下：第一，地理位置和交通出行是最大的限制因素。如D地W村各村民小组与村卫生室（健康体检点）的距离远近不一样（最远的村民小组距离体检点5公里），村民出行要靠摩托车，老年人的体检率很难达到相关要求。

（老年人体检）主要靠娃娃（儿女）送，所以我们这里的体检率根本达不到75%，只能到50%—60%。（个案访谈：D地W村Z姓村医）

第二，很多老年人在健康允许的情况下还在从事着农业生产，而健康状况不好的老年人如果没有他人的帮助基本很难独自外出。因此，部分村寨的村医表示，要完成国家规定的“老年人健康体检率不低于75%”的标准难度很大。

我们（村）有三百多个老人，每年只有一百多个会来检查。（个案访谈：D地D2村Y姓村医）

同时，老年人对健康体检的有限认知以及存在的一些落后观念也给乡镇卫生院和村卫生室开展的健康体检工作带来不少阻碍。

就以老年人体检为例，现状不是他们配合我们体检，而是我们主动找他们要求体检，有的人甚至还不愿意来。有一些老人认为采血检查对他的身体是有害的，就会不愿意配合。所以，现实就是我们好多东西想做却做不了，最终导致效果并不理想。（个案访谈：E地卫生局某负责人）

第三，限于条件和专业能力，乡镇卫生院和村卫生室开展的免费健康体检项目内容比较简单，更多只是涉及老年人健康生活方式和健康状况评估、体格检查等，而辅助检查及健康指导的项目较少。

那个辅助检查有些没有做嘛，像有些村医他就做不了辅助检查，抽血做不了、测血糖也做不了；他们只能做常规的，如测测血压、体格检查等。（个案访谈：E 地某 S 姓卫生院院长）

村医只做得了一般的体格检查，辅助检查最多就是测测血压、血糖。另外，很多村子里村医很少，却要承担整个村里上千人的医疗，他们承担不了，也做不全面。（个案访谈：E 地卫生局某负责人）

因此，如果以健康体检项目所涵盖的内容作为体检率完成指标，会导致体检率的上下浮动。

如果只是做常规的测血压、体格检查这些内容，体检率可达到94%。如果全部都做（包括辅助检查），那体检率连50%都不到。（个案访谈：E 地某 S 姓卫生院院长）

第四，不同地域和年龄的老年人所获得的预防性医疗卫生供给存在差异。（1）在地域方面，D 地上年没有接受过健康体检或类似医疗服务的老年人比例比 E 地高出 26.2%（$X^2=52.22$，$P<0.001$）；E 地的健康体检或类似医疗服务更多是由乡镇卫生院提供，比例比 D 地高出 34.7%（$X^2=56.95$，$P<0.001$）；E 地享受免费体检的老年人比例比 D 地高出 11.4%（$X^2=13.14$，$P<0.01$）。（2）在年龄方面，60—69 岁的老年人上年没有接受过健康体检的比例比 70—79 岁和 80 岁及以上的老年人分别高出 24.1% 和 11.9%（$X^2=37.56$，$P<0.001$）。

3. 村医随访工作任务重、难度大

按照卫生部门要求，村医每个季度要对辖区内的重点人群随访一次。针对老年人群体，村医的随访服务是给老年人进行慢性病、保健等方面的管理和指导，80 岁及以上的老年人是随访的重点人群。村医随访任务的轻重，既取决于村委会下辖村民小组的规模大小，也取决于村民小组的距离远近。本书的调查点基本位于偏远山区，村民们居住得比较分散，村医需要翻山越岭才能到达村民家中，随访工作难度较大。如，D 地 D2 村的两名村医承担了整个村委会近 400 人的慢性病随访工作，一个季度要上门随访一次，有时村民不在家，还得再去第二次或以电话方式随访。E 地也存在同样的情况：

> 有些高血压的老人我们一年要去随访四次。我们的村子太分散了，有些老年人倒是可以（在家）等着你，但是有些普通的高血压患者就去干活计了，我们就要等到晚上再去，或者早上 7 点就要赶到（村民家里）。（个案访谈：E 地 M 村 F 姓村医）

（二）乡镇卫生院的医疗卫生供给状况

乡镇卫生院是在乡级或镇级设立的综合医疗机构，根据 2011 年中华人民共和国国家卫生计生委员会发布的《卫生部等 5 部门关于印发〈乡镇卫生院管理办法（试行）〉的通知》，乡镇卫生院是“农村三级医疗卫生服务体系的枢纽，是公益性、综合性的基层医疗卫生机构”，主要的业务内容为“承担当地居民健康档案、健康教育、计划免疫、传染病防治、儿童保健、孕产妇保健、老年人保健、慢性病管理、重性精神疾病患者管理等国家基本公共卫生服务项目。协助实施疾病防控、农村妇女住院分娩等重大公共卫生项目、卫生应急等任务”。针对老年人的服务项目集中在基本医疗和居民健康档案、健康教育、老年人保健、慢性病管理等方面。

1. 建立和管理农村居民健康档案

根据 2019 年国家卫生计生委员会基层卫生司发布的《卫生部关于规范城乡居民健康档案管理的指导意见》，健康档案是“医疗卫生机构为城乡居民提供医疗卫生服务过程中的规范记录，是以居民个人健康为核心、贯穿整个生命过程、涵盖各种健康相关因素的系统化文件记录”[①]，是居民享有均等化公共卫生服务的重要体现。乡镇卫生院作为农村居民健康档案建档和管理着力点，在建档环节中既肩负着资料收集和动态追踪的具体任务，同时还负责指

---

① 参见国家卫生计生委员会基层卫生司发布的《卫生部关于规范城乡居民健康档案管理的指导意见》，2009 年 12 月 3 日，http://www.moh.gov.cn/jws/s3581r/200912/5d5c801d722348fcb5afd1aaa8cfa5ac.shtml，2017 年 11 月 13 日。

导和管理村卫生室的建档工作。D 地和 E 地乡镇卫生院的农村老年居民电子健康档案的建档率均在 90% 以上，符合国家相关要求。

2. 负责指导和实施农村居民健康教育

农村居民的健康教育工作一般是在县卫计局的统一安排下由乡镇卫生院和村卫生室具体实施，因此，健康教育工作是乡镇卫生院的中心工作之一。健康教育的宣传资料一般由县卫计局统一制作，再由乡镇卫生院和村卫生室负责实施。如，根据 C 县卫计局的内部统计资料，2016 年 C 县举办了约十二次的健康教育讲座，统一制作了 24 种纸质宣传材料、6 种音像宣传光盘和 11 期宣传栏供乡、村使用。全县累计共发放印刷宣传材料 238373 份；播放音像宣传材料 3915 场次 10626 小时；乡、村两级共设宣传专栏 148 块，更换宣传内容资料 1628（期）次，平均 11 次/块；乡级开展咨询服务 192（场）次，累计接受咨询服务 62291 人次；乡、村两级开展健康知识讲座 950 场次（其中乡级 208 次、村级 754 次），累计参加 48866 人次（其中乡级 17963 人次、村级 30903 人次）；为重点人群开展面对面的个体化健康教育 99533 人次。各种形式健康教育服务累计覆盖 449063 人次，人均覆盖率为 154.17%。[①]

3. 为老年人提供基本医疗和基本公共卫生服务

乡镇卫生院是为老年人提供基本医疗和基本公共卫生服务的重要医疗机构，基本能够满足老年人的医疗卫生需要，但在某些方面仍然存在一些亟待改进的问题。由表 3.9 可知，老年人对乡镇卫生院的医疗卫生服务的改进要求主要是“离家远”（18.4%）、“很多病看不了”（14.4%）、“医术不高”（13%）、“服务态度/质量不好”（11.9%）。进一步对不同性别老年人进行分析，结果显示：男性老年人比女性老年人更倾向于认为乡镇卫生院的医护人员服务态度不好、质量不高，前者比例比后者高出 7.3%（$X^2=7.4$，$P<0.01$）。

表 3.9　老年人对乡镇卫生院医疗卫生服务的改进要求

单位：人，%

乡镇卫生院服务	回答“是”的频率	有效百分比
医术不高	78	13
服务态度/质量不好	71	11.9

① 资料来源：C 县卫计局 2016 年内部统计资料。

续表

乡镇卫生院服务	回答"是"的频率	有效百分比
收费有点高	46	7.7
医护人员人手不够	59	9.8
没有养生/保健/康复等医疗器械	31	5.2
养生/保健/康复等服务内容太少	22	3.7
场地小	18	3
床位少	37	6.2
离家远	110	18.4
没有中医/民族医药医生	3	0.5
没有中医/民族医药药房	2	0.3
很多病看不了	86	14.4
医保报销麻烦	7	1.2
其他	316	52.7

（三）县级医疗卫生机构的医疗卫生供给状况

县级医院是农村三级医疗卫生网络的龙头，主要业务范围为临床疑难常见病、多发病以及急危重症病人救治等，同时承担着对村卫生室和乡镇卫生院的业务技术指导和培训工作，基本工作目标是保证农村居民"大病不出县"。

对于D地和E地的老年人来说，他们寻求医疗卫生服务的经常性选择是村卫生室和乡镇卫生院，只有在遇到疑难杂症或大病、重病、急危病的情况下才选择去县级及以上医院就医。71位被调查对象生病但没有选择去县级及以上医院就诊（占调查总数的11%），他们对原因的解释分别为"没钱"（33.8%）、"交通不便"（32.8%）、"离家远"（32.4%）、"转院/转诊麻烦"（13.4%）。

此外，随着老年人慢性病发病率持续增高，失独、失能、半失能老年人群体规模增大，健康养老服务的社会需要剧增，一些县级医院也在积极探索如何利用自身医疗优势为上述人群提供有差别的养老服务。如，2016年4月，C县县中医医院在内科成立了"老年病科（康复护养中心）"，设置护养病床16张，配备老年人护养人员29人（内科医护人员兼职）；在急诊科、内科开设"重症无陪护病房"，设置全程托护病床8张，为失能老年病患者提供全天候治疗和护理。截至2017年8月，已完成高龄空巢老人，失独、失能、半失能等人群全程托管84人次，收住老年病患者31人次，开展入户护理12人次；"重症无陪护病房”收住老年人患者150人次，为5名老年人开展了临终关怀服务。①

（四）政府层面的医疗卫生供给状况

1. 政策保障和财政支持

政府层面对农村居民医疗卫生服务的统一供给主要是通过制定政策、措施等，从财政补贴等方面满足农村居民某些方面的医疗卫生需要。2002年，中央政府明确提出要引导农民建立以大病统筹为主的新农合。自2009年开始，中国确立了以新农合作为农村基本医疗保障制度，这是中国政府历史上第一次为了解决农村居民的基本医疗卫生问题而进行的大规模财政投入。2017年，各级财政在已有基础上将新农合的人均补助标准提高了30元，达到450元。此外，国务院于2016年出台的《关于整合城乡居民基本医疗保险制度的意见》明确提出，2017年开始建立城乡居民医保“六统一”，即“统一覆盖范围、统一筹资政策、统一保障待遇、统一医保目录、统一定点管理、统一基金管理”。从2017年1月1日开始，新农合正式并入城镇医保，城乡居民户籍身份界限被打破，农村居民可以和城镇居民一样在相同缴费标准上享受同等的医疗保险服务。为了响应中央的统一部署，A省于2003年正式启动新农合试点，2008年进入全面实施阶段；新农合的筹资标准从2003年的人均30元提高到2016年的人均540元（中央财政补助300元，地方财政补助120元，个人缴费120元）；2016年出台的《A省人民政府关于整合城乡居民基本医疗保险制度的实施意见》提出，从2017年1月1日开始，该省新农合正式并入城镇医保，农村居民的报销药品数量增加了1476种，就医最高可报销90%。

可以说，来自政府层面的新农合制度安排和各级财政保障在一定程度上降低了农村居民的医疗费用支出，致力于达到分摊健康风险的社会福利目标，让老年人成为直接受益者。

2. 县乡村健康服务一体化管理

C县的医疗卫生供给实行了县乡村三级医共体模式，即在一体化管理基础上，“按照双方协商自愿的基础，由两家县级公立医院按照紧密型和松散型两种方式对辖区内乡镇卫生院（街道服务中心）进行托管。即，紧密型由县级托管医院通过整体植入的方式将被托管机构（乡级卫生院）与县级托管机

① 资料来源：C县卫计局2016年内部统计资料。

构的人财物进行深度整合：统一人员调配使用、统酬绩效考核分配、整合设备运用、互认检验检查结果、统购统销药品；松散型则由县级托医院通过与被托管机构建立帮扶机制和提供业务指导为主的方式进行托管"①。只不过，C县目前只有县医院参与了松散型托管，3家乡级卫生院实行了紧密型托管，未能充分发挥县级综合医院对基层的辐射带动作用。

3. 人才培养和人才引进

针对乡村医生专业素质不高、服务能力弱的基本情况，地方政府在积极制定和探索人才培养和人才引进机制及措施。如，E地所属的G市从2013年开始对1500名乡村医生开展免费中专学历教育培训，逐步使该市乡村医生达到中专以上学历；在2012—2015的3年内面向社会招聘150名品学兼优的中专以上全日制医学院毕业生到村卫生室工作。2016年，C县组织开展了乡村执业医师资格考试培训和基本药物合理使用培训，培训医务人员256余人次；16人参加了乡村医生函授中专（农村医学）学历教育。C县所属的F市自2015年10月起委托医学专科学校、市级医院等机构，启动了乡村医生脱岗培训班。计划用两年时间，分批对该市50岁以下在岗乡村医生进行为期6个月的集中脱产培训；培训学习内容也根据岗位、业务范围等有所不同，如，对于村委会（办事处）卫生室的村医着重加强其医学理论知识培训，对乡镇卫生院的村医培训则更侧重于中医诊疗、B超、心电图等知识的学习。与过去相比，政府主导、各级医院参与搭建培训平台取得了较好的培训效果，但仍然存在培训时间短、内容传统、知识更新速度慢等问题，要在短期内提升村医的业务水平还有很大的现实难度。

第三节 满足老年人生存需要的养老供给可及性

一 经济供给的可及性

（一）空间和时间可及性程度不高

A省是一个多山的省份，山地占全省国土面积的94%。山高谷深的地理

① C县人民政府：《C县卫计局组织县级公立医院和县医改办工作人员到峨山县考察医共体建设》，2017年9月7日，http://xxgk.yuxi.gov.cn/xpxzfxxgk/gzdt9729/20170907/613724.html，2017年11月14日。

环境给世代居住于此的各族人民生活和出行带来了不便。为了方便民众出行，以公路拉动经济发展，A 省于 2002 年开始加大对农村公路的投资和建设力度，至 2012 年年末，农村公路总里程达 18.6 万公里，基本实现全省所有具备条件乡镇通沥青（水泥）路，70% 的建制村通硬化路[①]，到 2017 年年末基本实现建制村通硬化路（沥青路、水泥路、混凝土整齐块体路）[②]。即便如此，本书中某些地理位置较为偏远的村民小组进出交通依然不太便利，公共交通的营运网点未能覆盖所有村寨、居住地与集市距离较远、出行工具缺乏等，导致老年人外出将劳动产品出卖以换取钱物养老、领取养老金等满足经济供养需求的行动受到了极大限制，老年人获取来自他人或组织的经济帮扶机会可能会因此受到影响。同时，由于位置偏僻、山多地少、资源匮乏等，力图通过土地或房屋等非人类行动者的租借以换取相应养老经济资本的做法很难实现。可见，在西南地区特殊的地理环境以及与空间因素紧密交织的时间因素的作用下，老年人经济供给的可及性程度较差。

（二）经济可及性较差

经济可及性与空间和时间可及性关系紧密，可以说，在很大程度上，空间和时间上的限制影响着经济可及性的实现，成为一个制约地区经济发展的瓶颈。例如，调查点 B 县和 C 县的社会经济发展远低于 A 省省会和省内其他发达城市，2017 年，B 县的地区生产总值（GDP）为 60.49 亿元，C 县为 139.68 亿元，低于 A 省省会 H 市 4857.64 亿元的生产总值；B 县的人均 GDP 为 40830 元，C 县为 47835 元，低于 A 省省会 H 市 71906 元的人均 GDP。同时，地区经济发展的落后影响着本地老年人的经济供给水平，如老年人或儿女的农业劳作向金钱等实物转换无法获得更高价值，有市场远景价值的经济作物或劳动技术无法推广，本地企业或社会组织无法为更多农村居民提供稳定、有吸引力的就业机会和劳动报酬等。这些原因都会直接影响着老年人经济供养需要的满足。

（三）服务内容可及性有待改善

当前，满足西南农村老年人经济供养需要的服务内容主要是由国家和家

---

① 中国公路网：《A：农村公路 10 年发展历程》，2013 年 12 月 22 日，http：//www.chinahighway.com/news/2013/796652.php，2017 年 11 月 14 日。

② A 信息报：《A 全省 2015 年新改建农村公路 12275 公里》，2015 年 11 月 24 日，http：//news.21 – sun.com/detail/2015/11/2015112409503729.shtml，2017 年 11 月 14 日。

庭成员承担。其中，来自儿女的经济支持是老年人养老资本的首要支柱，伴随着农村社会养老保险制度的推进和改革，以政府为主导的人类行动者提供的新农保逐渐成为农村老年人经济供给的重要来源。但是，就目前而言，该类社会保险制度存在的最大问题之一在于保障水平偏低、保障功能不强。从某种程度来说，只能保障老年人的最低生存需要。

> 我们这里的馒头一个卖一块钱，我每天吃两个馒头。这样，每月 75 元的养老金至少能让我吃饱，饿不死。（个案访谈：E 地 I 镇某受访老人）

在访谈中，很多老年人都表达了希望政府能够在现有程度上再提高新农保保额的愿望，以此提升晚年生活质量。

> 我希望（政府）在养老保险这一块再提高一点，60 岁以上发 70 块还是不够，希望能再多补助一些，最好一个月能补助到 150 块到 200 块。（个案访谈：D 地某受访老人）

（四）服务方式可及性有待改进

新农保的基本发放方式为政府每月将养老金划拨到每位老年人的社保卡中，老年人带卡到当地农信社领取即可。对老年人而言，程序上貌似很简单的流程在实际操作过程中却困难重重。文化程度低、交通出行不便、耗时耗力、对现代金融业务的隔阂等原因，让部分老年人对领取养老金的方式又惧又怕，直接表示“没有别人帮助不行”“太复杂、太麻烦”。如，有老年人在访谈中谈道：

> 有的老人不太会弄社保卡，还是直接把钱发到手上比较好，不然有时候老人想买点东西都没有钱用。（个案访谈：D 地 J 镇 X 姓受访老人）

养老金的发放方式也为他人侵害老年人权益留下了可能的漏洞。调查中，很多老年人由于不会操作和使用社保卡，一般由儿女等代为保管或领取，在这个环节中出现了少数儿女侵占老年人养老金的恶性事件。

二　医疗卫生供给的可及性

（一）空间和时间可及性较差

1. 空间可及性差

山高路远的具体现实给医疗卫生供给造成了很多困难。以村医工作为例，在调查中，村医随访对象中最远的人家距离村卫生室有20公里，村医需要骑两个小时的摩托车才能到达村民家中。同时，村民们寻医问药行为也因此而困难重重。例如，D地的D1村和M村某几个村民小组与村卫生室的距离最远的有10公里，中等距离的有5—6公里，且道路状况不好，如果家中有人生病，家属得骑半小时或一小时的摩托车才能将人送到村卫生室；D地的H村有两个村民小组在山脚，与它距离最近的村卫生室在一座山之外的山头，乡镇卫生院也距离其家10多公里。山路难行且道路泥泞，有条件的村民外出办事基本靠摩托车、面包车等，普通村民步行外出看病花费的时间较长，老年人如果仅靠自己的力量基本无法外出寻医就诊。

> 老年人完全不可能自己出去看病的。如果家里没人，就只能自己熬着。（个案访谈：D地H村某村民小组组长）
>
> 虽然我们每年都会开展乡、村两级联合的体检服务，但是因为有些村子离卫生所远，老人们会觉得虽然我们的服务挺好的，但是自己承受不了奔波，即使来了也只是简单的检查，没有太多用。比如今年我们进行体检，有80个人报名体检，只来了40个，其中还是高血压患者居多，老年人很少。没办法，因为老年人承受不了路上的奔波，而医护人员也不可能搬着器材落实到每家每户，有的地方连车子都进不去。（个案访谈：E地M村F姓村医）

同时，获得家庭成员的支持和帮助也是保证老年人求医行为的一个重要因素。如果家中儿女外出打工，生病老年人无法独自外出就医，只能“硬扛”着。另一个特殊情况就是，西南农村的少数民族女性老年人中会说汉话、能听懂汉语的人明显比男性老年人少得多，如果没有家人陪伴，很多少数民族女性老年人根本无法独自外出看病。总体而言，部分老年人的居住距离或地理位置增添了其寻求或获得医疗卫生服务的困难，最直接的障碍就是耗时且出行成本较大。

此外，老年人的居住距离与医疗资源的布局影响了老年人的选择倾向和资源利用情况。首先，为了便于村民就诊，村卫生室等服务机构一般设置在村委会。现有村委会基本是在原生产大队的基础上设立的，下辖数量不等的村民小组，这些村民小组与村委会的距离远近不同，医疗资源的布局和分布水平不一样，造成了村民或老年人对医疗资源的选择和利用情况不同。例如，就D地D村而言，虽然乡镇卫生院与村委会的距离为4—5公里，但是村民们认为乡镇卫生院的医疗水平要好于村卫生室，因此，大多数村民更愿意到乡镇卫生院就诊而非村卫生室。其次，各农村社区地理位置和布局也会影响居民对医疗卫生资源的选择和利用差异。例如，一些农村社区地处坝区或平地地区，交通和生活便利，居民们更愿意到乡镇卫生院就诊；而一些农村社区由于地处半山或高寒地区，居民出行所花费的人力、物力、时间成本等较大，从经济的角度来说，这些社区的老年人更愿意在村卫生室治疗一般的小病小痛。

综上所述，地理环境、生活条件、自身因素、资源分布等因素相互交织，限制了老年人获取和使用医疗服务的行为，医疗卫生供给的空间和时间可及性较差。

2. 村卫生室医疗的服务时间基本能满足老年人的需要

村卫生室作为村民生病或经常就诊的首选，老年人到达村卫生室后在多长时间内可获得所需服务和资源是时间可及性的重要评判指标。按照各县卫生局的考核监督安排，村医实行五天工作制，有统一的上下班时间（早上八点上班，下午六点下班）。在上班时间内，老年人如果有需要均可到村卫生室接受相关服务，在一些突发或急诊情况下，下班村医也会提供相应应急服务。在调查中，每天接诊量最多的村卫生室病人数量为三十个，少的每天就是两三个病人或是没有病人，服务内容基本为测量血压、开药、输液（感冒治疗）等。卫生室之间的接诊量存在一定差异，接诊量大的村卫生室村医忙得不可开交，而接诊量小的村卫生室村医则工作清闲。相对应地，接诊量的不足会威胁村医的生计，因此，在工作休息时间或非任务繁忙时期，有的村医会回家干农活贴补家用，留下联系方式以便村民们随叫随到。

有时候我不在，他们给我打电话我就从家里头过来了。从我家走过来10多分钟，一般他们一打电话我就过来。（个案访谈：D地M村L姓村医）

有的村卫生室配备了两个或两个以上村医，他们通过轮班的方式来协调工作：

我们是两个人轮着来上班的，一个人上五天班，另一个人再上五天。（个案访谈：E地M村F姓村医）

这样的处理方式一方面说明了村医的生存压力较大，在做好本职工作的同时还要兼干农活等才能保证基本生活；另一方面也说明村医的服务时间对于满足老年人的医疗卫生需要是有保证的。因此，从村卫生室一级来看，医疗卫生服务供给的时间可及性是基本能够保证的。

（二）经济可及性不高

1. 基本药物制度增加了医疗机构的经济可及性，但降低了药物可及性

随着基本药物制度在农村地区的大力推行，村卫生室和乡镇卫生院被纳入了新农合定点医疗机构范畴，这在一定程度上吸引大量参加了新农合的农村居民就地就医，极大改善了村卫生室和乡镇卫生院的经济可及性。

为了规范药物生产、采购、使用、定价、支付等环节，保障人民群众的用药安全，国家基本药物制度对村卫生室和乡镇卫生院的基本药物目录进行了规定，按照2015年国家卫生计生委药物政策与基本药物制度司发布的《关于印发国家基本药物目录管理办法的通知》实行“省级集中网上公开招标采购、统一配送，全部配备使用基本药物并实现零差率销售”。C县的10个乡镇卫生院配备了200—250种常用药物，122个村卫生室的常用药物配备为30—100种[①]。由于药物种类受限，一些老年人日常医疗卫生需要，尤其是患有慢性病的老年人的购药需要得不到满足：

我家老人吃的药，这里（村卫生室）很多都没有，都要上外地去买。有些药还要请人去西藏带，而且很多药都报销不了。（个案访谈：D地L村某村民）

村里的这个村卫生室就只有简单的、一般性的药和针水。像干农活

① 资料来源：C县卫计局2016年内部统计资料。

时刀子绊到、锄头碰到掉皮了等这些小毛病应该要开消炎药，护理的药也应该要有，但不是都没有嘛。（个案访谈：D 地 L2 村 Z 姓老人）

特别是治疗高血压、慢性病的药，好多我们都不能用。我们去随访发现，好多人（村民）还是图着那点药，有些药我们也不能用，也不会开，他就不来看病了。有些药在药店买得到，他就在药店里买药，然后在药店里量血压。（个案访谈：E 地某卫生室负责人）

可见，基本药物制度的实施在某种程度上影响着药物可及性。

2. 老年人购买医疗卫生服务的经济能力较弱

根据本章相关数据可以看出，一方面，医疗卫生支出在老年人日常支出中所占的比重较大，该类支出仅次于日常生活支出且差距较小；另一方面，受限于年龄和健康状况，老年人自我供给状况较差，劳动报酬低，储蓄能力低，大多数老年人主要依靠儿女的经济支持来维持养老生活。因而，对西南农村老年人来说，“收入如涓涓细流，开支则如小河淌水”，收支的严重不平衡导致老年人购买相关医疗卫生服务的能力较弱。此外，如果儿女经济条件有限或是儿女不孝顺，也会存在老年人看病就医费用无处着落的现实情况。

（三）服务内容可及性欠佳

1. 村卫生室医疗卫生服务内容可及性欠佳

第一，村卫生室的服务、药品、设施设备等与老年人的医疗需要不匹配。对西南农村老年人而言，村卫生室是其寻求医疗卫生服务的经常机构，他们对村卫生室的服务供给存在不同要求。老年人认为村卫生室服务供给需要改进的问题为“药品少”（36.4%）、“医术不高”（17.1%）、“医护人员人手不够”（15.7%）、“场地小”（11.2%）（见表 3.10）。其中，“药品少”是一个突出问题，很多老年人在访谈过程中均表示一些慢性病常用药（如高血压、糖尿病的药）在村卫生室开不到，村民需要去乡镇卫生院或规模稍大的药店才能买到，极不方便，而且药店的药价比村卫生室或乡镇卫生院要贵一些，老年人无法长期负担。

不同地域和性别的老年人对卫生室的改进要求存在差异，这能从侧面反映卫生室供给情况的差异。（1）D 地的老年人对于“医护人员人手不够”的选择比例比 E 地老年人高出 19.7%（$X^2=42.55$，$P<0.001$）；E 地老年人对

“药品少”的选择比例高于 D 地老年人，高出 15.7%（$X^2=15.48$，$P<0.001$）；D 地老年人认为村卫生室“场地小”的选择比例比 E 地高出 11%（$X^2=17.68$，$P<0.001$）。（2）男性老年人认为村卫生室医护人员“医术不高”的选择比例比女性老年人高出 9.6%（$X^2=9.04$，$P<0.01$）。

表 3.10　老年人对村卫生室医疗卫生服务供给的改进要求

单位：人，%

村卫生室服务	回答“是”的频率	有效百分比
医术不高	99	17.1
服务态度/质量不好	59	10.2
收费有点高	42	7.2
医护人员人手不够	91	15.7
药品少	211	36.4
没有养生/保健/康复等服务	13	2.2
场地小	65	11.2
没有中医/民族医药医生	11	1.9
医保报销麻烦	8	1.4
其他	277	47.7

村卫生室服务内容的局限以及医疗卫生设施设备的缺乏让很多老年人只能“舍近求远”地寻求医疗卫生服务。

> 去年六七月份我和老伴病了几次，每次都是我开着老年车到五街卫生院、沙桥卫生院去看病，距离远，但是没办法。（个案访谈：D 地 L 村 Z 姓老人）

第二，村医的“投入与产出”不匹配。村医普遍面临着工作时间长、任务繁多、执业风险高，但待遇、保障水平等较低的基本情况。与繁重的工作任务相比，村医们认为行医的执业风险很高。据了解，所调查地区的村医们都没有医疗责任险，如果不幸发生医疗事故，没有专门的法律法规来明确责任，给村医们吃“定心丸”。由于缺乏职业风险保障，很多村医在开展业务时都有顾忌：

（我之所以不开展业务，是因为）我本人技术还不到位，风险又太大，一个月四五百块钱，如果出了什么事故，终身就这么完了。上门服务也没法开展，如果我们去家里帮人家看病，背着药，万一出什么事情，所有医疗事故都是我们负责。考虑到医疗安全，村民如果看病，我会告诉他们去卫生院，镇上卫生院毕竟越来越规范。（个案访谈：D 地某村医）

村医的经济收入主要由三部分组成：1. 政府定额补助。A 省从 2013 年开始对乡村医生的补助从每月每人 200 元提高为 300 元。[①] 2. 医疗服务收入，即一般诊疗费。2015 年，A 省出台了加强乡村医生队伍建设的新规，明确了将农村地区新增的人均 5 元基本公共卫生服务补助资金全部用于乡村医生。[②] 3. 政府购买服务。国家将基本公共卫生服务 55% 左右的工作任务安排给乡村医生，按考核完成的工作量核拨相应的服务经费。即便这样，村医的经济收入、养老保障与其繁重的工作和执业高风险是不相匹配的，投入和产出不成正比。

我们的工资很低，县上补贴 350 元，市上补贴 350 元，每月共 700 元。每个月休息 8 天，上班时间和卫生院一样，我们就只是公共卫生费用拿得高点……协助卫生院给老年人体检，一年有 600 多块钱。我们管理的慢性病人国家每个月每人给 10 块钱，一个季度要随访接近四百个人，我们两个村医，每个季度每个医生平均有 2000 块钱，我们的收入主要就是靠这个。（个案访谈：D 地 D2 村 Y 姓村医）

如果是在人口少的村委会，公共卫生费用也会相应减少，村医只能通过看病增加诊疗收入。

有些村的人口少，公卫费少，治疗费高。村医人少所以不像我们能细致地去管慢性病，像精神病、糖尿病、高血压都没有时间去管，当然，

① A 网：《A 省省级对乡村医生补助提至每人每月 300 元》，2013 年 11 月 29 日，http://yn. yunnan. cn/html/2013－11/29/content_2977089. htm，2017 年 11 月 14 日。

② A 省人民政府办公厅：《A 省人民政府办公厅关于进一步加强乡村医生队伍建设的实施意见》，2015 年 8 月 14 日，http://www. yn. gov. cn/yn_zwlanmu/qy/wj/yzbf/201603/t20160330_24554. html，2017 年 11 月 14 日。

他们治疗多了也就没有时间去做这个了。比如人家来开药，一盒药是 6 块钱，我们收人家 6 块钱的诊疗费，医疗保险报销 50%，村民自己出 6 块钱。如果给一个人输液，床位费 3 块，诊疗费 9 块，我们有 12 块。但如果一个人连续三天来输液看病，我们的诊疗费也只能算一天，医保对这块也是有要求的，要控制输液率，只给我们开药费用的一半比例和输液费用的一半比例。（个案访谈：D 地 D2 村 Y 姓村医）

根据上述业务收入渠道和村医自述可知，村医每月平均收入很难超过 1500 元。为了生计，很多村医在闲暇时间要干农活贴补家用，如果遇上农忙或家庭重大事宜，村医不得不回家务农或处理事情，村民看病、买药要到田间地头或家里找他们。半农半医的尴尬身份使得村医没有正式编制，社会保障程度极低。虽然政府出台相应规定引导符合条件的乡村医生选择参加新型农村社会养老保险、企业职工基本养老保险、城镇居民社会养老保险等，却没有具体部门实施和管理。因此，村医们只能参加保障程度较低的新农保，他们都为未来的老年生活和保障感到担忧。

我们现在把青春奉献在这里了，如果到时候五六十岁我们回去（退休），国家应该给我们一些养老保险。国家要给村医一个说法。（个案访谈：D 地 D1 村的 Z 姓村医）

2. 乡镇卫生院的服务内容可及性较差

第一，健康教育实施效果不理想，知晓率不高，可及性差。由前面的相关内容可以看出，县乡镇和村委会对健康教育宣传都非常重视，宣传力度大。按理，老年人的健康意识应该得到较大提高，公共卫生服务的开展情况应该非常顺利。实际情况却是仅有 25% 的被调查对象知道所在村寨举办过健康教育宣传，其他老年人均表示“没有开展过”，对健康教育的知晓率和认可率比较低。

现在的健康教育形式太单一，我们能做的就是播放影音资料或发一些宣传画、宣传资料等，网络手段基本没有利用起来。还有就是走形式，一个地方只有一个健康教育所，它设在疾控中心，级别不高，负责人没有任何职务。比如说你要去某个单位去搞一个健康讲座，但他怎去跟相关部门协调呢？他协调不下来嘛，最后什么都做不了。这是一个应该重视的问题。（个案访谈：E 地 H 镇卫生院 Y 姓负责人）

对知晓健康教育情况的老年人进行分析，发现：（1）村卫生室和乡镇卫生院进行健康教育最常用的方式分别是“健康宣传手册”“健康宣传栏”和“医护人员到所在村寨宣讲”。（2）村委会和村卫生室是健康教育宣传的主要阵地。

第二，与村医相比，乡镇卫生院的医生虽然有职业风险保障，但仍然存在某些执业风险，导致医护人员开展业务时底气不足，为老年人提供上门就诊服务时顾虑重重。如 E 地某乡镇卫生院负责人谈道：

2015 年我们医院出了一个事，有个患者在输液的时候不在了（去世）。其实主要是患者的心脏疾病导致的，但是家属一再认为是医生用药的问题。虽然最后医疗鉴定下来了（不是医院的责任），但终究还是会对我们医院产生影响，所以我们还是有一定顾虑的！医生对出诊是有许多顾虑的，也跟院领导多次反映情况。在家庭中输液，一旦发生意外，并不能确保是药品因素还是环境因素，总体而言是比较难解决的。这样一来，虽然购买了保险，但是医护人员的底气也不足。（个案访谈：E 地某乡镇卫生院负责人）

第三，乡镇卫生院医疗服务内容定位不清晰，诊疗针对性不强。按照国家规划，乡镇卫生院处于农村三级医疗服务网络的中间环节，起着承上（县级医院）启下（村卫生室）的关键作用，但是，如果乡镇卫生院的定位不清晰，处境就会很尴尬。按照《全国医疗卫生服务体系规划纲要（2015—2020）》的界定，乡镇卫生院“负责提供基本公共卫生服务，以及常见病、多发病的诊疗、护理、康复等综合服务，并受县级卫生计生行政部门委托，承担辖区内的公共卫生管理工作，负责对村卫生室、社区卫生服务站的综合管理、技术指导和乡村医生的培训等。乡镇卫生院分为中心乡镇卫生院和一般乡镇卫生院，中心乡镇卫生院除具备一般乡镇卫生院的服务功能外，还应开展普通常见手术等，着重强化医疗服务能力并承担对周边区域内一般乡镇卫生院的技术指导工作”。该纲要没有明确乡镇卫生院的具体诊疗范围和服务开展范围，且与县级医院的服务范围在某些程度上存在重叠和交叉。例如，该纲要同时指出，县办医院“主要承担县级区域内居民的常见病、多发病诊疗，急危重症抢救与疑难病转诊，培训和指导基层医疗卫生机构人员，相应公共卫生服务职能以及突发事件紧急医疗救援等工作”。定位的模糊导致乡镇卫生院的服务针对性不强，丧失了乡镇卫生院作为农村三级医疗服务网络骨干的优势。一些农村居民对乡镇卫生院的医疗服务心中没底，在选择上也就出现偏向：大病、重病等去县级及以上医院诊治，一般的小毛病（感冒等）就近在村卫生室解决。造成的结果就是，一方面乡镇卫生院在患者分流中的作用降低，导致了医疗卫生资源的闲置和浪费；另一方面农村居民产生了“追高”偏好，就诊无序流动，增加了县级及以上医疗卫生资源的过度利用。[①]

（四）服务方式可及性有待提高

1. 人员配置、结构等与老年人的医疗卫生需要不相匹配

2015 年 1 月，李克强总理主持召开的国务院常务会议讨论通过了《全国医疗卫生服务体系规划纲要》，并在会上确定“原则上按照每千服务人口不少于 1 名的标准在全国配备乡村医生”。A 省结合自身实际提出，居住分散的行政村可适当增加村医配备；配备 2 名以上的村卫生室，应有 1 名女乡村医生，同时至少有 1 名能西会中的乡村医生。调研发现，各调查点村医配备情况存在差异，有的地区基本达标，如 C 县有 122 个行政村，总人口是 27 万，在岗村医为 299 人[②]；有的则缺口较大，如 E 地所在的 F 市，全市 15 个乡镇 142 个村卫生室拥有在岗乡村医生 278 名[③]。村医队伍不稳定，部分村卫生室还面临着“青黄不接”的局面。例如，部分村卫生室由于没人愿意做村医，又无法从外部引进人才，故村卫生室常年锁着门，不开展业务。

村子这么大，差不多有百十户人家，卫生室是有，人（村医）没有，药也没有，这样就没有什么意思了嘛。（个案访谈：D 地 J 镇 L 村

① 李伯阳、张亮、张研：《我国乡镇卫生院适宜服务范围探讨》，《中国卫生经济》2016 年第 5 期。

② 资料来源：C 县卫计局 2016 年相关统计资料。

③ F 网：《F 市举办乡村医生脱产培训班》，2015 年 10 月 28 日，http://www.chuxiong.cn/xwpd/xxxw/647469.shtml，2017 年 11 月 14 日。

某村民)

J镇有14个村委会，只有三四个村委会的村卫生室能看病，其他村卫生室都不开门的。(个案访谈：D地D1村村委会Z姓副书记)

有些村里的村医到退休年纪了，但是选不出接班人，没人愿意做。因为现在医学院毕业的这些年轻人，别说村里，连乡镇上都不愿意待。我们去引进人才的时候，人家都不报乡镇的，最起码都是县级，村卫生室根本招不到人。(个案访谈：E地H镇某乡镇卫生院负责人)

无人愿意当村医的原因可以归结为两方面，即待遇低，任务多繁杂。

在有些村没人愿意干村医。原因嘛，一个是待遇的问题；另一个是工作量的问题，还有的话是个人的能力。现在都使用电子化处理，开处方都要用电脑，年轻人都愿意出去打工，不愿意干村医，老的么，他们接受信息化程度又慢，所以也不愿意干。(个案访谈：E地I镇S姓卫生院院长)

相较于村卫生室，乡镇卫生院的医护人员缺口相对较小，但同样面临着人手缺乏、医护人员专业素养不高等问题。专业素养跟不上，导致卫生院医护人员的医护技术也上不去，村民可享受的医疗卫生服务可及性较差。如E地共有10个乡镇卫生院，有医务人员411人，其中本科学历123人、专科182人、中专及以下106人，仅有113人有医师资格证①，占医务人员总数的27.5%。医护人员的专业素养上不去会进一步影响医疗卫生服务的效果，无法充分满足老年人的医疗卫生需要：

卫生院以前没有B超，心电图设备是有的，但是没有医护人员会使用。(个案访谈：D地Z村村委会书记)

此外，县乡两级医疗机构的竞争性和同质化服务、基本药物制度的限制等因素，导致乡镇卫生院医护人员的绩效工资受到影响，医护人员收入下降，

① 资料来源：C县卫计局2016年内部统计资料。

队伍不稳定，能力较强的医护人员不愿意留在乡镇卫生院工作，跳槽或去了级别更高的医疗卫生机构。

2. 村医的专业能力与现从事工作的内容、任务等不相符

按照2015年颁布的《国务院办公厅关于进一步加强乡村医生队伍建设的实施意见》规定，乡村医生的工作职责为“主要负责向农村居民提供公共卫生和基本医疗服务，并承担卫生计生行政部门委托的其他医疗卫生服务相关工作”。具体而言，村医主要面向农村居民，承担预防、保健等公共卫生服务和一般性医疗服务。其中，公共卫生服务内容包括建立居民健康档案、健康教育、预防接种、传染病报告、公共事件卫生应急处置、儿童保健、孕产妇保健、慢性病（高血压、糖尿病等）管理、老年人管理、重性精神疾病患者管理等部分。此外，村卫生室和乡镇卫生院的一项重要工作就是每年要完成对辖区内75%的65岁以上老年人的健康体检工作。

2002年，《中共中央国务院关于进一步加强农村卫生工作的决定》明确提出要提高农村卫生人员的素质，“到2010年，全国大多数乡村医生要具备执业助理医师及以上执业资格”。2013年，《全国乡村医生教育规划（2011—2020）》明确指出，到2015年“乡村医生力争60%具有中职（中专）及以上学历，其中高职（专科）及以上学历者明显增加；执业（助理）医师所占比重显著提高”。在西南农村，大多数村医没有接受过系统的医学教育，学历和知识层次远达不到国家规定的基本要求，整体业务素质偏低。调查发现，现在岗的村医大多是初中或中专毕业，也有少数是小学毕业。B县所属的F市，15个乡镇142个村卫生室278名村医中有执业助理医师资格的仅有22人，具备执业医师资格的人数为0。[①] 现有村医队伍中半路出家的人也不在少数，比如有的村医以前从事兽医工作，有的以前从未有过医学背景或从医经历，有的仅是兼职从事村医工作。

现在正经医专毕业进来的乡村医生实在是太少了。像我们这种乡村医生根本就考不起执业助理医师资格证，J镇有个乡村医生考了五年都没有考过。（个案访谈：D地D1村Z姓兼职村医）

① F市卫生局：《F市对在岗乡村医生实行集中脱岗培训》，2015年10月12日，http://www.cxs.gov.cn/file_read.aspx? ID=104427，2017年11月14日。

我们的乡村医生都是半路出家的那种，以前叫赤脚医生，后来的就都是一些初中生，经过三年培训后回来干这个乡村医生。所以要他有多高的服务能力也是不可能的。（个案访谈：E 地卫生局 J 姓工作人员）

除了日常基本工作，村卫生室还接受乡镇卫生院的直接领导和管理，需要上报各种材料、报表等，任务多、繁、杂。为了适应新的工作要求，一些年龄大的村医还得重新学习电脑技术，打字速度慢、效率低、花费时间长，电子化处理成了他们很大的工作负担。有的卫生室虽然配备了电脑，但因为没人会用，长期处于闲置状态。

因此，要实现农村医疗卫生供给服务方式的可及性，有效的办法之一就是“让专业的人做专业的事”，即根据村卫生室和乡镇卫生院医护人员的专业素养和工作能力为其确定工作职责，安排工作任务。对于村卫生室而言，公共卫生服务是村医最能大展拳脚，也最容易上手的服务内容：

最容易的就是简单的疾病随叫随到、健康知识讲座，还有就是给他们（村民）医疗指导，告诉他们什么病吃什么药。（个案访谈：E 地 M 村 F 姓村医）

从乡镇卫生院角度来说，其适宜诊疗范围应围绕常见疾病，延误风险小、诊断明确的疾病①，这样才能发挥乡镇卫生院的优势和特色：

我们卫生院只会做预防、治疗、康复保健、临终关怀这一块的工作，这也是最适合我们的。（个案访谈：E 地 H 镇卫生院某负责人）

① 李伯阳、张亮、张研：《我国乡镇卫生院适宜服务范围探讨》，《中国卫生经济》2016 年第 5 期。

第四章　西南农村老年人的关系需要与养老供给

第一节　老年人的关系需要

一　老年人的生活照料需要

（一）生活照料需要的基本情况

1. 不同情境下老年人对生活照料的需要内容不同

36.8%接受调查的老年人需要生活照料，从均值分布来看，他们需要儿女或其他人为他们提供的生活照料主要是“买菜、煮饭”“洗衣服”“购买生活用品”（见表4.1）。这些照料内容均属于工具性日常生活方面的困难，老年人一般可通过借助外部力量或工具来实现独立生活的目的。

表4.1　老年人对生活照料的需要情况

生活照料项目	平均数	标准差
不需要	1.50	0.5
买菜、煮饭	1.71	0.45
打扫卫生	1.89	0.32
洗衣服	1.80	0.4
洗澡	1.98	0.15
修理房屋	1.86	0.35
修理电器	1.94	0.25
外出	1.97	0.18
上厕所	2.00	0.05
购买生活用品	1.82	0.39
其他	1.93	0.25

对于生病或住院的老年人来说，由于疾病、身体健康条件、心理或现实需要等因素，他们对于生活照料的需要内容与处于健康情况的老年人表现出很大差异。具体而言，他们所需的生活照料为“送饭”（73.2%）、“拿药/煨药等”（56.4%）和“陪护”（41.9%）。

2. 医疗卫生、娱乐以及日常生活照料等服务的需要程度较高

当问及老年人“如果村寨里有白天为老年人服务的地方（幸福院/居家养老服务中心等），您希望它能为您的养老生活做些什么?”时，“体检、卫生、医疗、康复等医疗卫生服务”（79.1%）、“娱乐设施及场地”（其中如电视、棋牌室、乐器、广场舞场地等，下不赘述）（44.9%）、“午餐/晚餐”（31.2%）成为老年人最需要的服务项目。同时，老年人需要幸福院/居家养老服务中心等提供的家庭服务为“买菜、煮饭”和“买药”，比例分别为22.8%和17.1%（见表4.2）。

表4.2　老年人对居家养老服务的需要情况

单位：人，%

类别		回答“是”的频率	有效百分比
服务内容	午餐/晚餐	199	31.2
	娱乐设施及场地	286	44.9
	体检、卫生、医疗、康复等医疗卫生服务	504	79.1
	紧急医疗救援	72	11.3
	陪聊天	109	17.1
	教打电话、存取钱等	14	2.2
	组织宗教活动	1	0.2
	家庭服务	34	5.3
	其他	83	13
家庭服务	不需要	402	63.2
	买菜、煮饭	145	22.8
	打扫卫生	46	7.2
	洗澡	8	1.3
	洗衣服	39	6.1
	买药	109	17.1
	买日常生活用品	53	8.3
	其他	26	4.1

（二）生活照料需要的比较分析

1. 不同类别老年人对生活照料的需要程度及需要内容存在差异

（1）个人特征

在个人特征方面，交叉列联表结果显示地域、年龄、婚姻状况、日常生活活动能力（失能和功能受损）等因素显著影响着老年人的生活照料需要。

第一，交叉表4.3的数据显示，D地接受调查的老年人中需要生活照料的比例为56.7%，E地的比例为43.0%，前者比后者高出13.7%。地域变量和是否需要生活照料变量所构成的列联表以卡方检验分析的结果发现，X^2 = 11.51，$P<0.005$，两个变量有显著关联，即不同地域老年人的生活照料需要存在显著差异。

表4.3 不同地域老年人生活照料需要的交叉列联表分析

单位：人，%

类别			生活照料需要		总计
			不需要	需要	
地域	D地	计数	123	161	284
		地域内的%	43.3	56.7	100
		生活照料需要内的%	39.0	52.6	45.7
		占总计的%	19.8	25.9	45.7
	E地	计数	192	145	337
		地域内的%	57.0	43.0	100
		生活照料需要内的%	61.0	47.4	54.3
		占总计的%	30.9	23.3	54.3
总计		计数	315	306	621
		地域内的%	50.7	49.3	100
		生活照料需要内的%	100	100	100
		占总计的%	50.7	49.3	100

第二，交叉列表分析法的卡方检验结果发现，生活照料需要随年龄的增长而增加（$X^2=27.12$，$P<0.001$），80岁及以上老年人中需要生活照料的比例为75.7%，分别比70—79岁和60—69岁的老年人高出23.9%和33.75%（见表4.4）。同时，不同年龄段的老年人对生活照料内容的需要程度不同，

越是高龄的老年人越需要他人为自己提供“买菜、煮饭”（$X^2=40.13$，$P<0.001$）、“洗衣服”（$X^2=16.88$，$P<0.001$）、“购买生活用品”（$X^2=24.62$，$P<0.001$）、“洗澡”（$X^2=13.25$，$P<0.005$）、“打扫卫生”（$X^2=7.69$，$P<0.05$）、“外出”（$X^2=8.05$，$P<0.05$）、“上厕所”（$X^2=7.88$，$P<0.05$）等方面的生活照料。

表 4.4 不同年龄段老年人生活照料需要的交叉列联表分析

单位：人，%

类别			生活照料需要		总计
			不需要	需要	
年龄	60—69 岁	计数	193	140	333
		年龄内的%	58	42	100
		生活照料需要内的%	61.3	45.8	53.6
		占总计的%	31.1	22.5	53.6
	70—79 岁	计数	105	113	218
		年龄内的%	48.2	51.8	100
		生活照料需要内的%	33.3	36.9	35.1
		占总计的%	16.9	18.2	35.1
	80 岁及以上	计数	17	53	70
		年龄内的%	24.3	75.7	100
		生活照料需要内的%	5.4	17.3	11.3
		占总计的%	2.7	8.5	11.3
总计		计数	315	306	621
		年龄内的%	50.7	49.3	100
		生活照料需要内的%	100	100	100
		占总计的%	50.7	49.3	100

第三，通过表 4.5 发现，无配偶老年人得到儿女或他人生活照料需要的程度比有配偶老年人更为强烈，前者比后者高出 14.7%。可见，老年人的婚姻状况与其生活照料需要之间有显著关联（$X^2=12.83$，$P<0.001$）。同时，处于不同婚姻状况的老年人需要生活照料的内容在“买菜、煮饭”（$X^2=14.92$，$P<0.01$）、“修理房屋”（$X^2=16.28$，$P<0.01$）方面存在差异。

表 4.5　不同婚姻状况老年人生活照料需要的交叉列联表分析

单位：人，%

类别			生活照料需要		总计
			不需要	需要	
婚姻状况	有配偶	计数	209	160	369
		婚姻状况内的%	56.6	43.4	100
		生活照料需要内的%	66.8	52.6	59.8
		占总计的%	33.9	25.9	59.8
	无配偶	计数	104	144	248
		婚姻状况内的%	41.9	58.1	100
		生活照料需要内的%	33.2	47.4	40.2
		占总计的%	16.9	23.3	40.2
总计		计数	313	304	617
		婚姻状况内的%	50.7	49.3	100
		生活照料需要内的%	100	100	100
		占总计的%	50.7	49.3	100

第四，交叉列联表的分析结果显示，不同躯体生活自理能力老年人对生活照料需要存在差异（$X^2 = 32.19$，$P < 0.001$）。其中，正常老年人中需要家人为自己提供日常生活照料的比例为45.3%，轻度失能老年人中需要家人为自己提供日常生活照料的比例为78.8%，中度及以上失能老年人需要生活照料的比例为92.9%（见表4.6）。可见，老年人的生活照料需要受到其躯体生活自理能力的显著影响，中度及以上失能老年人生活照料需要比轻度失能和正常老年人更为强烈。

表 4.6　不同躯体生活自理能力老年人生活照料需要的交叉列联表分析

单位：人，%

类别			生活照料需要		总计
			不需要	需要	
失能	正常	计数	291	241	532
		失能内的%	54.7	45.3	100
		生活照料需要内的%	96	81.7	89
		占总计的%	48.7	40.3	89

续表

类别			生活照料需要		总计
			不需要	需要	
失能	轻度失能	计数	11	41	52
		失能内的%	21.2	78.8	100
		生活照料需要内的%	3.6	13.9	8.7
		占总计的%	1.8	6.9	8.7
	中度及以上失能	计数	1	13	14
		失能内的%	7.1	92.9	100
		生活照料需要内的%	0.3	4.4	2.3
		占总计的%	0.2	2.2	2.3
总计		计数	303	295	598
		失能内的%	50.7	49.3	100
		生活照料需要内的%	100	100	100
		占总计的%	50.7	49.3	100

第五，不同工具性日常生活能力老年人对生活照料需要存在差异（$X^2=56.8$，$P<0.001$）。具体而言，正常老年人中需要生活照料的比例为37.6%，工具性日常生活能力轻度受损的老年人中需要家人为自己提供日常生活照料的比例为47.5%，中度及以上受损老年人中需要生活照料的比例为78.2%。中度及以上受损老年人生活照料需要比正常老年人和轻度受损老年人更为强烈，其比例分别高出40.6%和9.9%。可见，老年人的生活照料需要受到其工具性日常生活能力的显著影响（见表4.7）。

表4.7　不同工具性日常生活能力老年人生活照料需要的交叉列联表分析

单位：人，%

类别			生活照料需要		总计
			不需要	需要	
功能受损	正常	计数	171	103	274
		受损内的%	62.4	37.6	100
		生活照料需要内的%	56.6	35.0	46
		占总计的%	28.7	17.3	46

续表

类别			生活照料需要		总计
			不需要	需要	
功能受损	轻度受损	计数	104	94	198
		受损内的%	52. 5	47. 5	100
		生活照料需要内的%	34. 4	32	33. 2
		占总计的%	17. 4	15. 8	33. 2
	中度及以上受损	计数	27	97	124
		受损内的%	21. 8	78. 2	100
		生活照料需要内的%	8. 9	33	20. 8
		占总计的%	4. 5	16. 3	20. 8
总计		计数	302	294	596
		受损内的%	50. 7	49. 3	100
		生活照料需要内的%	100	100	100
		占总计的%	50. 7	49. 3	100

(2) 社会特征

在社会特征方面，儿女是否外出务工显著影响着老年人的生活照料需要（$X^2=5.7$，$P<0.05$）。表 4. 8 的分析结果显示，儿女外出务工的老年人对生活照料的需要高于儿女在家的老年人，高出 36%。与此同时，儿女外出务工的老年人与儿女没有外出务工的老年人在“洗衣服”（$X^2=6.47$，$P<0.05$）、“外出”（$X^2=4.03$，$P<0.05$）等照顾内容上存在差异。

表 4. 8 儿女不同务工情况老年人生活照料需要的交叉列联表分析

单位：人，%

类别			生活照料需要		总计
			不需要	需要	
儿女务工情况	外出务工	计数	124	92	216
		务工情况内的%	57. 4	42. 6	100
		生活照料需要内的%	40. 9	31. 5	36. 3
		占总计的%	20. 8	15. 5	36. 3
	在家	计数	179	200	379
		务工情况内的%	47. 2	52. 8	100
		生活照料需要内的%	59. 1	68. 5	63. 7
		占总计的%	30. 1	33. 6	63. 7

续表

类别			生活照料需要		总计
			不需要	需要	
总计		计数	303	292	595
		婚姻状况内的%	50.9	49.1	100
		生活照料需要内的%	100	100	100
		占总计的%	50.9	49.1	100

2. 医疗卫生、娱乐及日常生活照料等方面的需要程度较高

当问及“如果村寨里有白天为老年人服务的地方（幸福院/居家养老服务中心等），您希望它能为您的养老生活做些什么？”时，“体检、卫生、医疗、康复等医疗卫生服务”“娱乐设施及场地”“午餐/晚餐”等服务内容比较符合老年人的生活照料需要。此外，老年人需要幸福院/居家养老服务中心等提供诸如“买菜、煮饭”和“买药”方面的家庭服务，选择比例分别为22.8%和17.1%（见表4.9）。

不同类别的老年人对养老机构提供的服务内容需要程度与需要内容存在差异。(1）从地域来看，E地老年人对诸如电视、棋牌室、乐器、广场舞场地等“娱乐设施及场地”的需要比例比D地老年人高出10.1%（$X^2=6.45$，$P<0.05$）；E地老年人对“体检、卫生、医疗、康复等医疗卫生服务”的需要选择比例比D地老年人高出7.7%（$X^2=5.68$，$P<0.05$）；D地老年人需要“陪聊天”的选择比例比E地老年人高出7.8%（$X^2=6.79$，$P<0.01$）。(2）从性别来看，男性老年人对“娱乐设施及场地”的需要比例比女性老年人高9.1%（$X^2=5.07$，$P<0.05$）。(3）从年龄来看，年龄相对越“年轻”的老年人对“娱乐设施及场地”的需要越高（$X^2=13.31$，$P<0.005$），60—69岁的老年人的选择比例高于70—79岁和80岁及以上的老年人，分别高出12.3%和18.9%；70—79岁的老年人选择比例也比80岁及以上的老年人高6.6%。(4）处于不同婚姻状况的老年人对“娱乐设施及场地”的需要存在差异（$X^2=14.44$，$P<0.01$），有配偶的老年人对此服务内容的需要比丧偶老年人高15.2%。

表 4.9　老年人对居家养老服务的需要情况

单位：人，%

类别		回答“是”的频率	有效百分比
服务内容	午餐/晚餐	199	31.2
	娱乐设施及场地	286	44.9
	体检、卫生、医疗、康复等医疗卫生服务	504	79.1
	紧急医疗救援	72	11.3
	陪聊天	109	17.1
	教打电话、存取钱等	14	2.2
	组织宗教活动	1	0.2
	家庭服务	34	5.3
	其他	83	13
家庭服务	不需要	402	63.2
	买菜、煮饭	145	22.8
	打扫卫生	46	7.2
	洗澡	8	1.3
	洗衣服	39	6.1
	买药	109	17.1
	买日常生活用品	53	8.3
	其他	26	4.1

（三）生活照料需要的特点

通过上述实证分析可知，西南农村老年人的生活照料需要的基本特点表现为：首先，老年人所需要的生活照料内容集中于工具性日常生活方面，一般可通过借助外部力量（如儿女或配偶等）或工具来实现独立生活的目的。其次，地域、年龄、婚姻状况、日常生活活动能力（失能和功能受损）以及儿女务工情况等因素影响着老年人的生活照料需要。最后，老年人对医疗卫生、娱乐以及日常生活照料等服务的需要程度较高。

二　老年人的精神慰藉需要

（一）精神慰藉需要的基本情况

1. 老年人的负性情绪和自尊水平不容乐观

老年人的精神慰藉需要具体体现为负性情绪和自尊两个方面：负性情绪

能够从主观体验和行为反应方面反映老年人的精神健康状态，测定的是老年人由生活事件所引发的负性情感，它们不但带来身体上的不适感，而且会降低老年人对正性情绪的体验，引发人际矛盾和冲突，造成人际交往活动的减少；个体在社会生活中需要来自自己或他人、社会群体的认可、赞许和关爱等，以获取并维护个体自尊心，自尊是精神健康的根源，其水平和强度可以反映个体的精神慰藉需要情况。

老年人在日常生活中容易受到消极情绪的侵扰。8.1%的被调查者在近一个月以来会经常觉得生活没意思，27.5%的被调查者会经常为一些小事而感到担心和害怕，25.8%的被调查者在日常生活中心情时好时坏，容易发脾气；24.5%的老年人出现了不愿意向共同生活的亲人倾诉心中苦恼、烦闷的情形。

同时，被调查对象的自尊水平不容乐观。7.8%和2%的被调查者认为近一个月以来周围的人（包括社会、家庭）对自己“一般”和“不尊重”；23.8%和13.9%的被调查者对自己能力、相貌的评价为“一般”和“不满意”；17.6%和3.6%的被调查者对自己目前在社会和家庭中的地位以及人们对其的看法评价为“一般”和“不满意”；5.8%的老年人觉得自己在家庭或家族中“没用”。

2. 配偶和儿女是老年人精神慰藉需要满足的重要途径

得到来自于共同生活的亲人以及他人的接纳和关心等是老年人满足精神慰藉需要的重要途径。根据2010年全国第六次人口普查数据，我国老年人群体中有配偶的老年人占总数的70.55%，离异老年人为0.78%，丧偶老年人为26.89%。[①] 本书中，老年人有配偶的比例为58.7%，离异比例为0.93%，丧偶比例为39.44%。与第六次人口普查数据相比较，西南农村有配偶的比例比全国低11.85%，离婚的比例比全国高出0.15%，丧偶的比例比全国高出12.55%。

当问及“心中有苦恼时会跟谁说”时，频数分析结果显示，78.7%有配偶的老年人选择会与老伴倾诉心中的苦恼和烦心事，选择向儿子/儿媳、女儿/女婿等亲人倾诉的比例为57.1%；对于无配偶的老年人而言，儿子/儿媳、女儿/女婿等亲人在其精神慰藉需要满足中扮演着非常重要的角色，81.5%的老年人选择向儿女倾诉心中烦忧。

① 孙鹃娟：《中国老年人的婚姻状况与变化趋势》，《人口学刊》2015年第37期。

通过访谈也进一步证实，对于西南农村老年人来说，配偶在生活照料和精神慰藉需要满足方面发挥着重要作用，儿女等亲人同样是其老年期生活照料和精神慰藉需要满足的重要来源和强大支撑。

（如果您心里有事、有烦恼，会跟谁说?）跟老伴说嘛，老伴老伴就是老了相互做做伴了嘛，平时互相关心照顾哈。也没有法子，娃娃在外面（打工），平时也回不来，帮不上哪样忙。（个案访谈：E 地 I 镇 G 姓老年人）

（如果您心里有事、有烦恼，会跟谁说?）肯定是跟儿子说嘛。不跟他说，跟哪个说嘛。（会向儿子之外的其他人说吗?）很少。有时候会跟老妈妈（指配偶）说说。（个案访谈：D 地 M 村某男性老年人）

（如果您心里有事、有烦恼，会跟谁说?）都过了几十年了，肯定要相互照顾呢嘛，有话不跟他说么跟哪个说。老倌（指丈夫）身体不好，平时都是我在照顾他，煮饭、喂猪、去菜地基本都是我嘛。他病的时候我服侍他，我病么他也会来呢，儿子姑娘他们也来呢，也会给我们送饭、说说话呢。（个案访谈：D 地 D1 村某女性老年人）

（二）精神慰藉需要的比较分析

1. 负性情绪的影响因素

（1）个人特征

在个人特征方面，地域、性别、婚姻状况、功能受损、收入等级和收入水平等因素显著影响着老年人的负性情绪。

第一，独立样本 t 检验的结果显示，D 地和 E 地老年人在负性情绪项目上的均值为 4.68 和 4.47，方差同质性的 *Levene* 检验达到显著（$F=13.96$，$P<0.001$），这说明 D 地农村老年人的负性情绪评分高于 E 地老年人。

第二，独立样本 t 检验的结果显示，女性老年人和男性老年人的负性情绪评分均值的 *Levene* 检验达到显著（$F=20.89$，$P<0.001$），说明西南农村女性老年人的负性情绪水平高于男性老年人。

第三，独立样本 t 检验的结果显示，有配偶和无配偶老年人在负性情绪项目上的均值分别为 4.42 和 4.77，方差同质性的 *Levene* 检验达到显著（$F=$

7.89，$P<0.01$），这说明无配偶老年人的负性情绪水平高于有配偶老年人（见表4.10）。

表4.10　不同类别老年人负性情绪独立样本 *t* 检验结果

类别		频率（n）	平均数	标准差
地域	D地	300	4.68	1.88
	E地	342	4.47	1.57
性别	男性	266	4.24	1.45
	女性	369	4.81	1.86
婚姻状况	有配偶	377	4.42	1.62
	无配偶	261	4.77	1.84

第四，表4.11和表4.12的单因素方差分析结果显示，老年人的负性情绪受到功能受损状况的显著影响。在负性情绪的平均数中，功能受损状况为“轻度”的老年人其负性情绪平均分显著高于正常老年人，功能受损状况为“中度及以上”的老年人其负性情绪平均分显著高于正常老年人，得分存在差异（$F=10.62$，$P<0.001$）。经事后比较 *LSD* 检验发现，轻度和中度及以上功能受损老年人在日常生活中遭受的负性情绪显著高于正常老年人。可见，工具性日常生活能力的受损状况会使老年人更容易受到负性情绪的影响。

第五，不同收入等级的西南农村老年人在负性情绪因子上的得分存在差异（$F=2.98$，$P<0.05$）。具体而言，收入等级为“低收入”的老年人其负性情绪的总体评价与“中等收入”“中等偏上”和“高收入”的老年人存在显著差异，即低收入老年人更容易体验到负性情绪；“中等偏下”的老年人其情绪评价与体验高于“中等偏上”的老年人，他们之间存在显著差异；其他收入等级的老年人之间不存在差异（见表4.11和表4.12）。

第六，收入水平不同的老年人在负性情绪因子上的得分存在差异（$F=4.34$，$P<0.01$）。事后比较 *LSD* 检验发现，经济收入自我评价为“偏低”的老年人其负性情绪的评价和体验与“不高不低”和“偏高”的老年人存在显著差异，即低收入老年人更容易体验到负性情绪；“中等偏下”的老年人其情绪评价与体验高于“偏高”的老年人，他们之间存在显著差异；其他收入等级的老年人之间不存在差异。可见，老年人对负性情绪的主观体验的确会因为经济收入自评的不同而有所差异。

表 4.11　不同类别老年人负性情绪评分比较（$\bar{X} \pm S$）

类别		负性情绪			
		n	$\bar{X} \pm S$	F	p
功能受损	正常	284	4.2 ±1.44	10.62	<0.001
	轻度受损	203	4.93 ±1.87		
	中度及以上受损	128	4.88 ±1.84		
收入等级	低收入	120	4.93 ±1.78	2.98	<0.05
	中等偏下	119	4.72 ±1.79		
	中等收入	120	4.35 ±1.68		
	中等偏上	119	4.28 ±1.48		
	高收入	121	4.48 ±1.78		
收入水平	偏高	73	4.04 ±1.65	4.34	<0.01
	不高不低	210	4.47 ±1.58		
	中等偏下	132	4.54 ±1.64		
	偏低	206	4.83 ±1.83		

表 4.12　不同类别老年人负性情绪的 *LSD* 检验

类别			均值差	标准误	显著性
功能受损	正常	轻度受损	-0.73	0.15	0.000
		中度及以上受损	-0.67	0.18	0.000
收入等级	低收入	中等收入	0.58	0.22	0.009
		中等偏上	0.65	0.22	0.003
		高收入	0.45	0.22	0.043
	中等偏下	中等偏上	0.45	0.22	0.045
收入水平	偏低	偏高	0.79	0.23	0.001
		不高不低	0.37	0.17	0.026

（2）社会特征

在社会特征方面，儿女与老年人的联系频率显著影响着老年人在负性情绪因子上的得分（$F=4.58$，$P<0.05$），联系频率“很少”的老年人负性情绪均值显著高于联系频率为“经常”和“一般”的老年人。事后比较 *LSD* 检验发现，联系频率为“很少”的老年人其负性情绪的评价和体验与联系频率为“经常”的老年人存在显著差异，即儿女与老年人的联系频率越少，老年人越容易体验到负性情绪（见表 4.13 和表 4.14）。

表 4.13 不同联系频率老年人负性情绪评分比较（$\bar{X} \pm S$）

类别		负性情绪			
		n	$\bar{X} \pm S$	F	p
联系频率	经常	132	4.19 ±1.39	4.58	<0.05
	一般	42	4.67 ±1.71		
	很少	37	5.00 ±1.87		

表 4.14 不同联系频率老年人负性情绪的 *LSD* 检验

类别			均值差	标准误	显著性
联系频率	很少	经常	0.81	0.29	0.005

2. 自尊的影响因素

（1）个人特征

老年人的经济收入水平对西南农村老年人的自尊存在着显著影响。表 4.15 和表 4.16 显示，对收入水平不同的老年人自尊因子的得分存在显著差异（$F=19.21$，$P<0.001$），收入水平“偏低”的老年人其自尊均值与“偏高”“不高不低”和“中等偏下”的老年人存在显著差异，即收入水平“偏低”的老年人，自尊水平较低。

表 4.15 不同经济收入水平老年人的自尊评分比较（$\bar{X} \pm S$）

类别		自尊			
		n	$\bar{X} \pm S$	F	p
收入水平	偏高	72	3.68 ±1.12	19.21	<0.001
	不高不低	208	3.55 ± 0.84		
	中等偏下	129	3.68 ± 1.04		
	偏低	205	4.33 ± 1.39		

表 4.16 不同经济收入水平老年人自尊的 *LSD* 检验

类别			均值差	标准误	显著性
收入水平	偏低	偏高	0.65	0.15	0.000
		不高不低	0.78	0.11	0.000
		中等偏下	0.65	0.13	0.000

（2）社会特征

表 4.17 和表 4.18 显示，儿女与老年人的联系频率对老年人的自尊存在

着显著影响（$F=3.76$，$P<0.05$），联系频率为“很少”的老年人其自尊均值与联系频率为“经常”和“一般”的老年人存在显著差异，即联系频率为“很少”的老年人其自尊水平显著低于联系频率为“经常”的老年人。可见，儿女与老年人的联系频率越少，老年人的自尊水平越低。

表 4.17 儿女不同联系频率老年人的自尊评分比较（$\bar{X}\pm S$）

类别		自尊			
		n	$\bar{X}\pm S$	F	p
联系频率	经常	132	3.70 ± 1.04	3.76	<0.05
	一般	42	3.86 ± 1.24		
	很少	37	4.30 ± 1.53		

表 4.18 儿女不同联系频率老年人自尊的 *LSD* 检验

类别			均值差	标准误	显著性
联系频率	很少	经常	0.6	0.22	0.007

（三）精神慰藉需要的特点

根据上述实证分析，西南农村老年人精神慰藉需要的基本特点为：首先，老年人的负性情绪和自尊水平不容乐观，配偶和儿女是老年人满足精神慰藉需要的重要途径。其次，地域、性别、婚姻状况、功能受损、收入等级和收入水平等个人特征以及儿女与老年人的联系频率显著影响着老年人的负性情绪。即，D 地、女性、无配偶、中度及以上失能和受损、收入等级低、收入自评低且儿女与其联系频率很少的老年人更容易体验到负性情绪。最后，收入水平以及儿女的联系频率对老年人的自尊存在着显著影响。收入自评低、儿女与其联系频率较少的老年人自尊水平较低。

第二节 满足老年人关系需要的养老供给

一 生活照料供给

（一）自我养老的生活照料供给状况

相关数据分析显示，自我养老资源供给受到老年人日常生活自理能力和经济状况的显著影响。

老年人实现生活自理自立的先决条件是自身身体健康状况。一般而言，健康状况良好的老年人更有可能通过自我照顾或配偶间相互照顾的方式进行自我养老；反之，则不然。表3.2和表3.3的研究结果揭示，老年人的日常生活自理能力（躯体生活自理能力和工具性日常生活能力）状况不佳。具体而言，老年人的躯体生活自理能力影响着其生活照料，失能老年人的生活照料需求高于正常老年人；工具性日常生活能力轻度、中度及以上受损老年人与正常老年人相比，其生活上自我照顾的困难更大，更需要他人为自己提供相应帮助。

访谈资料也显示，日常生活自理能力较差的老年人确实较难进行自我养老，需要他人提供生活上的照料。

> 我爹瘫在床上差不多一年了。他现在自己一样都做不了嘛，样样事都需要我们来整，所以家里随时都离不了人。吃饭要喂，洗澡要帮他洗，包括他撒尿屙屎都是我来弄。（个案访谈：D地S村某男性村民）
>
> 送到我们这里来的、腿脚不灵活的老人一般还算家庭条件好的，子女良心也好，不然的话，哪里有钱送过来。我们这里服务好呢。每餐饭都是工作人员抬到房间里，他们想自己吃就吃，不想动我们喂他们，药直接送到手上，每个星期都帮他们洗澡。只要天气好，每天两三次我们都用轮椅推他们下楼（坐电梯）晒晒太阳，带着他们做做操、活动一下。（个案访谈：E地老年公寓某工作人员）

此外，经济状况也是老年人自我养老资源的重要构成。由于区域经济发展水平、健康状况和受教育程度等各因素的综合影响，接受调查的老年人经济收入总体较差，处于“入不敷出”的状态，绝大多数老年人的存款为“0”。经济上的捉襟见肘极大限制了老年人的生活照料需要。

> 身体是身体不好，钱是钱不够用，我们真难呢。现在还好，还有政府每个月给的钱（指新农保），不管多少至少还有点用呢。但是也不够噻。你想想嘛，要吃的菜我们可以自己种点，但是如果要买点肉、买点生活用品都要用钱的嘛。我们自己没收入，也挣不到钱，不可能像城里人一样还找个保姆来照顾你，管你的吃喝拉撒。咋个办呢？有多大点钱就尽量过哪样日子了嘛。（个案访谈：E地M村某老年人）

有时候我就觉得，老了没钱就寸步难行。你看我家，老妈妈（指老婆）身体不好，只有我照顾她嘛。我不照顾哪个来，又没有多余的钱请保姆，而且也请不起。平时我们两个反正就是做得动的做做，做不动就算了，家里脏点乱点也不管了。（个案访谈：D 地 D1 村某男性老年人）

（二）家庭养老的生活照料供给状况

1. 家庭养老仍是西南农村占据首位的养老模式

当老年人生病或住院需要他人提供生活照料方面的帮助时，儿子或儿媳成了最主要的责任人（64.7%），其次是老伴（28.9%）、女儿/女婿（21.2%）。可见，儿女承担了生病或住院老年人生活照料的主要责任。

下列数据分析显示，老年人对于养老模式的选择主要倾向于“政府帮助，儿女养老”和“儿女养老”两种。具体表现为：

第一，从地域来看，D 地与 E 地的人数分布为 46.6%：53.4%，各养老方式的比例为 5%：45.1%：47.3%：1.4%：0.2%：1.1%。卡方检验结果分析，$X^2=11.29$，$P<0.05$，说明 D 地和 E 地的老年人对养老模式的选择存在差异（见表 4.19）。具体而言，D 地 47% 的老年人选择“儿女养老”，比 E 地的老年人高出 3.6 个百分点；44.3% 的 D 地老年人选择“政府帮助，儿女养老”，比 E 地的老年人低 5.6 个百分点。

表 4.19 不同地域老年人养老方式选择的交叉列联表分析结果

单位：人，%

类别			养老方式						总计
			自我养老	儿女养老	政府帮助，儿女养老	入住养老机构	购买商业保险养老	其他	
地域	D 地	计数	15	140	132	3	1	7	298
		地域内的%	5	47	44.3	1	0.3	2.3	100
		养老方式内的%	46.9	48.6	43.7	33.3	100	100	46.6
		占总计的%	2.3	21.9	20.7	0.5	0.2	1.1	46.6
	E 地	计数	17	148	170	6	0	0	341
		地域内的%	5	43.4	49.9	1.8	0	0	100
		养老方式内的%	53.1	51.4	56.3	66.7	0	0	53.4
		占总计的%	2.7	23.2	26.6	0.9	0	0	53.4

续表

类别			养老方式						总计
			自我养老	儿女养老	政府帮助，儿女养老	入住养老机构	购买商业保险养老	其他	
总计		计数	32	288	302	9	1	7	639
		地域内的%	5	45.1	47.3	1.4	0.2	1.1	100
		养老方式内的%	100	100	100	100	100	100	100
		占总计的%	5	45.1	47.3	1.4	0.2	1.1	100

第二，从受教育程度来看，老年人的受教育程度与养老方式选择之间存在显著关联，$X^2 = 21.18$，$P < 0.05$。具体而言，文盲老年人选择“儿女养老”的比例为46.4%，比受教育程度为小学和初中及以上的老年人分别高出2%和8.4%，其选择比例占养老方式总数的58.7%（见表4.20）。

表4.20 不同受教育程度老年人养老方式选择的交叉列联表分析结果

单位：人，%

类别			养老方式						总计
			自我养老	儿女养老	政府帮助，儿女养老	入住养老机构	购买商业保险养老	其他	
受教育程度	文盲	计数	15	169	173	4	0	3	364
		教育程度内的%	4.1	46.4	47.5	1.1	0	0.8	100
		养老方式内的%	46.9	58.7	57.3	44.4	0	42.9	57
		占总计的%	2.3	26.4	27.1	0.6	0	0.5	57
	小学	计数	13	100	107	3	0	2	225
		教育程度内的%	5.8	44.4	47.6	1.3	0	0.9	100
		养老方式内的%	40.6	34.7	35.4	33.3	0	28.6	35.2
		占总计的%	2.0	15.6	16.7	0.5	0	0.3	35.2
	初中及以上	计数	4	19	22	2	1	2	50
		教育程度内的%	8	38	44	4	2	4	100
		养老方式内的%	12.5	6.6	7.3	22.2	100	28.6	7.8
		占总计的%	0.6	3	3.4	0.3	0.2	0.3	7.8
总计		计数	32	288	302	9	1	7	639
		教育程度内的%	5	45.1	47.3	1.4	0.2	1.1	100
		养老方式内的%	100	100	100	100	100	100	100
		占总计的%	5	45.1	47.3	1.4	0.2	1.1	100

第三，从经济状况来看，收入等级与养老方式存在显著关联（X^2 = 41.95，$P<0.005$），即收入等级较高的老年人选择“自我养老”的比例高于其他四类老年人。同时，收入水平也与养老方式存在显著关联（$X^2=36.04$，$P<0.005$），即经济收入自评较高的老年人选择“自我养老”的比例高于其他三类老年人，经济收入自评较高的老年人选择“政府帮助，儿女养老”的比例低于其他三类老年人（见表4.21）。

表4.21　不同经济状况老年人养老方式选择的交叉列联表分析结果

单位：人，%

类别			养老方式						总计
			自我养老	儿女养老	政府帮助，儿女养老	入住养老机构	购买商业保险养老	其他	
收入等级	低收入	计数	1	56	60	2	0	1	120
		收入等级内的%	0.8	46.7	50	1.7	0	0.8	100
		养老方式内的%	3.2	21.2	20.9	22.2	0	16.7	20.1
		占总计的%	0.2	9.4	10	0.3	0	0.2	20.1
	中等偏下	计数	2	50	63	3	0	1	119
		收入等级内的%	1.7	42	52.9	2.5	0	0.8	100
		养老方式内的%	6.5	18.9	22	33.3	0	16.7	19.9
		占总计的%	0.3	8.4	10.5	0.5	0	0.2	19.9
	中等收入	计数	6	50	60	3	0	0	119
		收入等级内的%	5	42	50.4	2.5	0	0	100
		养老方式内的%	19.4	18.9	20.9	33.3	0	0	19.9
		占总计的%	1	8.4	10	0.5	0	0	19.9
	中等偏上	计数	5	52	59	1	1	1	119
		收入等级内的%	4.2	43.7	49.6	0.8	0.8	0.8	100
		养老方式内的%	16.1	19.7	20.6	11.1	100	16.7	19.9
		占总计的%	0.8	8.7	9.9	0.2	0.2	0.2	19.9
	高收入	计数	17	56	45	0	0	3	121
		收入等级内的%	14	46.3	37.2	0	0	2.5	100
		养老方式内的%	54.8	21.2	15.7	0	0	50	20.2
		占总计的%	2.8	9.4	7.5	0	0	0.5	20.2
总计		计数	31	264	287	9	1	6	598
		收入等级内的%	5.2	44.1	48	1.5	0.2	1	100
		养老方式内的%	100	100	100	100	100	100	100
		占总计的%	5.2	44.1	48	1.5	0.2	1	100

续表

类别			养老方式						总计
			自我养老	儿女养老	政府帮助，儿女养老	入住养老机构	购买商业保险养老	其他	
收入水平	偏高	计数	9	35	27	0	0	1	72
		收入水平内的%	12.5	48.6	37.5	0	0	1.4	100
		养老方式内的%	29	12.5	9.2	0	0	16.7	11.6
		占总计的%	1.5	5.7	4.4	0	0	0.2	11.6
	不高不低	计数	12	105	89	1	1	2	210
		收入水平内的%	5.7	50	42.4	0.5	0.5	1	100
		养老方式内的%	38.7	37.5	30.4	12.5	100	33.3	33.9
		占总计的%	1.9	17	14.4	0.2	0.2	0.3	33.9
	中等偏下	计数	6	66	58	1	0	0	131
		收入水平内的%	4.6	50.4	44.3	0.8	0	0	100
		养老方式内的%	19.4	23.6	19.8	12.5	0	0	21.2
		占总计的%	1	10.7	9.4	0.2	0	0	21.2
	偏低	计数	4	74	119	6	0	3	206
		收入水平内的%	1.9	35.9	57.8	2.9	0	1.5	100
		养老方式内的%	12.9	26.4	40.6	75	0	50	33.3
		占总计的%	0.6	12	19.2	1	0	0.5	33.3
总计		计数	31	280	293	8	1	6	619
		收入水平内的%	5	45.2	47.3	1.3	0.2	1	100
		养老方式内的%	100	100	100	100	100	100	100
		占总计的%	5	45.2	47.3	1.3	0.2	1	100

通过上述分析发现，当前中国的基本国情和西南农村经济发展水平决定了在很长一段时间之内，家庭养老仍是西南农村占据首位的养老模式。但家庭养老功能弱化的不争事实，让老年人对政府在养老过程中承担的角色及发挥的作用寄予了厚望。当问及老年人“担不担心自己的养老问题”时，回答为“不担心”的老年人对此的原因解释排在第二位的是“政府会管”，选择比例为26.8%。

2. 儿子是老年人生活照料的主体

有2—3个儿女且儿女健在的老年人占调查总数的54.5%，38.8%的老年人有3个以上儿女且儿女健在。儿女作为农村家庭养老的主要供养责任人在老年人的养老生活中扮演着重要角色，发挥着重要作用。

为了进一步探讨老年人与养老主要赡养人之间的社会联系和基本特征，本书对老年人的居住情况进行了细分。在老年人群体中，和配偶与儿女同住的老年人占调查总数的44.9%，和儿女住的老年人比例为34%，和配偶同住以及单独住的老年人比例分别为13.9%和6.4%。针对以上基本居住情况，可从四个方面进一步分析：其一，和配偶住、和配偶与儿女同住以及独自居住的老年人中，与儿女的居住距离为“住在同一栋房子”的为457人，占总数的80.2%。其中，95.4%的老年人能够享有独立住房。其二，和儿子住在一起的老年人比例为86.6%，和女儿住在一起的比例为12.5%。其三，和配偶与儿子同住的老年人比例为83.3%，和配偶与女儿同住的比例为12.9%。其四，独自居住的老年人中选择“生活能自理，不想麻烦儿女”选项的比例为36%，“儿女外出打工，不在家”的比例为16%，不和儿女同住的老年人中选择“生活能自理，不想麻烦儿女”选项的比例为28.9%，“儿女外出打工，不在家”的比例为24.5%（见表4.22）。

表4.22 老年人的居住情况

单位：人，%

居住情况		频率	有效百分比
和谁同住	和配偶住	88	13.9
	和儿女住	215	34
	和配偶与儿女同住	284	44.9
	单独住	40	6.4
	养老院/敬老院	1	0.2
	其他	4	0.6
合计		632	100
离异/丧偶和谁同住	住在儿子家	188	86.6
	住在女儿家	27	12.5
	轮流住在儿子/女儿/儿女家	2	0.9
合计		217	100
和配偶与谁同住	和配偶同住儿子家	239	83.3
	和配偶同住女儿家	37	12.9
	和配偶轮流住在儿子/女儿/儿女家	2	0.7
	与配偶分开，分别住在儿子/女儿/儿女家	9	3.1
合计		287	100

续表

居住情况		频率	有效百分比
居住距离	同一栋房子	457	80.2
	同一个村	62	10.9
	同一个村委会	7	1.2
	同一乡镇不同村委会	11	1.9
	同一县不同乡镇	22	3.9
	其他	11	1.9
合计		570	100
独立住房	有	495	95.4
	没有	24	4.6
合计		519	100
独住原因	无儿无女	2	4
	生活能自理，不想麻烦儿女	18	36
	住房有限，生活不便	5	10
	和儿女关系不好	2	4
	儿女外出打工，不在家	8	16
	喜欢一个人住	6	12
	其他	9	18
合计		50	100
不和儿女同住的原因	无儿无女	1	2.2
	生活能自理，不想麻烦儿女	13	28.9
	住房有限，生活不便	3	6.7
	和儿女关系不好	2	4.4
	儿女外出打工，不在家	11	24.5
	喜欢一个人住	1	2.2
	其他	14	31.1
合计		45	100

此外，从居住方式来看，西南农村老年人不论有无配偶基本是与儿子共同居住且能保证有独立房间，只不过共居方式有所不同。例如，有的老年人与儿子住在同一栋房子，但是“共居分食”；有的老年人住房紧挨着儿子或儿子在原有老房旁边新建住房，老年人把这些情况都视为“共同居住”。当然，如果将居住方式与其他变量（如生活自理情况、主要赡养人是否外出打工、

打工距离等）结合起来分析可以发现，老年人所谓的“住在一起”只是一种居住形式的认定，更多指的是“分家后”（尤其是多儿女的家庭）老年人归谁承担主要的赡养责任以及老年人与赡养人居住空间的关系，而不能反映居住事实，即外出打工增加收入是农村青壮年人口的流行选择，打工地点与家的距离远近不同，儿女回家频率也不同，相当一部分老年人与儿女事实上是“分居”。

（三）社会养老的生活照料供给状况

1. 为社会力量进入养老服务领域提供政策措施保障

为了激发市场活力和民间资本潜力，吸引社会力量进入养老服务领域为老年人提供高效、方便可及、优质的养老服务和产品，A 省出台了一系列政策措施：如 2010 年出台的《A 省人民政府办公厅关于加快推进养老服务事业发展的意见》明确提出，要“推进养老服务社会化、服务主体多元化、服务类型多样化和服务队伍专业化”①，从床位建设和运营补贴、就业专项资金补助、小额担保贷款和贴息支持、定点医疗管理和税费优惠等方面给予养老机构以大力支持；2014 年出台的《A 省养老机构设立许可实施办法》从设立条件、许可权限、许可程序、许可管理、监督检查、法律责任等方面进一步对养老机构的设立许可进行了规范；2017 年的《A 省人民政府办公厅关于支持社会力量发展养老服务业的实施意见》进一步确定对社会力量开放养老服务领域，提出“凡是法律法规没有明令禁止的养老服务领域，都允许社会力量进入”②。具体措施方面，A 省从 2015 年开始连续三年按每年安排 5000 万元的标准，对社会资本投资养老服务机构建设实施补助③。

2. 建立养老护理员培训基地，加强养老服务人员专业化建设

养老人才队伍建设和人才储备是社会性养老供给体系建设的基础环节，养老护理员的素质和服务能力关系着老年人是否能够得到妥当的照顾和称心的服务。A 省在“十三五”期间打造 6 个省级授权的养老护理员培训基地、

---

① A 省人民政府办公厅：《A 省人民政府办公厅关于加快推进养老服务事业发展的意见》，2010 年 7 月 8 日，http://www.yn.gov.cn/yn_zwlanmu/qy/wj/yzbf/201007/t20100708_20761.html，2017 年 11 月 17 日。

② A 省人民政府办公厅：《A 省人民政府办公厅关于支持社会力量发展养老服务业的实施意见》，2017 年 11 月 16 日，http://www.yn.gov.cn/yn_zwlanmu/qy/wj/yzbf/201711/t20171115_31072.htm，2017 年 11 月 22 日。

③ 新华网：《1.5 亿扶持社会资本投资养老服务机构》，2015 年 2 月 10 日，http://news.xinhuanet.com/gongyi/yanglao/2015-02/10/c_127479730.htm，2017 年 11 月 17 日。

学生实训基地，在每个州市建立1个养老服务指导中心，增强该省养老人才储备和护理实践技能培训，并将探索养老机构承接养老护理员培训的激励机制，通过政府购买服务方式解决该省养老护理员紧缺的迫切问题。

二　精神慰藉供给

（一）自我养老的精神慰藉供给状况

1. 配偶是老年人精神慰藉的重要支持

与第六次人口普查数据相比较，西南农村有配偶的老年人比例比全国低11.9%，离婚的比例比全国高出0.2%，丧偶的比例比全国高出12.6%。对于有配偶的老年人而言，配偶在老年人日常生活中，尤其精神慰藉方面的重要性不言而喻。78.7%有配偶的老年人选择与老伴倾诉心中的苦恼和烦心事，选择向子女等共同生活的亲人倾诉的比例为57.1%，其比例远远低于配偶。可见，西南农村老年人的婚姻状况会影响其精神慰藉满足。具体而言，57.9%丧偶老年人在日常生活中遇到苦恼和烦心事时更多选择不与他人言说。

2. 老年人精神慰藉的内容单调，方式单一

在日常生活中，老年人主要通过“看电视/看电影/看戏”（51.5%）、“做家务”（39.2%）、“串门聊天”（41.8%）、和“种菜/养鸡等”（23.1%）等活动来打发空闲时间。“做家务”和“种菜/养鸡等”属于劳作活动，而“看电视/看电影/看戏”和“串门聊天”活动是较低层次的娱乐活动，难以从较高层面提升和满足老年人的精神慰藉需要（见表4.23）。

表4.23　老年人的休闲生活安排情况

单位：人，%

活动	选择“是”的频率	有效百分比
抚育孙子女	140	21.8
串门聊天	268	41.8
参加民族/宗教活动	8	1.2
看电视/看电影/看戏	330	51.5
打麻将/扑克牌	56	8.7
跳舞（广场舞、秧歌、弹四弦等）	50	7.8
唱戏/唱歌	8	1.2
读书看报	11	1.7

续表

活动	选择"是"的频率	有效百分比
种菜/养鸡等	148	23.1
体育锻炼	21	3.3
做家务	251	39.2
其他	63	9.7

此外，西南农村老年人受教育程度普遍低下，例如，文盲占调查对象总数的71.8%，小学文化程度的占24.4%。受教育程度的低下极大限制了其对高层次精神文化生活或精神慰藉的追求。

（二）家庭养老的精神慰藉供给状况

1. 儿女是老年人精神慰藉需要满足的重要渠道

在赡养责任主体中，选择"儿子"的比例为87.5%，"女儿"占12.5%。可见儿子依然是西南农村老年人最主要的赡养责任人。35.7%承担赡养责任的赡养人外出务工，其中，54.7%的赡养人务工地点在家附近。外出务工的主要赡养人经常回家探望老年人的比例为36.9%，38.7%的老年人与儿女见面的次数很少（半年1—2次或一年1—2次）。62.9%的赡养人经常通过电话等方式与老年人联系，19.8%和17.4%的老年人儿女与其联系的频率为"一般"和"很少"。

通过前面的实证分析可知，外出打工/工作的儿女与老年人的联系频率影响着老年人的负性情绪和自尊因子的评价水平。可见，西南农村老年人的精神慰藉需要主要是通过儿女来满足的，这也符合中国传统家庭对亲情关系尤为重视的基本事实。

2. 儿女的务工距离较近，与老年人的联系越紧密，老年人得到的生活照料和精神慰藉也更多

从地域来看，D地和E地老年人与其主要赡养责任人之间的关系存在一定差异。首先，就D地而言，主要赡养责任人外出务工的比例为22.5%，他们的务工地点大多集中在家附近、镇上和县上，总体比例为60.6%，其中在县上务工的比例最高，为31.1%；外出打工或工作的儿女半年回家1—2次探望老人的比例在所有项目中最高，为53.2%；每天回家看望或打电话给老年人的比例为24.6%。其次，E地主要赡养责任人外出务工的比例为47.2%，

比D地高出24.7%，两个县之间差异显著（$X^2 = 40.7$，$P < 0.001$）。究其原因可能与E地矿产资源丰富有关，E地的H镇和I镇附近建有各种类型的国有或私有工矿企业，当地人不用离家太远就可以获得相应工作机会。因此，在回家频率变量上，两个地区之间差异显著（$X^2 = 29.18$，$P < 0.001$），E地赡养人在家附近或镇上务工的比例占总比例的64.7%，46.7%的主要赡养责任人每天都能回家，其比例远高于其他选项，也比D地高33.8%；在联系频率上，两个地区存在显著差异（$X^2 = 18.9$，$P < 0.01$），即E地每天都能回家亲自看望或打电话给老年人的比例为53.9%，比D地高出29.3%（见表4.24）。

表4.24　不同地域赡养责任人外出务工的基本情况

单位：人，%

类别		回答“是”的频率	有效百分比
赡养人是否外出打工/工作	D地	64	22.5
	E地	154	47.2
打工/工作地点在家附近/镇上	D地	18	29.5
	E地	99	64.7
每天回家的频率	D地	8	12.9
	E地	71	46.7
每天亲自看望或打电话给老年人	D地	15	24.6
	E地	82	53.9

（三）社会养老的精神慰藉供给状况

1. 加强老年组织建设

农村老年协会作为老年人的自组织在开展老年人喜闻乐见的文体活动以及老年人互助、帮扶方面发挥着积极作用。农村老年协会的组织和建设一直受到政府的关注和支持。C县采取“由所辖乡镇（街道）老龄办批准成立，报县老龄办备案，接受县、乡镇老龄办的业务指导”① 的办法，优化了老年协会的备案登记等手续。截至2016年，C县全县123个行政村（社区）均成立了老年协会，覆盖面达100%；有乡镇、村（社区）老年人协会147个（含

① 资料来源：C县民政局老龄办2016年相关统计资料。

县直分会22个、乡镇分会2个)，村(居)组老年协会分会661个，会员31000多人，参加老年协会的会员占该县老年人总数的91%。[①] 此外，为了解决老年协会办公和活动场所缺乏的问题，2016年，C县完成投资517万元建设了68个村组的老年活动室。

2. 引导老年组织开展丰富多样的文体活动

根据C县民政局老龄办2016年的相关材料，该县老年协会定期或不定期的组织老年文艺会演、才艺展示和体育健身活动，农村经常参与这些活动的老年人比例达50%以上；协会年均开展较大的文体活动6次以上，涉及20余个项目；各协会还利用闲暇之余自编戏剧、花灯、歌舞、小品等节目，每逢节日和重大庆祝活动时举行大型表演活动，并到农村、灾区开展慰问演出[②]。

第三节　满足老年人关系需要的养老供给可及性

一　生活照料供给的可及性

(一) 空间可及性基本有保证，时间可及性较差

老年人与儿女的居住距离以及肩负主要赡养责任的儿女外出务工等情况，都会影响老年人关系需要的空间和时间可及性。一般而言，和儿女的居住距离较近(同一栋房子或同一个村子)的老年人可以较为方便地获得来自于儿女或其他家庭成员的生活照料。本书中，78.9%的老年人要么与儿女同住，要么和配偶一起与儿女同住，且80.2%的老年人都是和儿女住在同一栋房子；单独居住的老年人仅有40人，占调查总数的6.3%。但是，考虑到外出务工成为当前西南农村青壮劳动力的一种流行选择，务工地点不管距离远近在一定程度上均有可能影响着老年人生活照料需要满足的及时性和便利性。因此，总体而言，西南农村老年人的生活照料需要满足的空间可及性基本有保证。

但是，空间或地理位置上的接近性并不意味着老年人的生活照料需要能够得到充分满足。这是因为，其一，儿女务工实际上降低了老年人及时、便捷地获得生活照料需要满足的时间可及性。本书35.7%被调查对象其儿女都

---

① 资料来源：C县民政局老龄办2016年相关统计资料。
② 资料来源：C县民政局老龄办2016年相关统计资料。

在外务工，且在外务工的儿女能经常回家的比例为 49.5%，38.7% 的儿女则很少回家；儿女很少看望老人或打电话给老年人的比例为 17.4%。农村大量青壮劳动力的外流造成了部分农村家庭的“空巢化”，老年人平日里如果生病、住院等只能自己照顾自己。其二，即便儿女未外出务工，但是为了生计或个人发展等目的，他们也并不一定有充分的时间和机会来照顾老年人的生活。这些基本事实说明，在西南农村老年人生活照料供给的时间可及性程度较差。

（二）经济可及性较差

第一，从老年人角度来说，由于年龄、健康状况以及缺乏有效的谋生手段等，其经济收入来源较为单一，经济收入水平普遍不高，更多的老年人主要依靠儿女的经济支持来维持自己的养老生活。因此，他们购买相关生活照料养老服务的支付能力较弱，经济可及性较差。

> （开办过程中遇到）最困难的事情就是资金问题。我们这个社区空巢和孤寡老人基本都会过来（居家养老服务中心），但是一般的老人是不怎么过来的，人家都不愿意来，都觉得有儿有女来这里面子上过不去，而且我们这里的服务都是要付费的。（个案访谈：E 地某居家养老服务中心 C 姓负责人）
>
> 去敬老院要让我姑娘儿子拿钱，他们拿不出来钱就去不了嘛，那我就只能在家里吃面汤。如果说姑娘儿子不拿钱也可以去敬老院，那我就可以去。（个案访谈：D 地 L 村 Z 姓老年人）

针对“如果养老院和敬老院面向社会招收老年人入住，那您愿意去吗？如果要收费，您认为每个月交多少钱比较合适？”的问题，愿意到养老院或敬老院养老的老年人中，51.9% 的老年人认为如果养老机构要收费，收费应该在 100 元以内，17.3% 的老年人认为在 101—200 元之内较为合适。

可见，在当前西南农村老年人收入普遍不高、支付能力极其有限的情况下，满足其关系需要的养老供给一定要考虑老年人的经济承受力。如果服务价格等超出老年人的实际支付能力，随之而来的是老年人的购买意愿和实际支付行为下降，最终造成“供大于需”的伪命题，损害老年人的利益。

第二，从养老供给服务方来说，调查点所属 A 省自 2012 年起按照“省市县三级居家养老服务中心投资120万元、农村居家养老服务中心投资60万元”① 的标准建设居家养老服务中心，由于区域经济发展差异和地方财政紧张等，存在资金不到位、缺口大等问题。

> 我们这个服务中心总投资是220万元，省上给了120万元，市里和县上配套了一些，现在还有30万元的缺口资金。资金投入不太够。（个案访谈：E地某居家养老服务中心C姓负责人）
>
> 按要求三类农村敬老院要设置60个床位，按这个标准盖的话需要200多万元。省民政厅给了180万元，缺的钱州人民政府也拿不出更多了。（个案访谈：D地J镇民政所L姓负责人）

因此，部分已经建成并投入使用的养老机构为了维持运转，会将场地或设施租借以获取一定运营资金。如E地某居家养老服务中心就将大楼的二楼至四楼外租给该地县医院当作实习医生的临时居所，收取的资金用于该中心的日常运营或返回村民小组。

（三）服务内容可及性程度不高

从赡养责任人的角度来看，儿女等家庭成员在日常生活中给老年人提供的更多是一些诸如“买菜、煮饭”“购买生活用品”“洗衣服”等属于工具性日常生活内容的照料。即便是老年人生病或住院，生活照料内容也更多局限在“送饭”“拿药/煨药等”和“陪护”等方面。

从政府和社会组织等服务供给方来看，居家养老服务中心、幸福院等机构由于资金、人手等原因，目前仅能从膳食（主要是午餐）、休息床位、娱乐场所（打牌、看电视等）等为老年人提供照料服务，与膳食供应、个人照顾、保健康复、休闲娱乐、精神慰藉、紧急援助为主要内容的设计目标和服务规划还存在很大差距。因此，服务内容简单、可选择项目少、同质化程度高，在一定程度上无法吸引老年人来购买服务。此外，此类机构一般设置在村委会，对于腿脚不便、高龄或生活不能自理的老年人而言，享受此类机构提供的托管照顾、午休餐饮、康复娱乐等日间照料服务困难重重，是不现实的，

① 资料来源：《C县2016年养老服务体系建设调研报告》，尤其是2011年至2015年社会养老服务体系建设省市专项资助项目名单。

而且此类“托老服务”可能无形中还增加了儿女的时间成本、出行成本和经济成本等。这也就是造成目前居家养老服务中心、幸福院等机构“健康老人很少去，其他老人基本看不到”的服务困境的一部分原因。

（四）服务方式可及性欠佳

就目前的供给状况来看，现有的社会养老供给体系并不能满足老年人的生活照料需要，可及性程度欠佳。具体表现为以下方面。

1. 居家养老服务的数量或质量都难以满足老年人需要

按照国家的规划定位，居家养老以上门服务为主要形式，是一种灵活、分散的供给模式。B县2012年获批立项居家养老服务中心1个，2013年获批4个，2014年获批1个，2015年获批3个，2016年获批1个，共立项10个，其中，4个设在城市，6个设在村委会。截至2016年12月30日，6个居家养老服务中心建成，4个在建或处于前期准备阶段，全部建成并投入使用后预计能提供154张床位为5740个老年人服务①（见表4.25）。B县老年人口占全县总人口的13.17%，其中，60岁以上的农村老年人总数为24329人，占全县总人口的9.68%②。C县共立项建设了16个居家养老服务中心；2015年建成完工的居家养老服务中心有9个（已建成并投入试营运管理的有8个），7个在建或未开工；2016年，未建成或开工的7个居家养老服务中心有1个已经完工，3个在建，2个未动工；预计16个居家养老服务中心建成并投入使用，能新增床位280个，可覆盖11456名老年人的使用需要③（见表4.26）。截至2016年5月，C县60岁以上老年人已达38562人，占全县总人口的13.53%。

表4.25　B县居家养老服务中心项目建设情况

项目名称	数量	建筑规模（m^2）	配备床位数（张）	服务人数（个）	建设情况	
					2015年	2016年
居家养老服务中心	10	5561.82	154	5740	—	6个建成 4个在建或未建

资料来源：B县老龄办：《B县2016年12月份城乡居家养老服务中心项目建设进度月报表》。

① 资料来源：《B县2016年12月份城乡居家养老服务中心项目建设进度月报表》。

② 资料来源：《2015年度A省老龄事业情况统计表》。

③ 资料来源：《C县2016年养老服务体系建设调研报告》，尤其是2011年至2015年社会养老服务体系建设省市专项资助项目名单，C县2016年养老服务项目建设落实情况。

表 4.26　C 县社会养老供给体系项目建设情况

项目名称	数量	建筑规模（m^2）	配备床位数（张）	服务人数（个）	建设情况	
					2015 年	2016 年
居家养老服务中心	16	12337	280	11456	9 个完工 7 个在建或未建	11 个完工 5 个在建或未建
农村幸福院	29	5366	145	14542	20 个建成 9 个未建	29 个建成
社会福利中心（老年公寓）	1	8900	144	不详	—	投入使用

资料来源：C 县民政局 2016 年相关统计材料。

可见，目前 B 县和 C 县所拥有的居家养老服务中心无论从数量还是服务质量上来说，覆盖率低，难以满足老年人的养老需要。

J 镇的很多村子都在准备建养老服务中心了，但是我们这里的条件相当差，不可能建起来。村里党员活动室都还没有建成，连小学校都没有，村里小孩要去石板河和五街上学。（个案访谈：D 地 M 村 L 姓村支书）

此外，已经建好的居家养老服务中心也小部分存在“挂羊头卖狗肉”的情况。调查点 D 地已建好的一所村级居家养老服务中心，现主要角色是村委会的办公地点，并未能真正发挥其为老年人服务的作用。

居家养老服务中心在具体运作过程中所遇到的困难，一方面来自老年人观念意识的局限性，老年人们对居家养老服务的认同度普遍不高。有的居家养老服务中心已经建成，但因没有老年人进入而未能开展服务工作。

（老人们）不愿意去，第一是思想问题，第二是儿女会觉得害羞，觉得“自己家的老人都养不好，而要去住养老院”。（个案访谈：D 地 H 村 Z 姓村支书）

办一个居家养老服务中心让老年人们去那里住也不现实，因为老年人知识水平不高，只要不生病就还会去做活，居家养老完全是一个摆设。另外，它根本就不可能每个村小组盖一个，哪怕盖到村委会都只是摆着，不会有人去那里住。（个案访谈：D 地 H 村 Z 姓村支书）

另一方面源于对“居家养老”的功能定位和服务内容宣传不到位。例如，上述H村的Z姓村支书在解释老年人为什么不愿意接受居家养老服务中心服务的原因时，就把居家养老服务中心认同为和养老院是同一性质的养老服务机构，认为老年人接受居家养老服务中心的服务就是“住”在居家养老服务中心。

2. 农村幸福院还未正式发挥应有作用

农村幸福院属于由村委会主办和管理的公益活动场所，是集日间休息、休闲娱乐等功能为一体的综合性日间照料服务中心，与村庄集体经济的发展程度密切相关。C县目前共建成29个农村幸福院，设计规划145个床位，预计可为14542位老年人提供养老服务（见表4.26）。截至2017年2月，D地和E地还没有真正投入使用的农村幸福院。有的幸福院就设在村委会某一间办公室，虽然挂了牌，但主要功能是办公室办事地点；有的农村幸福院已经授牌，但没正式挂牌服务。很多老年人都没听说过“幸福院”这个名词，更不知道具体用途是什么，但听调查员描述其功能和作用后，大多数老年人均表示：

> 这是个好事嘛。有了幸福院那我们就有地方玩了，也有个地方说说话了。（个案访谈：E地某受访老人）

3. 机构养老服务覆盖面窄，资源闲置

机构养老的服务对象主要为失能、半失能老人，是完全集中化的专门服务供给。农村地区政府层面的机构养老主要为五保户供养制度和敬老院集中养老模式。目前，在西南农村，机构养老所面临的困境表现为。

（1）机构养老规模普遍不大，覆盖率不高

就D地J镇而言，全镇共1个敬老院（建于1993年），设置床位数15张，实际供养的老年人为3人，整个敬老院加上管理人员一共5人。[①] C县有12所乡镇敬老院，养老床位510张，集中供养的226位“五保户”仅占全县“五保户”总数的26.8%[②]，集中供养比例较低。

---

① 资料来源：实地访谈所得。

② 资料来源：《B县2016年度老龄事业情况统计表》；《C县2016年度老龄事业情况总结汇报表》。

由于机构养老属于救济型社会福利，服务对象具有一定排他性。具体而言，敬老院集中供养对象的吃、穿、住、医、葬等由国家和集体经济实行“大包干”，入住资格仅是针对五保户和“三无”老人，大多数老年人并不符合这一基本条件。

> 我听好多老人说：“我们想进去（敬老院），但是我们有娃娃，有儿女，不准进。”所以说，你问他愿不愿意进敬老院，有人愿意，但人家（敬老院）不给进，没有政策。我个人认为，在政策允许的情况下，敬老院的供养对象能不能扩大一点？（个案访谈：E 地 I 镇 P 姓工作人员）

（2）老年人入住养老机构的意愿较低

相对于政府“大包干”的敬老院，民办养老机构则属于自负盈亏，营利性和商业性决定了其运作必须依据市场规律来进行，最直接的就是养老服务内容、项目、设施等均需要个人自费。此类机构提供的服务对收入不高甚至“入不敷出”的西南农村老年人来说是可望而不可即的。此外，根深蒂固的“养儿防老”观念和某些落后的传统思想以及对民办养老机构的局限认知甚至是片面认知等，使得很多老年人对入住养老机构存在抵触情绪或偏见和误解，有的老年人甚至表示不管任何情况都不会去民办养老机构。

问卷调查显示，对于“是否愿意进养老院或敬老院养老?”这一问题，88.8%的老年人选择回答“不愿意”，有入住意愿的老年人仅占总数的1.4%。进一步对有入住意愿的老年人进行分析，结果发现存在着性别差异（$X^2=7.7$，$P<0.01$），男性老年人愿意入住养老机构的比例比女性老年人高出7%，这可能与女性老年人和男性老年人生活自理能力的高低有关。询问有入住意愿的老年人“在什么情况下愿意到养老院或敬老院养老?”原因解释主要集中为“生活不能自理”和“儿女不愿意赡养”，选择比例均为31.4%。

表4.27的数据显示，不同类别老年人对不愿意入住养老机构的选择和原因解释存在差异。（1）从地域来看，E 地因为怕“儿女不同意”而不愿意入住养老机构的老年人比例比 D 地老年人高出15.6%，两地之间存在显著差异（$X^2=14.52$，$P<0.001$）；D 地老年人选择待在养老机构“不自由”的比例比 E 地老年人高出13.8%（$X^2=25.36$，$P<0.001$）。（2）从性别来看，女性老年人选择“儿女不同意”而不愿意入住养老机构的比例比男性老年人高出

20.4%（$X^2=6.15$，$P<0.05$）；男性老年人因为待在养老机构“不自由”而不愿入住的比例比女性老年人高出5.6%（$X^2=3.9$，$P<0.05$）。（3）从年龄来看，年龄越大的老年人越可能因为“儿女不同意”而不愿意入住养老机构。70—79岁的老年人选择比例比60—69岁的老年人高出12.5%（$X^2=8.12$，$P<0.005$），而80岁及以上的老年人选择比例则分别比70—79岁的老年人和60—69岁的老年人高出24.3%和11.8%（$X^2=17$，$P<0.001$）。

表4.27 不同类别老年人不愿入住养老机构的原因分析

单位：人，%

类别			回答“是”的频率	有效百分比
儿女不同意	地域	D地	82	30.1
		E地	137	45.7
	性别	男性	72	32
		女性	144	42.4
	年龄	60—69岁	95	31.1
		70—79岁	88	43.6
		80岁及以上	36	55.4
不自由	地域	D地	53	19.5
		E地	17	5.7
	性别	男性	35	15.6
		女性	34	10

此外，地方性文化对老年人的入住意愿也会产生消极影响。在当地部分农村居民观念中，晚辈如果把老人送到养老机构会被视为不孝，因此，有需要的家庭迫于传统观念束缚、社会舆论和内心压力一般都选择家庭供养。例如，D地L村一位女性老年人患有精神病，如果家属照看不周就会到处乱跑，女儿和入赘女婿曾想过将老母亲送入养老院由专人照护，但因为害怕舆论而选择放弃：

> 最害怕村里的人说三道四。我们就害怕别人说老人有女儿还有我这个上门女婿，怎么还把老人送去养老院呢。所以不管怎么辛苦，我还是让她待在家里。（个案访谈：D地L村某村民）

二 精神慰藉供给的可及性

（一）空间可及性基本有保证，时间可及性较差

一般而言，老年人生活照料和精神慰藉的空间和时间可及性是紧密联系在一起的。儿女与老年人的居住距离越近，意味着老年人就近获取精神慰藉的可能性越高、越方便，彼此间也易于形成较为紧密的情感联系。但是，相当一部分承担赡养责任的青壮劳动力外出务工的实际情况造成了老年人精神慰藉需要无法得到充分满足。因此，就精神慰藉需要的空间可及性而言，其实现程度只能是基本有保证。

此外，儿女忙于生计或个人发展，可能无法从时间上充分保障与老年人进行及时性的沟通、交流和经常性的精神抚慰，甚至疏于与老年人进行情感上的人际互动，可能造成老年人长期缺乏亲情的抚慰，精神空虚。因而，精神慰藉需要的时间可及性较差。

（二）经济可及性较差

幸福院/居家养老服务中心等养老服务机构开设初衷是为老年人提供力所能及的精神慰藉或生活照料服务。相关数据分析显示，老年人对“娱乐设施及场地”的需要显著高于“午餐/晚餐”等生活照料内容。针对“如果村寨里这些白天为老年人养老服务的地方能为您提供想要的服务，您认为每个月交多少钱比较合适?”的问题，表4.28显示，87.5%的老年人认为收费在100元以内比较合适。可以说，老年人的经济收入情况限制了他们购买养老服务的能力。

表4.28 老年人购买养老服务的支付能力

单位：人，%

支付能力	频率	有效百分比
<100元	390	87.5
101—200元	29	6.5
201—300元	18	4.1
>300元	8	1.9
合计	446	100

（三）服务内容可及性程度较低

在调查和访谈过程中发现，政府或其他组织满足老年人关系需要的养老

服务供给更多倾向于城镇或条件较好的地区，农村尤其是到具体的村落，此类供给基本很难“下沉”。同时，伴随着传统养老文化的消解，老年人获得来自于具有本地特色的文化或精神方面的支持也越来越少。总体而言，满足西南农村老年人精神慰藉需要的养老服务内容可及性程度不高，表现为以下几方面。

1. 精神慰藉活动或服务供给数量极少

当老年人缺乏来自儿女的精神需要满足，村寨、社区等集体组织以及自组织的养老福利输出作为一种情感“补遗”① 可以使老年人感受到来自他人和社会的关爱。但现实情况却表现为，一方面老年人强烈需要娱乐设施和场地、餐食等服务，另一方面 80.9% 的老年人均表示所在村寨没有举办过专门的尊老、敬老、养老活动。回答为“有”的老年人对此的解释是，有的村寨每年还会组织极少数的活动，但举办次数很少，内容单一。比如，调查中的部分彝族村寨每年还会组织一次“祭龙”，祈福和凝聚人心的初衷逐渐在淡化，活动最直接和主要的目的是全村人一起聚餐。对于某些村寨的老年人来说，村寨或老年协会组织的活动就是每年重阳节将所有老年人组织起来聚餐一次。这些活动举办次数极其有限，且内容基本流于形式，仅是借某个节日或庆典等为老年人提供一顿餐食，既起不到弘扬尊老、敬老、养老社会理念的作用，也不会对改善老年人的养老生活产生实际支持。

2. 精神文化生活内容单一，方式单调

当问及“平时如何打发空闲时间”时，老年人的选择主要为“看电视/看电影/看戏”“串门聊天”和“做家务”，比例分别为 51.5%、41.8% 和 39.2%。在休闲娱乐活动选择上，西南农村老年人仅在“抚养、教育孙儿女”（$X^2 = 4.39$，$P < 0.05$）、“打麻将/扑克牌等”（$X^2 = 13.76$，$P < 0.001$）、“唱戏/唱歌”（$X^2 = 7.08$，$P < 0.01$）、“体育锻炼”（$X^2 = 12.39$，$P < 0.001$）四个项目选择上存在差异，这可能与当地老年人生活方式或养老服务供给差异有关。此外，由于农村老年人受教育程度普遍低下，他们追求高层次精神文化生活或精神慰藉的可能性受到了极大限制。例如，E 地 I 镇的老年活动中心专门开设了“农家书屋”，但前去借阅的老年人寥寥无几。

作为一种公益性活动场所，居家养老服务中心和农村幸福院等承载着为老年人提供文化娱乐等日间照料功能。在实际运作过程中，此类机构所能提

① 印子：《优势视角下农村养老需要及其自组织满足》，《中州学刊》2017 年第 9 期。

供的文化娱乐活动缺乏计划性、目的性和系统的组织和管理，更多是老年人的自发活动，集中在浅表的人际互动阶段，很难在知识更新、健身养心、娱乐交际等方面给予老年人更多实质性支持和帮助。

> 这些老人聚在一起聊聊天、看看电视，身体好的老人有时候会聚在一起唱唱歌、跳跳舞，其他的也没什么了。(个案访谈：E地某居家养老服务中心C姓负责人)

总体而言，西南农村老年人精神文化生活较为贫乏，表现为精神慰藉内容单一、方式单调。

(四) 服务方式可及性较差

在政府的领导和支持下，绝大多数村寨都成立了老年人的自组织——老年协会，大多数老年人加入了该组织。在调查中，由于成员素质参差不齐以及各自实际情况的不同，老年协会的组织和管理较为松散，活动开展次数较少，且形式和内容较为单一，被调查对象普遍提及的老年协会组织的活动就是一年一次的重阳节聚餐。

村寨里常见的集体性活动一般发生在婚丧嫁娶等重大事件和场合，大多都是村民自发、自筹资金完成。仪式通常会伴随一定的风俗活动，如请毕摩或道师做法事、念经等；也会有一些具有地方性特色的娱乐活动，如老年人聚在一起跳脚、弹三弦、唱歌等。此外，婚丧嫁娶的重头戏就是宴席。

与城市相比，西南农村公共文化设施严重不足，高质量、优秀的文化娱乐产品很难“下沉”，老年人精神文化生活或精神慰藉需要满足的渠道和手段极其有限。总体而言，西南农村老年人精神慰藉供给的服务方式可及性较差。

第五章　西南农村老年人的发展需要与养老供给

第一节　老年人的发展需要

一　老年人的社会参与需要

（一）社会参与需要的基本情况

老年人的社会参与需要体现在经济活动、社会活动、文化活动、政治活动、人际交往五个方面。

第一，从经济活动的社会参与来看，54%的西南农村老年人仍在从事着生产劳动（种植、饲养、打零工、做手工等），46%的处于赋闲在家状态。其中，男性老年人参与生产劳动的比例比女性老年人高出11.2%；60—69岁老年人的劳动参与比例比70—79岁和80岁及以上老年人分别高出31%和57.5%。

第二，从社会活动的社会参与来看，21.8%的老年人承担了抚养和教育孙辈的活动，39.2%的老年人通过家务劳动的方式继续在为家庭或儿女提供着力所能及的支持和帮助。

第三，从文化活动的社会参与来看，西南农村老年人参与村寨、社区举办的相关活动的积极性不高，“每次都参加”此类活动的老年人比例为79.8%，“偶尔参加”活动的老年人比例为8.6%，不参加活动的老年人比例分别为24.3%。

第四，从政治活动的社会参与来看，老年人的政治活动参与行为和参与意识角度都较低。其一，从参与行为角度看，愿意参与村寨大事商议的老年人比例为44.4%，参与村委会选举的比例为30.3%，参与村规民约的制定和修改的比例为463%。其二，从参与意识角度看，23.4%的老年人选择不介入、不参与村寨事务或参政议政，他们把原因更多归结为“不感兴趣”“不喜欢”或“年龄大，不方便”等。一般而言，参与意识比参与行为重要，参与意识不一定引发参与行为，但参与行为必然与参与意识密切相关。

第五，从人际交往的社会参与来看，西南农村老年人的人际网络狭窄，人际交往主要局限在家庭成员内部，工具性或情感性社会支持也更多局限于家庭成员内部的互相帮扶。如，当老年人需要帮助时，其支持和帮助的提供对象主要为儿女（74.8%）或配偶（72.7%）。相对应地，老年人愿意全力帮助的对象也更多指向于配偶（80.8%）和儿女（68.2%），而当亲戚、朋友或邻居需要帮助时，只有41.4%的老年人表示愿意全力帮助，其比例远远低于对儿女和配偶的帮扶。

通过上述分析可以得知，西南农村老年人社会参与需要的强度不高。

（二）社会参与需要的比较分析

西南农村老年人的社会参与需要存在的差异主要体现在经济活动以及人际交往的社会参与需要上。

1. 经济活动的社会参与需要的影响因素

老年人经济活动的社会参与需要主要受到地域、性别、年龄和婚姻状况等个人特征的显著影响。

第一，不同地域老年人从事经济活动的情况存在着显著差异。地域的人数分布比例为46.7%和53.3%，经济活动各具体内容（种植、饲养、打零工、做手工、闲着等）的比例为37.9%、11.1%、1.1%、1.2%、46%、2.8%（见表5.1），两个变量所构成的列联表以卡方检验分析的结果显示，$X^2=36.92$，$P<0.001$。D地老年人从事农业生产的比例比E地老年人高出19.5%。

表5.1　不同地域老年人参加经济活动的交叉列联表分析

单位：人，%

类别			经济活动						总计
			种植	饲养	打零工	做手工	闲着	其他	
地域	D地	计数	132	49	1	3	106	9	300
		地域内的%	44	16.3	0.3	1	35.3	3	100
		经济活动内的%	54.3	69	14.3	37.5	35.9	50	46.7
		占总计的%	20.6	7.6	0.2	0.5	16.5	1.4	46.7

续表

类别			经济活动						总计
			种植	饲养	打零工	做手工	闲着	其他	
地域	E 地	计数	111	22	6	5	189	9	342
		地域内的%	32.5	6.4	1.8	1.5	55.3	2.6	100
		经济活动内的%	45.7	31	85.7	62.5	64.1	50	53.3
		占总计的%	17.3	3.4	0.9	0.8	29.4	1.4	53.3
总计		计数	243	71	7	8	295	18	642
		地域内的%	37.9	11.1	1.1	1.2	46	2.8	100
		经济活动内的%	100	100	100	100	100	100	100
		占总计的%	37.9	11.1	1.1	1.2	46	2.8	100

第二，性别和经济活动变量所构成的列联表以卡方检验分析的结果显示，男性老年人从事经济活动的比例显著高于女性（$X^2=13.36$，$P<0.05$）。总体而言，男性老年人从事经济活动的比例比女性老年人高出 9.6%。

表 5.2 不同性别老年人参加经济活动的交叉列联表分析

单位：人，%

类别			经济活动						总计
			种植	饲养	打零工	做手工	闲着	其他	
性别	男	计数	108	35	6	2	106	9	266
		性别内的%	40.6	13.2	2.3	0.8	39.8	3.4	100
		经济活动内的%	45.2	49.3	85.7	25	36.3	50	41.9
		占总计的%	17	5.5	0.9	0.3	16.7	1.4	41.9
	女	计数	131	36	1	6	186	9	369
		性别内的%	35.5	9.8	0.3	1.6	50.4	2.4	100
		经济活动内的%	54.8	50.7	14.3	75	63.7	50	58.1
		占总计的%	20.6	5.7	0.2	0.9	29.3	1.4	58.1
总计		计数	239	71	7	8	292	18	635
		性别内的%	37.6	11.2	1.1	1.3	46	2.8	100
		经济活动内的%	100	100	100	100	100	100	100
		占总计的%	37.6	11.2	1.1	1.3	46	2.8	100

第三，老年人从事经济活动存在着年龄差异（$X^2=139.6$，$P<0.001$），

即年龄越大的老年人从事生产劳动等经济活动的比例越低，选择赋闲在家的比例越高，这一结果与老年人伴随着年龄增加劳动能力降低的事实相吻合（见表5.3）。

表5.3 不同年龄老年人参加经济活动的交叉列联表分析

单位：人，%

类别			经济活动						总计
			种植	饲养	打零工	做手工	闲着	其他	
年龄	60—69岁	计数	190	43	5	4	92	12	346
		年龄内的%	54.9	12.4	1.4	1.2	26.6	3.5	100
		经济活动内的%	78.2	60.6	71.4	50	31.2	66.7	53.9
		占总计的%	29.6	6.7	0.8	0.6	14.3	1.9	53.9
	70—79岁	计数	52	23	1	3	140	6	225
		年龄内的%	23.1	10.2	0.4	1.3	62.2	2.7	100
		经济活动内的%	21.4	32.4	14.3	37.5	47.5	33.3	35
		占总计的%	8.1	3.6	0.2	0.5	21.8	0.9	35
	80岁及以上	计数	1	5	1	1	63	0	71
		年龄内的%	1.4	7	1.4	1.4	88.7	0	100
		经济活动内的%	0.4	7	14.3	12.5	21.4	0	11.1
		占总计的%	0.2	0.8	0.2	0.2	9.8	0	11.1
总计		计数	243	71	7	8	295	18	642
		年龄内的%	37.9	11.1	1.1	1.2	46	2.8	100
		经济活动内的%	100	100	100	100	100	100	100
		占总计的%	37.9	11.1	1.1	1.2	46	2.8	100

第四，不同婚姻状况老年人从事生产劳动等经济活动的状况存在差异，卡方检验分析的结果为$X^2=26.77$，$P<0.001$，即，有配偶的老年人从事农业生产的比例比无配偶老年人高（见表5.4）。造成这一结果的可能原因为：其一，女性老年人的经济活动参与率低于男性老年人（见表5.2）；其二，调研对象中，高龄、丧偶的女性老年人比例高于男性老年人，且年龄越大的老年人其生产劳动参与率越低。

表 5.4 不同婚姻状况老年人参加经济活动的交叉列联表分析

单位：人，%

类别			经济活动						总计
			种植	饲养	打零工	做手工	闲着	其他	
婚姻状况	有配偶	计数	165	47	6	3	144	11	376
		婚姻状况内的%	43.9	12.5	1.6	0.8	38.3	2.9	100
		经济活动内的%	68.8	66.2	85.7	37.5	49	61.1	58.9
		占总计的%	25.9	7.4	0.9	0.5	22.6	1.7	58.9
	无配偶	计数	75	24	1	5	150	7	262
		婚姻状况内的%	28.6	9.2	0.4	1.9	57.3	2.7	100
		经济活动内的%	31.3	33.8	14.3	62.5	51	38.9	41.1
		占总计的%	11.8	3.8	0.2	0.8	23.5	1.1	41.1
总计		计数	240	71	7	8	294	18	638
		婚姻状况内的%	37.6	11.1	1.1	1.3	46.1	2.8	100
		经济活动内的%	100	100	100	100	100	100	100
		占总计的%	37.6	11.1	1.1	1.3	46.1	2.8	100

2. 人际交往的社会参与需要的影响因素

（1）社会支持

第一，在个人特征方面，日常生活自理情况（失能情况）和收入水平显著影响着西南农村老年人的社会支持评价和满意度。

其一，表5.5和表5.6的单因素方差分析结果显示，“轻度失能”的老年人所获得的社会支持得分的均值与“正常”和“中度及以上失能”的老年人存在显著差异（$F=5.95$，$P<0.005$）。即，“轻度失能”老年人的日常生活自理存在一定困难，但这些困难不足以完全影响其生活或完全需要他人来提供帮助，因此，相对于“正常”老年人（日常生活完全自理）和“中度及以上失能”老年人（生活自理已受到严重影响，需要他人更多更全面的帮助和支持），“轻度失能”老年人得到的社会支持较少且评价也较低。

其二，经济收入自评水平不同的老年人在社会支持因子得分上存在差异（$F=3.14$，$P<0.05$）。经事后比较 *LSD* 检验发现，经济收入自我评价为“偏低”的老年人对社会支持的评价和满意度低于评价水平为“不高不低”的老年人，其他评价类别的老年人之间不存在差异（见表5.5和表5.6）。

表 5.5 不同类别老年人社会支持评分比较（$\bar{X}\pm S$）

类别		社会支持			
		n	$\bar{X}\pm S$	F	p
失能情况	正常	550	11.17±3.41	5.95	<0.005
	轻度失能	53	12.77±4.14		
	中度及以上失能	16	10.25±2.24		
收入水平	偏高	73	11.44±3.22	3.14	<0.05
	不高不低	209	10.87±3.18		
	中等偏下	132	11.14±3.66		
	偏低	207	11.85±3.34		

表 5.6 不同类别老年人社会支持的 *LSD* 检验

类别			均值差	标准误	显著性
失能情况	轻度失能	正常	1.6	0.5	0.001
		中度及以上失能	2.52	0.99	0.011
收入水平	偏低	不高不低	1.32	0.39	0.001

第二，在社会特征方面，儿女务工的地理距离和回家频率显著影响着老年人所能得到的社会支持及评价。

其一，表 5.7 和表 5.8 的单因素方差分析结果显示，儿女务工距离远的老年人在社会支持因子上的得分高于距离为“附近”和“有点距离”的老年人，对所获得的社会支持的满意度也更低（$F=3.78$，$P<0.05$）。

其二，外出务工儿女的回家频率显著影响着老年人的社会支持水平（$F=3.07$，$P<0.05$）。儿女的回家频率为“很少”的老年人对其所获得的社会支持的评价和满意度低于儿女“经常”回家的老年人（见表 5.7 和 5.8）。

表 5.7 不同类别老年人社会支持评分比较（$\bar{X}\pm S$）

类别		社会支持			
		n	$\bar{X}\pm S$	F	p
务工距离	附近	117	10.87±3.02	3.78	<0.05
	有点距离	57	11.05±3.56		
	距离远	40	12.50±3.57		

续表

类别		社会支持			
		n	$\bar{X} \pm S$	F	p
回家频率	经常	106	10.65 ±3.06	3.07	<0.05
	一般	25	10.92 ±3.21		
	很少	83	11.82 ±3.49		

表 5.8 不同类别老年人社会支持的 *LSD* 检验

类别			均值差	标准误	显著性
务工距离	距离远	附近	1.63	0.6	0.007
		有点距离	1.45	0.68	0.033
回家频率	很少	经常	1.17	0.48	0.015

（2）婚姻与家庭

婚姻与家庭关系是老年人人际交往社会参与的重要表现之一。对于西南农村老年人而言，其婚姻与家庭关系受到婚姻状况和收入水平等个人特征的显著影响。

其一，独立样本 *t* 检验结果显示，配偶健在的老年人和无配偶的老年人在婚姻与家庭因子上的均值分别为 2.77 和 2.94，方差同质性的 *Levene* 检验达到显著（$F=9.43$，$P<0.005$），说明有配偶的老年人在婚姻和家庭因子上有着更高的满意度（见表 5.9）。

表 5.9 不同婚姻状况老年人婚姻与家庭独立样本 *t* 检验结果

婚姻状况	频率（n）	平均数	标准差
有配偶	377	2.77	1.02
无配偶	261	2.94	1.21

其二，根据表 5.10 和 5.11，将自己的收入与村寨里其他老年人相比做出“偏低”评价的老年人，其婚姻与家庭因子得分的平均数显著高于经济水平评价为“偏高”“不高不低”和“中等偏下”的老年人（$F=5.23$，$P<0.005$），其他评价类别的老年人之间不存在差异。结果显示，收入水平“偏低”的老年人对婚姻与家庭关系满意度较低。

表 5.10 不同收入水平老年人婚姻与家庭因子评分比较（$\bar{X} \pm S$）

类别	婚姻与家庭			
	n	$\bar{X} \pm S$	F	p
偏高	73	2.68 ±0.98	5.23	<0.005
不高不低	209	2.72 ±0.98		
中等偏下	132	2.76 ±1.06		
偏低	207	3.1 ±1.28		

表 5.11 不同收入水平老年人婚姻与家庭的 *LSD* 检验

收入水平		均值差	标准误	显著性
偏低	偏高	0.41	0.15	0.006
	不高不低	0.37	0.11	0.001
	中等偏下	0.34	0.12	0.006

（三）社会参与需要的特点

根据上述实证分析得知，西南农村老年人社会参与需要的基本特点表现为以下两方面：其一，从经济活动、社会活动、文化活动、政治活动和人际交往方面来看，老年人社会参与的意愿较低，积极性不高，社会参与需要表现不明显。其二，老年人的社会参与需要存在的差异主要体现在经济活动以及人际交往的社会参与需要上。其中，其经济活动的社会参与需要主要受到地域、性别、年龄和婚姻状况等个人特征的显著影响；日常生活自理情况以及收入水平等个人特征以及儿女的务工距离和回家频率等社会特征显著影响着老年人的社会支持；老年人的婚姻与家庭关系则受到婚姻状况和收入水平的显著影响。

二 老年人的自主需要

（一）自主需要的基本情况

适度继续社会化可以提升老年人的晚年生活质量，是促进老年人享有自主性和控制感及实现自我价值的保证。根据前文的分析可知，购买日常生活用品、坐车外出、保管钱物、打电话等工具性日常生活能力是困扰老年人正常生活和参与社会活动的重要因素。一般而言，这些能力如果受损或发生障碍可以通过继续社会化的方式培养或获得，但仅有 1.8% 的被调查者有学习打电话、存取钱等社会新技能的意愿。

> （您愿意学习如何存钱、取钱或使用电话吗?）人老了，学不会了，也没有那个必要了嘛。（那如果您要用到电话或要取钱怎么办?）娃娃得闲么让娃娃整，不得闲么就算了，不用了嘛。（个案访谈：E 地 I 镇 D1 村某老年人）
>
> 老倌（指丈夫）会接电话，不会打。这些现代的东西我们弄不清，学也学不会嘛，也不用费精神了。（个案访谈：D 地 L 村某老年人）
>
> 老人聚在一起就是吹吹牛、打打牌，你说教他们打电话、用存折么，他们都不会学呢。年纪大了，哪个还有那点精神力气。（个案访谈：D 地某村村支书）

可见，西南农村老年人适度继续社会化的意愿较低。

（二）自主需要的影响因素

根据人的需要理论，行为意图和追求目标的行为能力是表达人的自主需要的两个重要变量。11.2%的被调查者愿意入住社会养老机构养老，而大多数不愿意入住的老年人一方面是思想观念上接受不了（46.3%）；另一方面则是怕儿女不同意（38.3%）。当然经济负担也是一个不得不考虑的现实问题，94.7%的被调查者可接受的社会养老机构收费在 100 元以内。因而，老年人寻找适合自身情况的养老解决方案仍然受到了传统观念、家庭内部期待及社会经济状况等的制约。

> 不会去养老院养老，我倒是接受不了，我不是有 2 个儿子、1 个姑娘呢嘛，又不是没有人养。进这些养老院要交钱呢，没得钱谁让你去呀。再说啦，就算我想去，儿女肯定不同意嘛，我去了，他们没有面子，会被别人说呢。（个案访谈：E 地 H 镇某老年人）
>
> 你说让这些老年人住到养老院，肯定有人想去的嘛。但是，一个是家里面的人不会同意，他们要脸面的嘛，哪怕他们顾不上管老人，老人住进去还是面子上不好看嘛。另一个呢，年轻人也不容易，哪有那么多的闲钱给老人住养老院，儿女不给钱，老人哪里来的钱。所以不现实。

（个案访谈：D 地 M2 村某村民小组组长）

（三）自主需要的特点

通过实证分析发现，西南农村老年人的自主需要基本处于受挫状态。一方面表现为老年人适度继续社会化的意愿较低；另一方面，诸如观念意识、经济状况等主客观因素限制了老年人寻求自我控制和表达自主意愿的可能。

第二节 满足老年人发展需要的养老供给及其可及性

一 社会参与供给

从社会参与的经济、社会、文化、政治和人际等方面来看，第一，老年人所表现出来的依靠自己的劳动力获取劳务报酬以及帮助儿女照看孩子等经济或社会活动，实质上并不完全是老年人社会参与需要的体现。换言之，老年人的高劳动参与率与低劳动能力（年龄大、健康状况欠佳、普遍患慢性病等）之间的巨大差距，更多是老年人在经济不富裕、缺乏社会保障或出于给儿女减轻负担目的下不得不做出的一种妥协或无奈之举，而非老年人获得自我扩大、自我增强、自我完整感的发展需要。如有老年人谈道：

> 做不动还不是要做，如果不做就没有吃的，也没有钱花。趁着我现在还能动，能苦钱就苦点，动不了的时候么就没有办法了。（个案访谈：E 地 H 镇某老年人）
>
> 平时主要领领小孙子，没有办法，小儿子在县城打工，个把月才回来一回。另外还看看电视、做些家务。（个案访谈：D 地 D1 村某老年人）

第二，由于被调查对象受教育程度普遍不高，老年人很少有想要参与社会事务、发挥自己能力和余热的愿望和要求。同时，有限的知识和经验限制了他们对文化、政治等事务的感知和参与的积极性。此外，村寨、社区或相关组织也极少组织能促发老年人参与热情的活动。例如，57.4% 和 69.4% 的老年人都指出所在村寨、社区基本不举办社区活动，老年人即使有社会参与的意愿也无具体途径得以实现。

第三，西南农村老年人的人际交往圈子和社会互动范围非常狭窄，信息交流、情感联络、关爱互助主要围绕家庭成员展开。家庭之外的村民间互助互帮的范围更多涉及婚丧嫁娶等红白事，互助形式不同。如，有的村寨是村委会牵头以村规民约的方式确立：

老人过世了，村里面的人都会来帮忙，一户去两个人。不论红事还是白事都这样，这是村委会规定的。（个案访谈：D地Q村村长）

有的村寨则是村民自发，以“换工”或“出钱请帮忙”的方式实行互助，但在实际运作中也存在诸多问题。访谈中问及村民是否愿意相互帮助，有村民谈道：

就是怕我帮了人家，人家帮不着我。对我妈他们这辈老人来说，只要人家帮了我，我也会来帮你。但是现在的年轻一辈不会帮你，你要去请，请了还要开工资。所以互助的传统没有传下来，现在都是和经济（钱）打交道了。（个案访谈：D地某村民）

二 自主需要供给

自从实行了家庭联产承包责任制，集体经济解体，个人的命运紧紧和家庭与土地联系在一起，人与人之间的关系呈现“原子化”，人们关心的是如何实现“收益最大化”，农村的组织结构、家庭伦理、财富观念、道德秩序、人际关系等发生了变迁。随着传统村落互助共同体和伦理共同体的解体，曾经作为传统经验权威者、日常伦理守护者、内在秩序规范者等角色象征的老年人，其地位、作用和价值受到了前所未有的挑战，威信没落、价值陨落、地位下降，老年人被迫退出了乡村文化的领地，被迫成了“被照顾者”“被赡养者”。老年人地位和角色的变化是传统养老文化价值失落的体现。此外，当地政府在制定相关养老政策和养老措施时，对老年人自主需要也缺乏足够的认知和重视，未能从政策制定、宣传保障和实际供给行为等方面尊重和满足老年人的发展需要。因此，当前西南农村满足老年人自主需要的供给行为或供给服务极为少见。例如，C县于2017年6月开启了政府购买残疾人居家托养的服务新模式，政府通过购买服务形式委托专业的托养机构上门为符合条件的重度残疾人提供包括个人护理、居家保洁、康复护理等在内的5大项24小项服务[①]，服务内容鲜少涉及服务对象的发展需要。在《C县医疗机构设置规划（2016—2020年）》的政府文件中，针对老年人口的养老服务内容也仅集中在慢性病防治、康复、老年护理等传统环节[②]。

三 满足老年人发展需要的养老供给可及性

通过本书的实证调查、实地走访和访谈以及大量资料的收集和整理得知，就现阶段而言，西南农村老年人社会参与需要水平较低，大都集中在农业生产劳动、家务、抚养孙辈等“生存型”初级层次，而对于那些需要一定知识和技能的“发展型”社会活动的参与极其不足。此外，由于老年人的健康状况、受教育程度和观念意识等以及整体社会环境对老年人自主需要满足的漠视与忽视，老年人的自主意识较为薄弱，自己获得控制感和自主性的主观能动性较弱。从政府到市场、社会组织乃至家庭都没有产生足够的满足老年人社会参与和自主性需要的服务供给，因此，供给的可及性分析也就无从谈起。

---

① C县人民政府：《C开启政府购买居家托养服务新模式》，2017年6月14日，http://xxgk.yuxi.gov.cn/xpxzfxxgk/gzdt9872/20170614/584633.html，2017年12月2日。

② C县人民政府网：《C县人民政府办公室关于印发C县医疗机构设置规划（2016—2020年）的通知》，2017-04-03，http://xxgk.yuxi.gov.cn/xpxzfxxgk/bgswj/20170403/579792.html，2017年12月2日。

第六章　西南农村健康促进养老的实现方式

第一节　西南农村的养老现状及其存在问题

一　老年人的养老需要呈层次化和多元化发展

（一）老年人满足生存需要的愿望较为强烈，养老文化方面差异不明显

首先，经济供养需要关系到老年人养老生活的质量，直接影响着养老文化物质性层面的内容和表现形态。实证分析可知，第一，老年人的经济收入普遍较低，养老的物质负担较重，对衣食住行等方面物质生活资料的需要比较强烈。而且，儿女的经济支持是老年人养老的重要经济来源，这决定了在现阶段我国农村主要的养老模式依然是家庭养老。第二，收入差距较大。形成这一问题的可能原因有：其一，部分老年人，尤其是较年轻的老年人有一定的见识和阅历，思维活络，有一技之长或选择一些经济价值较高的农业生产，经济状况优于其他老年人；其二，部分老年人其配偶属于退休人员，退休收入远远高于其他依靠土地养老的老年人，这也从另一个侧面反映出城乡社会保障二元化的不均衡。第三，收支不平衡，支出大于收入。老年人普遍存在“开源”上的困难，而基本养老物质方面的匮乏以及身体机能老化所带来的医疗卫生等方面支出的大幅增加，导致老年人“开支”大，“节流”难，经济上入不敷出，养老生活的经济负担较重。第四，不同地域和年龄老年人的经济收入存在差异，即E地“年轻”老年人经济收入状况好于其他类别老年人。

其次，从医疗卫生需要来看，一方面老年人的客观健康状况欠佳，生活自理能力下降，普遍患有慢性病；另一方面，老年人的主观健康状况受到了受教育程度、生活自理能力以及经济状况的显著影响。因此，老年人对医疗卫生的需要较为强烈，在医疗卫生服务方面的开支比重较大。同时，由于经济状况、

诊疗机构与老年人居住地的距离远近、便捷性以及交通出行方式等因素影响，老年人对卫生室、乡镇卫生院提供的医疗卫生服务需要存在一定程度的差异。

通过上述基本结论可知，当前西南农村老年人在经济供养和医疗卫生方面的需要构成了其生存需要的最主要内容，需要内容不存在明显的养老文化方面的差异。这些需要如果只是得到少量满足，会促使老年人对更多满足产生强烈要求和指向，当满足达到一个绝对值，老年人对生存需要的量就会减少，转向对其他层次需要的追求。但是，就目前实际情况来看，老年人的经济供养需要和医疗卫生需要的边际效用只是一个理论推断，其需要的满足数量不足、质量难以保证。此外，经济供养需要和医疗卫生需要的满足仍然停留在较低层次，仅能为老年人提供养老生活所必需的、基础的物质和生活资料。这一现状反映在养老文化物质性层面就直观地表现为“养儿防老”在当前或未来一段时期仍然是西南农村最主要的养老方式，“多子多福”依然被老年人视为养老最大也是最重要的保障。当然，生存需要满足的低层次化和简单化也限制了老年人在养老生活中寻求其他个体发展的可能。

（二）关系需要受经济状况和与儿女的亲情联系的显著影响

老年人的关系需要具体体现为生活照料需要和精神慰藉需要，基本特点表现为：

第一，老年人的生活照料主要由配偶和儿女等家庭成员承担和提供。其中，配偶健在的老年人生活照料需要的满足更多来源于配偶；男性老年人在生活照料上对配偶的依赖胜过女性老年人，这符合女性的平均寿命一般比男性长以及男性自我照料能力弱于女性的基本事实；丧偶或离异老年人的生活照料主要是由儿女等家庭成员所提供。配偶和儿女等家庭成员是与老年人养老生活关系最为密切的人类行动者，一直处于老年人社会关系圈子的核心层，他们无疑是最了解老年人养老需要的群体，能为老年人提供最便利、最经济的照料供给。正是因为以血缘为纽带的家庭成员在老年人养老生活中无可替代的作用，决定了家庭养老的效率优势依然存在。同时，不可忽视的是，政府和社会组织等其他人类行动者的社会性养老资源供给正在悄然改变着中国家庭养老现状，扩充着传统家庭功能。

第二，关系需要的满足除了从他人和群体那里获得经济上的帮扶、生活上的关心和照料，更重要的是通过与重要他人生活上的互动、交流满足老年人的精神慰藉需要。在长期共同生活中建立起来的情感、价值观、生活习惯等“共通的意义空间”决定了配偶是老年人心理支持和情感互动的主要对象，尤其是当儿女成家立业之后，来自配偶的情感支持作用更加突出。此外，与其他共同生活亲人的情感联系也是老年人精神慰藉的重要来源，对丧偶或离异老年人尤为突出。

第三，负性情绪测定的是老年人由于生活事件所引发的负性情感，如抑郁、焦虑、易激怒或情感平淡等。这些负性情绪不但会影响老年人的生活、劳动等，同时也会带来身体上的不适感。一般而言，负性情绪产生的原因在于个体需要是否能够得到满足，这种满足既取决于老年人自身的条件、能力，同时也取决于老年人所能获得的来自他人的照顾、支持。实证结果表明，地域、性别、婚姻状况、功能受损、收入等级和收入水平等个人特征以及儿女与老年人的联系频率显著影响着老年人的负性情绪。即，D 地、女性、无配偶、中度及以上失能和受损、收入等级低、收入自评低且儿女与其联系频率很少的老年人更容易体验到负性情绪。

第四，自尊作为一种关系需要来自于社会生活中得到自己或他人、社会群体的认可、赞许、关爱等，以获取并维护个体自尊心，“自尊需要的满足导致一种自信的感情，使人觉得自己在这个世界上有价值、有力量、有能力、有位置，有用和必不可少”①。实证结果发现，收入水平以及儿女的联系频率对老年人的自尊存在着显著影响。收入自评低、儿女与其联系频率较少的老年人，自尊水平较低。可见，西南农村老年人的自尊既来自于对自己稳定、牢固的社会经济地位的确认以及对经济的控制感和决定权，还来自他人尤其是儿女的尊重，来自儿女的亲情联系和关注。

总体而言，在所有的影响因素中，经济状况以及与儿女的亲情联系和情感沟通显著影响着西南农村老年人精神慰藉需要。

（三）发展需要基本处于受挫状态，养老文化低层次发展

发展需要是个体自我发展、自我完善的需要，有助于老年人重新定位自己的社会身份和角色，调整生活策略，获得自我扩大、自我增强、自我完整的感觉，是老年人生命质量的体现。西南农村老年人发展需要的特点表现为：

---

① ［美］亚伯拉罕·马斯洛：《动机与人格》，许金声等译，华夏出版社 1987 年版，第 52 页。

第一，随着年事增高和身体机能衰退，老年人的活动范围和人际关系圈子缩小，社会角色减少，老年人在经济、社会、文化、政治和人际等方面的社会参与需要明显呈低层次发展，而且缺乏学习新知识、自我提升的愿望和要求。从理论角度来分析，这一情况符合 ERG 理论的“挫折—退化”假设，即老年人在高层次需要（社会参与需要和自主需要）上得到的满足越少，该需要就会受挫，作为替代，老年人会退回到寻求对生存需要和关系需要的满足，在低层次需要上投入更多的人力、财物、精力等。

第二，老年人的社会参与需要还可体现在社会支持以及婚姻和家庭关系方面。一方面，社会支持因子既反映老年人获得的社会支持情况，也反映老年人帮助他人的能力及主观满意度。实证结果显示，日常生活自理情况以及收入水平等个人特征显著影响着老年人的社会支持，子女的务工距离和回家频率等社会特征也影响着老年人的社会支持水平和满意度。同时，老年人的婚姻与家庭关系则受到婚姻状况和收入水平的显著影响。可见，经济状况对西南农村老年人人际关系社会参与需要的影响较为深远。

第三，从现实角度来分析，老年人未表现出明显的发展需要的可能原因在于：其一，需要的产生与特定场域密切相关。西南农村相对落后和相对封闭的自然环境和社会状态限制了老年人的生活实践、经验阅历、社会认知。其二，处于同一养老文化中的个体会产生、发展出相似的需要、习惯性认知和行为模式，养老文化的同质化、低层次发展约束和限制了社会群体的行为选择和价值观念，从而深层次地影响了老年人的养老需要。其三，需要是可以被供给引导和影响的。长久以来，从国家、社会到集体、家庭对老年人养老需要的关注更多聚焦在基础需要方面，其满足也更多集中于基本供给，发展需要被忽视导致相应供给极度缺乏。没有供给，老年人的发展需要就失去了满足的土壤，就会萎缩、退化甚至消失。其四，受教育程度低下极大限制了老年人的认知和视野，导致其接受新事物、新观点的能力较弱，缺乏追求自我扩大、自我控制的勇气和信心。

二　养老供给主体的碎片化及供给水平的低层次化

（一）人类行动者的供给现状及特点

1. 自我养老是西南农村老年人迫不得已的选择

考虑到在实际生活中老年人的自养和老年配偶之间的相互养老很难进行

绝对区分，本书将这两种养老方式都纳入“自我养老”范畴进行分析。老年人及其配偶以所拥有的自身资源成为养老供给的人类行动者，自我养老以经济上的自立、生活上的自理和精神上的自强为基本内容，以自主、自助、自养为基本目的。然而，实证研究结果显示，目前西南农村老年人经济自给条件差，经济自立能力弱，生活照料和精神慰藉等主要依靠自己以及配偶间的相互扶持，并不是完全意义上的自我养老，只是老年人群体在经济状况较差、养老供给低层次和养老保障缺乏情况下产生的“被动的自我养老”①，更多时候是老年人迫不得已的选择，是权宜之计，是“对社会转型期家庭养老削弱的一种替代性选择，以及社会养老尚未建立的一种适应策略”②。

西南农村老年人自我养老的基本特点表现为以下三个方面：

第一，经济上自主能力弱。自我养老的保障和实现取决于老年人独立的经济收入和自我储蓄能力，前者与老年人的劳动能力状况密切相关；而后者则是老年人维持养老生活的经济资源存量。首先，经济状况受到老年人的年龄、身体健康状况、受教育程度等组成劳动能力的体力和智力方面因素的影响。其一，生理机能和社会年龄是确定人口劳动能力状况的重要指标，是老年人自我养老的基本条件。为了维持生存和生活，西南农村老年人在体力和健康允许的情况下仍继续参加农业生产劳动，依靠自己的劳动获取经济收入，维持老年期经济供养需要的自我满足和自我保障，其劳作内容更多集中在操作简单、经济价值不高的种植和饲养上。因此，虽然劳动参与率高，但劳动能力的低下导致老年人经济收入低且较不稳定。其二，年龄作为一个重要的定序变量影响着老年人的身体健康，并进一步影响其经济状况。随着年龄的增加和身体机能的衰退，普遍患有慢性病是老年人的基本状态。疾病既损害了身体健康，也给老年人的日常生活增加了困难，导致老年人劳动能力下降，经济收入减少。其三，老年人受教育程度低下使得他们眼界狭窄、思想局限、缺乏经济创收渠道或一技之长，不得不以自己的劳动力从事体力劳动来维持生计。其次，储蓄能力的高低在一定程度上影响着老年人养老生活经济供养的质量。调查对象用于“日常生活”和“医疗卫生”开支占据了较大比重，

① 陈芳、方长春：《家庭养老功能的弱化与出路：西南边疆农村养老模式研究》，《人口与发展》2014 年第 1 期。

② 李俏、李久维：《回归自主与放权社会：中国农村养老治理实践》，《中国农业大学学报》（社会科学版）2016 年第 3 期。

大多数老年人处于“入不敷出”和无储蓄节余的状态，储蓄能力弱，经济自立能力差。可见，当前西南农村老年人的需要满足更多停留在基本物质条件方面，经济来源单一且不稳定，依靠劳作获得的经济收入不高，经济积累少，经济上自我供养的能力和水平不高，远远达不到经济独立、自立的基本目标。

第二，生活上自我照料为主。生活自理可以简单地定义为自己料理自己的生活或配偶间生活上的相互照料。其一，从照料主体来看，半数左右的老年人日常生活中均是自我照料。当遇到生病、住院等特殊情况时，配偶提供的生活照料比例仅次于儿子和儿媳，自己照顾自己的情况也仅次于女儿和女婿，如果将配偶照料和老年人自身照料的支持力合起来计算，其选择比例占到了三分之一。可见，不管是日常生活还是特殊生活情境，老年人生活上的自我照料是其养老支持力中不容小觑的组成部分。其二，从照料内容来看，不论是日常生活情境还是生病、住院等特殊情境，老年人所需要的生活照料内容大部分涉及工具性日常生活能力，可以通过接受他人的帮助或借助辅助工具而补偿这些受损或发生障碍的能力。其三，从照料时间来看，半数左右的老年人日常饮食起居处于自理或基本自理状态，自己照顾自己的情况也较为常见。与此同时，由于儿女外出务工且回家频率低，老年人实际能够得到的来自儿女的生活照料时间和机会不多，很多情况下还是以生活自理和配偶间的相互照料为主。总体而言，从照料主体、照料内容和照料时间来看，老年人的日常生活照料基本是由自己和配偶承担。

第三，精神上自我抚慰为主。配偶除了是老年人生活照料的主体，在精神慰藉方面也扮演了同等重要的角色，尤其是在儿女成家或为了生计外出务工的情况下，配偶甚至可以说是精神慰藉的主要来源。当前，西南农村老年人的精神慰藉基本依靠自己和配偶间的自我抚慰与自我满足。同时，考虑到城镇化发展背景和家庭养老功能弱化的事实，精神自抚的作用不会降低反而会增强。

2. 家庭养老的功能在逐步弱化

儿女养老或家庭养老符合西南农村老年人的主观意愿和实际需要。出于减轻儿女负担的心理，老年人对政府的帮助也寄予了厚望，期待政府对自身及其家庭从经济、资源等方面予以一定的支持和帮助。总体而言，家庭养老目前仍然是西南农村占据首位的养老模式。

一般而言，家庭养老是“由家庭承担养老责任的文化模式和运行方式的总称。它包括两个层次，即家庭养老模式和家庭养老方式"①。西南农村家庭养老的基本特点为：

第一，家庭养老模式是以血缘道义为核心的文化养老模式，一经形成就具有长期稳定性②，体现为家庭成员所持有的价值观以及对老年人的观念、态度等方面。大多数调查对象将不担心养老问题的原因归结为"儿女孝顺"和"政府会管"，其中，"儿女孝顺"的选择比例占据了首位。但是在实地观察和访谈中发现，老年人对"儿女孝顺"的认知与客观评价标准存在一定差距，即部分老年人对"孝顺"的理解和预期较低，把儿女"给口饭吃"、满足最低温饱需要的行为视为"孝"。但是，总体而言，"儿女孝顺"是西南农村老年人养老心理安全感的最重要来源，也是老年人选择家庭养老的主要原因。同时，在家庭养老的过程中，老年人也表现出对政府公共权威的信任和支持，这为政府主导的社会养老模式在农村地区的推行奠定了一定群众基础。

第二，家庭养老方式是儿女等主要赡养行动者履行养老责任的行为方式和生活方式。其一，实证研究揭示，老年人与儿女的居住方式上存在"分居共食"及"分居分食"现象，这既是家庭结构核心化以及代际重心下移的表现之一，同时也说明西南农村家庭养老从共居养老逐渐变成分居养老。另外，需要指出的是，共居养老和分居养老会随某些变量的改变而变化。如年龄越大的老年人与儿女住在一起、由儿女照顾饮食起居的比例更高，年轻的老年人选择和配偶住在一起、与儿女分居的比例比其他年龄段的老年人要高；"中度及以上失能"的老年人更需要与家庭成员共居而得到多方照顾。其二，从家庭养老行动者的资源供给内容和能力来看，外出务工是当下农村青壮年人口的流行选择，务工距离的远近不同、儿女回家频率及与老年人联系的频率减少，造成相当一部分老年人与儿女事实上"分居"，就近照料帮助、精神寄托及心理安慰的便捷性和及时性大大降低，老年人生活照料需要和精神慰藉需要得不到充分满足。

综上所述，当前西南农村的家庭养老逐渐从以文化为主的模式转变为以行为为主的模式③，养老行为的变动和不稳定性大大弱化了家庭养老的功能。

① 姚远：《对家庭养老概念的再认识》，《人口研究》2000 年第 5 期。

② 姚远：《对家庭养老概念的再认识》，《人口研究》2000 年第 5 期。

③ 姚远：《对中国家庭养老弱化的文化诠释》，《人口研究》1998 年第 5 期。

3. 政府提供的基本养老供给覆盖广，强度弱

当前，农村基本社会养老保障内容主要包括新农保、新农合、居家养老、社区养老等在内的普惠型农村社会保障制度，以及以农村最低生活保障制度、五保户供养制度和机构养老为主要内容的救助型或补缺型社会保障制度。前者的保障对象是全体农村居民，保障内容涉及了农村居民最基础、最迫切的基本生活需要；后者的保障对象仅是农村居民中的极少数特殊人群，保障内容是解决该类人群的温饱问题或最低生活保障。两类供给的共同点在于都是由政府通过行政化手段提供。

政府行动者对西南农村基本社会养老保障的统一供给兼顾了普惠型和救济型社会目标，基本实现了广覆盖，但保障水平低。首先，在“保基本、广覆盖、有弹性、可持续”基本原则下，新农保和新农合基本覆盖了全体农村居民，在筹资结构、支付结构等方面给予农村居民基本保障。其次，基本养老供给保障水平低。其一，养老保险水平低，难以为老年人生计提供可持续动力。西南农村老年人经济收入低，经济来源单一且不稳定，现有养老保险的低位运行状态对老年人养老生活的支持力有限。同时，以新农合为代表的医疗保险统筹层次低，救助力度有限。其二，社会救助制度属于补缺型社会福利，救助对象有资格限定（主要针对农村贫困群众和五保户），救助标准参照最低生活保障为此类人群提供维持其基本生活的物质帮助。其三，社会养老服务机构发展迟缓，服务内容简单。“农村地区的养老服务体系建设应该以家庭养老为基础，社会养老为支撑”这一观点已经成为国内学界的普遍共识，在具体实践中也能体现老年人的养老需要。《社会养老服务体系建设规划(2011—2015 年)》明确指出，“我国的社会养老服务体系主要由居家养老、社区养老和机构养老等三个有机部分组成”，内涵是“与经济社会发展水平相适应，以满足老年人养老服务需要、提升老年人生活质量为目标，面向所有老年人，提供生活照料、康复护理、精神慰藉、紧急救援和社会参与等设施、组织、人才和技术要素形成的网络，以及配套的服务标准、运行机制和监管制度”。在实际运作中，西南农村所拥有的社会养老机构数量少，基础设施和配套设施严重不足，覆盖面窄；农村幸福院此类养老机构还未真正投入使用，未能确实发挥应有作用；服务内容多以餐食、简单的物质生活照料、低层次的文化活动等低端服务为主，无法提供有较高专业性和质量要求的托老、护理等高端服务；由于老年人的观念意识的局限性以及政府宣传不到位等，老

年人对社会养老机构的认同度普遍不高。

4. 社会组织介入西南农村基本养老服务供给力度极小

具备公益性、非营利性基本特点的社会组织是福利多元主义理论构想里福利供给的重要主体之一。社会组织参与社会养老“一方面可以减轻国家财政的负担，另一方面也可以使养老供给主体多元化，减少单一主体供给带来的社会风险。同时，老年人通过和多供给主体的接触和沟通，能够增强他们的社会归属感，虽然退出了劳动领域，但却没被整个社会所隔离，可以满足老年人物质生活上的照料和精神上的慰藉”①。可见，社会组织介入农村养老服务供给可以对自我养老、家庭养老以及政府养老形成有益补充，提高农村基本社会养老保障的完整性、协调性和层次性。但是，长期非均衡发展的城乡二元体制使得西南农村经济基础脆弱、基本养老保障水平较低、养老服务水平质量低下、养老基础设施和条件有限，为社会组织介入农村养老服务领域带来了诸多限制和阻碍。目前，本书所调查的西南农村社区难觅社会组织的踪影，基本上没有任何社会组织为老年人提供养老服务供给。可以说，目前西南农村是社会组织介入农村基本养老服务实践的“空白地带”。

（二）非人类行动者的供给特点

1. 实体的非人类行动者的价值无法转换

包含了生产资料、工具、场所、物质文化遗存及其他的物质类实体在内的非人类行动者在老年人的养老生活中一直存在，与老年人的养老生活如影相随。长期以来人们对养老资源供给主体的认知和思考更多聚焦在诸如家庭、政府、社会组织等人类行动者或养老文化、市场等非人类行动者身上。在现阶段，由于西南农村的区位、自然和社会条件等，实体的非人类行动者的价值不高，难以转换成其他具有更高价值的养老资源，价值实现程度小。以土地作为典型例子，长期以来西南农村人们强调的是土地在维系和奠定个体、家庭和社会之间的关系及经济基础方面的重要性，囿于现实条件，西南农村土地与社会主义市场经济体系衔接较弱，很难将土地与市场结合挖掘新的价值潜力，无法为养老供给打开新的路径。

① 陆春丽、韩旭峰：《福利多元主义理论视角下农村社会化养老的可行性分析》，《湖北民族学院学报》（哲学社会科学版）2015 年第 1 期。

2. 非实体的非人类行动者在西南农村养老供给中的作用发挥有限

第一，传统养老文化逐渐被消解，这种消解更多体现在其社会性和观念性上。首先，从传统养老文化的社会性表现来看，家庭养老是西南农村当前和未来主要的养老模式，政府养老现阶段仅扮演补充者的角色，市场化养老模式还未进入西南农村。同时，在城镇化、移民、扶贫搬迁以及儿女外出务工等因素共同作用下，乡规民约等民间法在西南农村地区的维系、约束力量已经式微。其次，从传统养老文化的观念性表现来看，"孝"或"孝道"仍然是西南农村居民持有的共有信念和共有价值观，但内涵和价值理念已经发生了改变。"不担心"养老问题的老年人大多把"儿女孝顺"作为最主要的原因解释，只不过老年人对于"孝"的观念性理解和期待比较低，把儿女"给口饭吃"、满足其温饱的行为就视为"孝"。伴随着农村青壮年人口外流，"经济利益最大化"的价值追求势头已经盖过了奉养长辈、顺从长辈和祭祀先辈的传统孝伦理。

第二，市场参与西南农村养老供给得到有效回报的可能性较小。究其原因为：其一，政府扶持力度不够。现阶段，政府出台了一系列政策措施鼓励和支持社会力量兴办营利性养老机构，并在一些地区取得了良好的社会效果。但是，西南农村的自然和社会条件决定了其发展养老市场化与其他地区相比具有一定的特殊性，即福利性多于产业化。西南农村的社会福利供给以政府为主导，对市场放权的范围和程度有限，政策支持和优惠措施难以真正落实，故营利性养老机构的营利空间有限。其二，社会发育程度低。我国开始市场化养老实践的时间较晚，西南农村居民对养老"社会化"或"市场化"的认知有限，甚至存在误区和偏见，导致其购买养老服务的消费理念比较滞后，很难从心理或行为上接受付费养老服务。故，养老机构可能会面临着因为缺乏服务对象而无法开展养老服务的境地，资源被闲置，服务设施利用率低。其三，地方条件。养老市场化的推行与地区自然和社会环境有很大的依存关系。西南农村恶劣的地理环境、相对落后的社会经济条件、薄弱的养老基础设施建设等决定了民营资本进入养老市场可获得的商业投资回报率低。其四，老年人是市场化养老服务的对象，其购买能力的强弱决定了营利性养老机构收益的高低。西南农村老年人普遍偏低的经济状况、单一的经济来源、较弱的储蓄能力以及落后的消费观念导致其养老服务购买力较弱，养老机构的服务定价很难符合成本补偿原则而实现市场定价。偏低的服务价格难以激发投资者的投资热情和积极性，导致市场化养老服务主体弱小或缺乏，服务项目、服务层次和服务能力不能满足西南农村老年人的养老需要。

三、养老供给可及性的程度较低

（一）空间和时间可及性有待改善

空间可及性分别从微观和宏观角度来分析。第一，微观空间具体指老年人与赡养人之间的居住距离。老年人与赡养行动者基本处于就近而居状态，居住距离的接近性使得老年人能够及时获得来自于赡养行动者的帮助和照顾，具备一定的空间可及性。第二，由于历史原因和生活习惯，调查点中的大多数农村社区地理位置较为偏远、道路状况较差，山高路远的居住环境给当地居民的出行交通带来极大不便。老年人外出、看病就医或享受养老服务的出行时间成本高，交通不便，尤其某些特殊老年人（如生病、年龄大等）在没有他人帮助的情况下基本不可能外出。一般而言，村卫生室或养老服务机构和设施都设置在村委会，而村民们大多以分散的形式居住在与村委会远近不同的各村民小组，居住距离与医养供给资源的布局影响了老年人的选择倾向和资源利用情况。因此，从宏观地理环境来说，西南农村养老供给的空间可及性较差。

时间可及性取决于不同的养老服务供给主体，供给主体不同、主体与老年人关系性质的差异等使得时间可及性存在差异。第一，村卫生室作为农村三级医疗卫生服务体系的“网底”深深扎根于最基层，村医扮演着老年人健康“守护者”的角色。村医的服务时间在相应规定的基础上具有一定的弹性和灵活性，基本能够满足老年人简单的医疗卫生需要。因此，村一级医疗卫生服务供给的时间可及性基本能够保证。第二，虽然赡养行动者与老年人就近而居，但并不意味着老年人满足养老需要的时间可及性有保证。这是因为，当老年人需要帮助的时候，外出务工的赡养责任人与老年人距离上的实际分离让他们无法及时、就近地满足老年人需要，时间可及性较差。

（二）经济可及性较差

经济可及性分析从养老服务对象和养老服务主体角度展开。第一，养老服务对象的经济收入来源较为单一，经济收入水平普遍不高，主要依靠儿女的经济支持来维持自己的养老生活。因此，老年人较差的经济状况和较弱的储蓄能力直接影响了其购买养老服务和医疗卫生服务的意愿，经济可及性较差。第二，养老服务主体的经济可及性主要涉及养老服务价格、服务成本、社会保险机制等。基本药物制度的推行将村卫生室和乡镇卫生院纳入了新农合定点医疗机构的范畴，吸引了农村居民前往就医，增加了村卫生室和乡镇卫生院的经济可及性。但是，由于药物种类受限，不能充分满足老年人的就医就诊、吃药治病的需要，降低了药物可及性。总体而言，村卫生室和乡镇卫生院的医疗卫生服务产生的最终结果是经济可及性的降低。第三，新农保、新农合等社会保险制度仅能保障老年人的最低生存需要，经济可及性程度不高。

（三）服务内容可及性欠佳

第一，从满足老年人生存需要的养老服务供给来看，由于经济供给不存在服务内容可及性问题，故仅从医疗卫生供给角度分析。西南农村医疗卫生供给主要由农村三级医疗卫生服务体系的相关人类行动者组织承担。其一，从村卫生室来看，由于服务定位、人手、专业素养等方面的原因，村卫生室开展的医疗卫生服务内容较为局限，设施设备、医药用品等非常缺乏；村医工作时间长，任务繁多，高执业风险与低待遇低保障水平之间严重失衡，导致村医从业积极性不高，人手缺乏。其二，从乡镇卫生院来看，乡镇卫生院指导村卫生室开展的健康教育宣传是医疗卫生预防工作的重要环节，目的是提高老年人的健康意识，但具体实施效果却不尽如人意，老年人的知晓度和认可度普遍较低。究其原因主要为：一方面，老年人普遍偏低的受教育程度导致其对健康教育宣传的关注不够、理解不深；另一方面，健康教育宣传流于形式，缺乏医患互动和具体指导，普及知识、健康教育的效果极其有限。此外，由于政策制定时对乡镇卫生院和县级医院之间服务内容的功能定位不清晰，导致乡镇卫生院处于“不高不低”“无着无落”的尴尬境地，分流患者的作用降低，医疗卫生资源出现闲置和浪费的情况。

第二，从满足老年人关系需要的供给来看，政府或社会组织提供的养老供给更多倾向于城镇或条件较好的地区，很难“下沉”到西南农村或各个村落。同时，伴随着传统养老文化的消解，老年人获得具有本地特色的文化或精神方面的安慰和帮助也日渐稀少，精神文化生活较为贫乏，尊老、敬老、养老活动或服务供给数量极少，形式单一，内容单调。

第三，从满足老年人发展需要的供给来看，老年人目前参与有组织的社会活动和社会事务的积极性不高、能动性较弱，缺乏兴趣和动力通过适度继续社会化的方式提升自己的生活技能。需要是供给的导向，老年人对发展需要的“无欲无求”导致此类供给萎缩，甚至不见踪影。反之，供给可以刺激需要的产生，家庭、政府、社会组织等人类行动者长期对老年人发展需要的忽视导致满足此类需要的供给极其稀少，老年人的发展需要出现退化。这样，发展需要的退化导致满足发展需要的服务供给萎缩，而发展需要服务供给的萎缩又进一步导致发展需要的退化，成为一个恶性循环。

（四）服务方式可及性较低

养老服务方式可及性考察的是现有养老服务方式和医疗服务方式与供给行动者之间的适合度。

第一，在医疗卫生服务方式供给方面，村医的人才构成和专业能力决定了其最合适且最能发挥作用的领域为农村公共卫生服务，但是村医承担的工作内容、服务方式等已经远远超出了其能力范畴，适合度较差。此外，村卫生室和乡镇卫生院普遍面临着的人才缺口大、队伍不稳定、专业素养不高的问题，人员配置、人员结构等与老年人的医疗卫生需要不相匹配。

第二，在养老服务供给方面，西南农村现有养老服务是由政府统一供给，在服务方式可及性方面存在的问题有：其一，老年人对养老机构的定位、功能不了解，认可度不高，甚至存在排斥心理，且现有养老机构的数量和服务质量难以满足老年人的养老需要。其二，农村幸福院还未真正发挥其集日间休息、休闲娱乐等功能为一体的综合性服务功能。其三，政府主办的养老机构规模和容量有限，尚且不能满足特殊老年人群体的需要，更谈不上惠及其他老年人，而且这类机构的救助性质决定了其服务群体具有特殊性和限定性，有意愿入住但不符合条件的老年人无法享受此类服务。

综上所述，从“服务使用”和“适合度”角度对西南农村现有养老资源和医疗资源供给的可及性进行分析发现，养老供给的时间和空间可及性、经济可及性、服务内容可及性和服务方式可及性程度都很低，效果较差，不能充分满足老年人生存需要、关系需要和发展需要，供需之间呈现非均衡发展态势。造成此结果的根本原因在于：其一，供给行动者来源单一。西南农村现有养老供给基本由家庭和政府组成，行动者之间因其拥有的资源量呈现出力量对比的强弱，决定了供给行动者之间的地位高低，即政府力量大于家庭力量。其二，由于西南农村经济发展水平低、供给主体的单一、社会保障的薄弱等，政府的养老供给独力难支、捉襟见肘，因此在资源投入上呈现出“家庭养老为主，政府养老为辅”局面，即家庭投入大于政府投入。

要解决供需的非均衡发展问题，实现西南农村养老供给的可及性，应该在需要理论和福利多元主义理论框架下有效构建养老供给的异质行动者网络，即“投资主体多样化、服务方式多样化”的多元行动者供给体制。在网络打造过程中，明确各行动者的利益和目标，整合所有行动者的资源和力量，在共建共赢目的指向下共同致力于搭建“以医促养、以养为主”的健康促进养老供给体系，从服务数量和服务质量上提高所有西南农村老年人的福祉。

第二节　健康促进视角下养老供给的行动者网络联动

一　确认异质行动者面对的关键问题

行动者网络建构的首要环节是对每个异质行动者在面对“农村健康促进养老供给体系”的“必经之点”所产生的关键问题予以确认。只有明确了每个行动者各自在行动者网络中的角色和主体目标，才有可能厘清彼此间的利益，也才能通过行动者的联动和资源整合实现西南农村养老供给的可及性。

（一）人类行动者的问题呈现

1. 老年行动者面对的关键问题是养老需要的满足和提高自我养老能力

老年人的养老需要既有一致性，又存在差异，呈多样化发展趋势。目前，西南农村老年人的养老需要受限于有限的养老供给而在低层次、低水平需要上滞留，表现出“挫折—退化”现象。但是，伴随着健康促进养老供给体系的建立、医养结合养老供给从数量到质量的全面提升、行动者网络构建带来的多元福利供给主体的协同合作，老年人在低层次需要得到充分满足的基础上将目标指向高层次需要，契合需要的“满足—上升”逻辑，才能真正实现“老有所养”“老有所医”“老有所乐”“老有所用”“老有所为”的目标。

被调查对象在养老方式选择上表现出自我养老的倾向，行为上以自我照料和精神自抚为主，这是老年人囿于现实条件而做出的无奈之举，与老年人的真实意愿和理想期待相违背，并不是完全意义上经济自立、生活自理和精神自强的自我养老。以发展变化的眼光看待这一问题，本书倾向于将自我养老视为和家庭养老、社会养老同等重要的养老方式，而且自我养老在未来会逐步趋于主流。因此，对老年人而言，其面临的关键问题就是如何调整观念和心态适应这一发展趋势，利用自身能力和可获得的资源储备实现“养老靠自己”。

2. *赡养行动者面对的关键问题是减轻家庭养老的物质负担和精神负担*

家庭养老模式产生于农耕社会。为了生存和种族繁衍，以家庭为合力集中最大程度的人力、财力、物力向自然交换无疑是最优策略，自给自足的农耕经济决定了家庭承担着个体生老病死的全部职能。到了现代社会，家庭规模小型化和家庭类型核心化成为大势所趋，这也将西南农村赡养行动者置于内外交困、左右为难的境地。第一，土地数量减少和质量下降使土地收益降低，有限的经济收入使赡养行动者在承担抚养孩子和赡养老人两大重任时难免顾此失彼。第二，当外出谋取经济利益和寻求个人发展与在家尽孝发生冲突时，赡养行动者在生存压力之下选择的天平可能会倒向增加经济收入和个人发展一端，导致“重经济利益，轻血缘关系”现象发生。第三，当儿女成家立业组建小家庭之后，事实上已经告别了“原生家庭”，经营家庭、养儿育女成为赡养行动者的生活重心，代际关系发生倾斜。第四，在社会生活中，个体扮演着诸多角色，角色总是与责任相关。当赡养行动者面临上有老下有小、既要顾小家又要顾大家、既要照顾家庭利益又要兼顾个人发展等一系列社会事件时，一人分饰多角，身上责任和义务的负担就越重，“特别是当这种‘家庭养老的承担者’角色与其他社会角色或社会规范相冲突时，家庭养老的负担对一些家庭来说是难以承受的”①。因此，对赡养行动者来说，减轻家庭养老的物质负担和精神负担是他们面对的关键问题。

3. *政府行动者面对的关键问题是在坚持养老供给主导地位的同时简政放权*

进入21世纪，伴随着老龄化问题日趋严重、老龄抚养比增大、农村青壮年劳动力大量外流以及社会主义市场经济快速发展、家庭结构变化等，农村老年人的基本养老保障问题重新回归国家政策视野。2000年，民政部在全国社会福利社会化工作会议上正式提出了“社会福利社会化”，即政府在倡导、组织、支持和必要的资助下，动员社会力量建设社会福利设施，开展社会福

① 王梅、夏传玲：《中国家庭养老负担现状分析》，《中国人口科学》1994年第4期。

利服务，满足社会对社会福利服务的需要。[①] 在“社会福利社会化”的思路指导下，政府进一步厘清社会福利多元供给的内涵和实质。首先，老年人脆弱的风险抵御能力在农村集体经济解体后完全暴露在市场经济面前，政府如果将养老责任过度转嫁到家庭或村民自治组织，片面强调农村养老服务供给多元化，实质是一种推卸养老责任的表现。其次，“社会福利社会化”要求社会福利供给实现多元主体共同参与，以政府为主导，通过职能转变，引导和动员社会组织、市场等其他行动者共同参与农村养老供给，在供给过程中建立“共生”关系，实现互利共赢。

政府在西南农村健康促进养老服务供给过程中要在“不缺位”的前提下做到“不越位”。“不越位”就是政府部门要简政放权，有所为有所不为。第一，将行政审批减少，转成政策制定和监督执行，转变为加强对其他异质行动者养老供给行为的宏观管理和宏观指导。第二，实现政府职能转变，在宏观调控、市场监管、社会治理、公共服务、环境保护方面“有所为”。第三，在“负面清单”管理模式下，将西南农村健康促进养老服务领域有限制的或禁止的项目清楚明晰地列出清单，明确社会组织、市场等行动者的底线和原则，清单之外的养老服务供给由其他异质行动者自主决定，政府“有所不为”。

4. 社会组织行动者面对的关键问题是积极介入农村养老供给领域

目前，西南农村养老供给领域是社会组织实践的“空白地带”，基本难觅其身影。究其原因，第一，西南农村现有经济发展状况、社会生活条件难以为社会组织的介入和作用发挥提供充分有利条件。第二，政府职能让渡有限。虽然政府通过向社会组织购买服务的方式实现了购买方和服务提供方的分离，但部分服务提供方的“官方”背景使其容易成为政府部门的“附庸”和“下属”，在竞价、购买、评估乃至组织自主性等方面仍受到政府部门牵制，在某些领域甚至存在着政府与社会组织争利的情形。第三，社会组织定位模糊。社会组织是以追求社会公平、实现公益性价值为服务目标的非营利性机构，理应成为政府和市场之外独立的供给第三方。然而，社会组织参与我国养老服务起步时间晚，整个社会还未真正培育起适合社会组织发展的土壤，缺乏

① 民政部政策研究中心：《社会福利社会化：迎接老年人社会福利需要变化的挑战》，2008 年 1 月 9 日，http://www.mca.gov.cn/article/mxht/llyj/200801/20080100009639.shtml，2018 年 1 月 6 日。

必要的社会认可和社会信任。尤其在“全能型政府”背景下，政府对社会组织存在着重监管、轻培育的问题，社会组织自身独立性不高，专业化程度欠缺，民众对社会组织所提供的养老服务还存在疑虑和不信任。第四，社会组织参与养老供给的保障力度不够。政府在宏观政策设计、政策可操作性以及政策扶持等方面对社会组织的保障力度以及社会组织自身发展问题等，使其普遍面临着内生性和外源性困境。如，由于政府“大包干”，民间资本和外资无法有效流入社会组织，资金短缺现象严重；由于缺乏法律和权威政策支持，社会组织的基本权益及合法利益易受到侵害；平等参与、公平竞争的市场氛围还未得以真正建立；社会组织专业化程度低，养老专业服务人员缺乏且不稳定，资源利用程度低。

因此，社会组织在行动者网络构建中面临的关键问题就是将西南农村医养结合养老服务供给领域作为“试水”领域，将其在城市或其他地区的养老供给经验进行分析总结，结合西南农村现实条件，因地制宜、因时制宜地纵深介入养老服务供给，成为养老供给不可或缺的重要行动者之一。

（二）非人类行动者的问题呈现

1. 实体的非人类行动者面对的关键问题是提升在养老供给中的作用

实体的非人类行动者的价值和作用长期被忽视的最典型例子就是以土地为代表的生产资料。众所周知，土地对于乡土社会的人们来说不但意味着生计，而且人们附着在土地上通过土地获得社会身份，以土地为纽带建立人际关系网，在土地经济逻辑上确定乡土中国的内生秩序。现如今，人们从“乡土社会”进入了“城乡社会”，土地的支撑和维系作用有所下降，但并不意味着农村居民已经完全摆脱了土地的束缚或土地的重要性已经不再，而是在新的时代背景下，在目前土地质和量面临工业化和城镇化威胁的情况下，如何继续挖掘土地的生产效率，增强土地在农村老年人养老支持力上的作用，实现“土地养老”。其他具有代表性的实体的非人类行动者还有房屋、医疗卫生用品、书报等物质文化遗存等。如何通过合法、有效渠道将住房抵押以解决老年人经济窘迫和养老支持力缺乏的困境是一个亟待解决的问题，即如何实现“房产抵押，终身支用”①；基本药物制度保障了老年人基本药品的供应和

① 李迎生：《立足现实，面向未来：农村养老保障制度改革的“过渡模式”设计》，《毛泽东邓小平理论研究》2005 年第 10 期。

用药安全，减轻了老年人经济负担，但消极影响是列入基本药物目录的药品有限，不能完全覆盖老年人医疗卫生方面的日常需要和特殊需要；保健、康复器械购入并放置到专门场所，却没有人指导老年人如何使用，成了摆设；养老机构和医疗机构利用书报手册等载体对老年人进行健康教育和养老宣传成效不大，形式和内容浮于表面，老年人认可度不高；“农村书屋”鲜见老年人身影等。这些问题的出现实际上都是实体的非人类行动者价值和地位长期被忽视所带来的消极结果，解决这些问题就要以建立“健康促进养老供给体系”为契机，挖掘和提升实体的非人类行动者在农村养老保障中的地位和作用。

2. 非实体的非人类行动者面对的关键问题是发展新内涵，提升参与力度

第一，传统养老文化面对的关键问题是注入新的理念内涵。中华各民族在几千年民族交流和文化碰撞过程中所达成的基本养老共识就是把“孝”看作养老文化的核心。传统孝观念建立的基本前提是“身体发肤，受之父母”，儿女要依顺服从父母，“子辈对父母的责任是无限度的，尽孝的义务优于夫妻间和父子间的感情”①，在此基础上形成了以服从父母的无限权威为道德准则的心理倾向，在某些方面扭曲了父子人伦关系，禁锢了人们的思想，“造成了中国人对儿女（尤其是儿子儿媳）赡养的高度依赖，包括实质性的和观念上的依赖”②。进入现代社会，传统养老文化的物质性、社会性组成部分的变化必然引起其主观文化变化。其一，家庭规模小型化和家庭结构核心化趋势使家庭养老的空间载体发生了变化，仅凭家庭资源已经很难独力支撑起老年人的养老需要。其二，家庭养老的人力资源构成发生改变，赡养行动者外出流动以及很多农村妇女也加入“打工潮”，使得农村家庭养老面临着赡养主体缺乏的困境。其三，“男尊女卑”观念已经落后，女性在现代社会的经济、政治和社会地位得到了前所未有地提升，女儿参与或承担养老的比重逐步增加，而且在生活照料、精神慰藉方面显示出更多的优势。其四，社会养老方式的介入扩展了家庭养老的边界，补充了家庭养老的功能。其五，于封闭性和自足性环境中生成的礼俗民约在多元文化碰撞、现代化进程和社会主义市场经济发展过程中被冲散、动摇。因此，传统养老物质文化和社会文化的变革会

---

① ［美］赵志裕、康萤仪：《文化社会心理学》，刘爽译，中国人民大学出版社 2011 年版，第 41 页。

② 陈社英：《人口老化与社会政策：中国人的“家”与养老研究》，《人口与社会》2017 年第 1 期。

促动养老主观文化特定方面的发展，为传统养老主观文化注入新的理念内涵。

当然，传统养老文化的现代转型不是完全摒弃和否定传统“孝”观念，“尊老、敬老、养老”作为中国养老文化的基本价值取向是不会改变的。在“孝”观念基础上，纳入“健康老龄化”和“积极老龄化”的基本精神，倡导“自立、自理、自助、互助”原则，尊重老年人个性发展，鼓励老年人积极主动地参与社会，充分且全面地实现个人价值和社会价值。

第二，从市场角度来看，我国现行养老保障的基本格局呈“强政府＋弱市场”。即，一方面，政府在财政支持、宏观控制方面的强势地位决定了其成为养老保障“缴费型第一支柱”的“规则制定者、组织实施者和必要基金投入者”①。另一方面，以强制性为特点的“第二支柱”——通过个人储蓄账户性质实现的职业养老金制度以及以全自愿性为特点的“第三支柱”——个人商业保险养老金制度的社会化效果不理想，市场开放程度不高，社会参与面不广，市场扮演着“有限的补充保提供者障”角色。这一格局的形成原因有：其一，政府职能让渡不够，养老保障行为边界模糊。政府出于对“过度市场化”的担忧过多参与了养老保障的市场化供给，将民营养老机构的所有权和经营权分离，将社会福利的公益性和市场化隔离，从政策制定、资金扶持等方面对市场行为进行了约束。其二，按市场规则运营的养老服务机构存在的问题导致“市场失灵”。如，养老服务机构融资渠道单一，普遍面临着财务困难；养老服务购买对象狭窄，内容局限，导致市场化养老服务局限在低层次供给水平，缺乏高端养老服务供给；市场化养老服务在我国起步较晚，供给行动者发展不成熟，内部管理机制不健全，人才储备不够，队伍不稳定。因而，市场面对的关键问题是进一步推进养老服务市场化、产业化改革，在充分竞争、公平竞争、有序竞争的前提下发挥市场在养老资源配置中的基础作用，提高养老保障领域市场供给的数量和质量。

二 明确异质行动者的利益及实现途径

利益赋予包含了两个基本过程：其一，以政府为主的核心行动者赋予其他行动者利益，并在政府主导的前提下明确各行动者利益实现的具体途径；

① 锁凌燕：《转型期中国养老保障体系形成过程中政府与市场的关系》，《经济科学》2013 年第 1 期。

其二，各行动者依靠自身资源和优势主动表达利益诉求，寻求利益实现的途径，并将来自于政府的利益赋予与自身追求进行协调、整合。

（一）核心行动者对各异质行动者的利益赋予

政府作为健康促进养老供给体系的核心利益行动者，在行动者网络建立过程中既要坚持政府的供给主体地位，同时要科学、辩证地厘清政府在健康促进养老服务供给中的职责边界，合理放权。一方面，政府应该从大局出发，以宏观视角对养老供给体系进行顶层设计。在政策设计时应该清晰把握西南农村发展实际以及老年人养老需要的一致性和差异性特点，对现有养老资源和医疗卫生资源进行相对公平配置，统筹城乡，逐步缩小农村与城市、地区之间养老供给的差异，使老年人能够平等享受统一的社会福利供给。另一方面，政府是健康促进养老服务供给的核心行动者，在提高全体老年人福祉的基本目标下，以福利多元主体观点为指导，创建激励共赢的良好合作氛围，将那些在医养资源供给方面具有优势和潜力的人类行动者和非人类行动者征召进入农村医养结合养老服务供给主体队伍，各主体间形成联动合作、功能互补又相互制衡的关系。此外，政府要放弃“大包干”或“家长式”作风，清晰认识到自己的能力限制和作用范围，通过“放权”形式将不擅长、无优势的养老服务内容或领域交由其他异质行动者来接替，做到“不越位”、不挤占其他异质行动者的功能空间。

政府对其他异质行动者的利益赋予体现在以下五方面：

第一，政府要从现代农业理念、农业科技、农业经营管理等方面加强对农业生产者的培训，给老年人增权，提升其生产能力和经营能力；开拓老年人增产增收渠道，探索农村自我保障的多种可能方式；加强农村社区建设，提高社区在老年人养老生活中的功能和水平，为老年人养老需要提供新的满足途径；在“健康老龄化”发展战略要求下，积极合理引导老年人树立经济自立、生活自理和精神自强的意识和理念。

第二，因地制宜发展第二、三产业，让赡养行动者提高赡养能力和养老资源积累。扶持具有地方特色和民族特色资源的地区发展民族演艺、民族饰品、传统工艺；在“开发与保护并重”原则下，适时、适度、适地地指导具有旅游资源的地区发展旅游业；从政策、技术、人才等方面帮助具有矿产资源的地区发展工矿企业；鼓励农业基础好或具备条件的地区积极尝试经济作物种植等。总之，政府在西南农村积极推广和发展第二、三产业的基本目的就是提高当地居民的经济收入水平，将人才留住。例如，调查点 E 地充分利用了矿产资源丰富的优势建立了各类国有或私有工矿企业，当地人不用出远门就可获得工作机会、提高收入，同时，务工就近化在很大程度上能够让当地老年人获得更多来自儿女的帮助和支持。

第三，政府与社会组织之间不是替代关系，而是优势互补和通力合作关系。政府对社会组织的利益赋予体现为：其一，通过合理的公共职能退出和公共权力让渡为社会组织培育适合其发育和成长的社会土壤，拓展有利于其发展的养老服务空间。其次，从法律法规和政策扶持上为社会组织保驾护航，明确社会组织参与农村健康促进养老服务供给的权利、义务、责任，赋予其合法地位，从准入资格、税收、财政支持、投融资、管理等角度为社会组织量身打造政策措施，为其发展创建适宜的外部环境。其二，社会组织是出生于民间的自组织，很难摆脱自身携带的某些“先天不足”，政府对其实施有效且张弛有度的监管和规范能够杜绝某些损害农村养老供给和老年人利益的现象和行为发生。其三，政府要拓宽社会组织发展空间，在鼓励和尊重社会组织“公益性”价值取向的同时，通过政策扶持和资金补助等价值补偿方式满足社会组织的营利性需要。

第四，政府对实体的非人类行动者的利益赋予主要集中在以下方面：其一，政策支持。通过政策支持赋予农村居民更多财产权利，维护和增加老年人的合法财产收益。如，完善农村土地流转政策，引导土地流转形式向股份合作和企业租赁经营转变，倡导和鼓励以家庭农场、农村合作社为核心的农业规模生产主体形成，探索土地资本化的多种形式；以“以房养老”形式激活财产价值，增加老年人养老的资金来源；继续加强农产品价格保护机制，实施支农惠农政策。其二，统筹城乡发展，加大财政性投入。如，加强农田、水利、道路交通等农业生产性基础设施建设，为农业生产性服务创造良好条件；加大对农村公共医疗卫生服务的资金支持，增加医疗卫生资源的数量，提升服务质量；兴建、扩建、改建农村老年人养老、医疗的服务设施和场所。其三，技术帮扶。如，大力推广种养循环、电子商务物流等现代农业技术，提高土地的产出效益。其四，手段创新。如，用老年人喜闻乐见的形式加大卫生保健、疾病预防和健康生活方式等宣传和教育力度，提升老年人的健康意识。通过政府利益赋予，实体的非人类行动者能够在提高老年人经济供养能力和来源方面发挥更大的作用，在直接增加老年人收入的基础上提升养老供给的经济可及性。

第五，政府对非实体的非人类行动者的利益赋予分别体现为：其一，在“尊老、敬老、养老”价值取向基础上，加强新时期养老文化内涵建设。通过养老文化道德取向、信念、价值观的巩固和发展而合法化、强化养老文化的社会性和物质性要素。其二，政府对市场的利益赋予最主要是厘清政府的权责定位。进一步对市场简政放权，明确政府的权责边界，给市场更多的发展空间；从财政补贴、税收优惠、资助周期等方面刺激农村养老服务市场的发育；正确看待市场化养老机构的“营利性”本质，适当放开对其营利行为的限制，通过“有管制的市场化”扩大市场化养老机构的营利空间，充分调动、释放市场的积极性和活力。

（二）异质行动者各自的利益表达和利益追求

老年人要实现真正意义上的自我养老，观念意识的转变尤为重要。第一，传统以血缘为基础的纵向代际关系已经逐步被以契约为基础的横向夫妻关系所取代①，养老行为不仅是一种道义行为，同时也取决于亲子关系的质量和性质，代际义务正逐渐淡化。第二，城乡资源失衡引发了大规模农村青壮人口流动，家庭结构核心化，土地的量和质在不断减少，养老的“去家庭化”特点逐渐显现。第三，老年人要进行积极健康的心理建设，树立“积极老龄化”意识，正确认识和坦然接受老年期的到来以及随之而来的各种衰退，调整心态，保持身心健康。第四，老年人要增强主动性和理性选择意识，提高自我保障意识，有目的、有意识增强经济自立和自我储蓄能力，从“被动养老”转化为“主动养老”。总之，“老年人的身体健康水平、心理调适水平、经济保障水平、自理自立水平提高了，就会减少对非正式支持的依赖和需要，从而减少非正式支持的压力”②，缓解家庭养老的赡养负担。

赡养行动者需要明确的是对父母的赡养扶助义务既是家庭责任，更是维系家庭和谐、社会稳定的道德准则和社会责任。此外，儿女对父母的赡养义务不是仅仅停留在低层次温饱的满足，而应该在生活、情感、精神等方面照

① 李俏、陈健：《变动中的养老空间与社会边界》，《中国农业大学学报》（社会科学版）2017年第2期。

② 姚远：《非正式支持理论与研究综述》，《中国人口科学》2003年第1期。

顾、尊重、关心老年人，尽可能满足老年人多种养老需要。

社会组织应该充分认识到自身在参与西南农村医养结合养老服务供给中的短板，将农村养老供给领域视为其践行理念、实现社会价值的用武之地。因此，社会组织要主动参与到西南农村养老供给队伍和布局中，将其在经济、文化和教育等领域实践的成功经验迁移到养老服务领域，并结合养老服务的特殊性予以具体分析，实现价值理念和供给行为的最优化。

传统养老文化的现代转型要以“尊老、敬老、养老”为价值取向，倡导老年人“自立、自理、自助、互助”为基本原则，建设以“尊严、福祉、成长”为内容、以“积极老龄化”和“健康老龄化”为目的。

市场要改变目前作为养老供给“有限的补充保障提供者”角色和地位，要从提高自身的内生增长动力入手。第一，在政府外源性政策支持下，市场在追求自身利益最大化的过程中要兼顾公益性、非营利性的社会责任。第二，发挥对养老资源的基础配置作用，充分利用优胜劣汰机制提高养老服务的数量和质量。第三，从行业标准专业化、从业人员专业化角度推进专业化进程，提高养老服务资质。第四，创新养老服务内容，在保证政府购买服务要求的基础上，针对农村老年人养老需要拓展优质、高端、专门化的养老服务供给。

三 赋予异质行动者职责

（一）职能征召

严格意义上的职能征召是指政府职能部门的内部征召。在中央政府的统一领导下，各职能部门负责领导和管理某一领域的具体行政事务，并相对独立地行使相应国家行政职权。长期以来，政府各职能部门之间虽然建立了学习、交流、借鉴等联系，但彼此间分工协作仍然存在缺乏互通与协作、各自为政、信息流通不畅以及资源闲置和浪费的情况，职能部门之间松散联系导致养老供给结构不合理，效率低下，效果有限。

因此，要实现西南农村养老供给可及性，政府内部职能部门间的多元共治、多方参与、横向联动是核心行动者发挥核心作用的关键。2015 年 11 月，九部委联合颁发的《关于推进医疗卫生与养老服务相结合的指导意见》明确要求：“各相关部门要加强协同配合，落实和完善相关优惠扶持政策，共同支持医养结合发展。发展改革部门要将推动医疗卫生与养老服务相结合纳入国民经济和社会发展规划。卫生计生、民政和发展改革部门要做好养老机构和医疗卫生机构建设的规划衔接，加强在规划和审批等环节的合作，制定完善医养结合机构及为居家老年人提供医疗卫生和养老服务的标准规范并加强监管。财政部门要落实相关投入政策，积极支持医养结合发展。人力资源社会保障、卫生计生部门要将符合条件的医养结合机构纳入城乡基本医疗保险定点范围。国土资源部门要切实保障医养结合机构的土地供应。城乡规划主管部门要统筹规划医养结合机构的用地布局。老龄工作部门要做好入住医养结合机构和接受居家养老服务老年人的合法权益保障工作。中医药管理部门要研究制定中医药相关服务标准规范并加强监管，加强中医药适宜技术和服务产品推广，加强中医药健康养老人才培养，做好中医药健康养老工作……建立健全医疗卫生机构与养老机构合作机制。"

（二）行政征召

政府的行政征召要正视异质行动者在发展特点和资源优势上的差异，通过政策制定、制度保障等方式进行合理引导，明确异质行动者权责，使用行政手段将各异质行动者征召进健康促进养老供给体系行动者网络中。针对不同行动者，政府出台、颁布相应政策、法规和措施等，其基本目的是通过多元福利供给主体的协同发展为老年人多层次养老需要提供普遍性和个性化服务。其中，制度安排被认为是强化家庭养老功能、减轻赡养行动者负担的关键，是解决老年人口问题的重要方法。为此，《中华人民共和国宪法》与《中华人民共和国婚姻法》明确规定，成年儿女有赡养扶助父母的义务，对拒不履行义务的个体，可追究其刑事责任；诸如《关于鼓励和引导民间资本进入养老服务领域的实施意见》（2012 年）、《关于改革社会组织管理制度，促进社会组织健康有序发展》（2016 年）、《2017 年中央财政支持社会组织参与社会服务项目实施方案》（2017 年）等，鼓励社会组织积极参与老年社会福利事业建设；《关于加快实现社会福利社会化的意见》（2000 年）、《关于加快发展养老服务业的若干意见》（2013 年）、《关于全面放开养老服务市场，提升养老服务质量的若干意见》（2016 年）等政策的系列推出，不断推进着我国养老服务社会化、市场化和产业化发展；国家通过《国务院关于加快发展养老服务业的若干意见》（2013 年）、《国务院关于促进健康服务业发展的若干意见》（2013 年）、《关于推进医疗卫生与养老服务相结合的指导意见》（2015 年）等政策积极推进医养结合服务的发展，增强养老机构和医疗机构的服务衔接。

（三）购买服务征召

在政府向社会组织购买农村养老服务的过程中，政府、社会组织以及老年人之间的关系变得清晰化：政府是服务购买者、社会组织是养老服务生产者、老年人是养老服务消费者或使用者，他们共同构成了整个农村养老服务从生产、供给到消费的完整环节。政府的购买服务征召主要有三种方式：委托授权式、体制外合作购买式和竞争性购买式①。第一，委托授权方式建立的前提是政府、社会组织和老年人之间的委托授权关系链的形成，即老年人将满足自身养老需要的养老服务委托于政府各级部门，政府又将老年人的委托交付给社会组织。政府居于其中将初始委托人（老年人）和最终代理人（社会组织）紧密联系在一起，实现养老服务和养老产品生产和购买的分离。第二，体制外合作购买方式实现的前提是某类社会组织提供的养老服务具有政府难以企及的专业性和专有性。如，某类养老服务只有特定社会组织能够提供或特定组织拥有技术专利等。在这种情况下，政府直接向该类社会组织购买服务，双方职责明确、定位清晰。第三，竞争性购买方式是政府欲购买的养老服务存在多个潜在承接方，政府采取公开透明的招标、竞标方式优中选优，比对各方实力，选择最符合其要求、目的和服务内容的社会组织为老年人生产、提供优质养老服务。

（四）专业化征召

养老服务领域是一个专业化分工要求较高的公共服务领域，由专业人员为老年人提供专业化服务，这是衡量健康促进养老供给可及性的重要指标。

第一，体现为服务行动者的专业化。以老年人养老需要为导向，西南农村健康促进养老供给应该是一个集合了医疗卫生和养老服务各方面人才的人类行动者团队。“完整的养老服务人才队伍应当包括养老护理员、社会工作者、医护人员、理疗康复师、营养师及专业管理者等各类人员。养老护理员负责老年人基本生活照料；社会工作者贯彻‘助人自助’理念，为老年人提供心理疏导、精神慰藉、参与各项活动等，并为员工组织特定活动缓解压力、提升组织凝聚力；医护人员为老年人提供常见病、多发病的诊疗、紧急救治、

① 刘晓梅、孙苗苗：《多元化视域下社会组织在养老服务体系中的角色浅析》，《社会保障研究》2016 年第 6 期。

协助转诊等；康复理疗师协助老年人维持并改善身体基本功能；营养师负责老年人的健康饮食；管理者则是整个团队的核心，负责协调各方面工作，保证组织目标的实现。”①

第二，体现为服务的专业化。其一，服务标准专业化。从现代管理理念来说，健康促进养老服务应该建立一套标准化、规范化的管理系统，对参与其中的各人类行动者实施统一的管理模式、管理制度和管理程序，这有助于提高服务效率，提升健康促进养老服务供给可及性。其二，从业人员职业化。对健康促进养老服务从业人员的培训、管理是提高养老服务质量的关键，对医疗卫生服务人员和养老服务人员的资质培训和认定是实现服务专业化的具体举措。例如，《中共中央国务院关于进一步加强农村卫生工作的决定》（2002年）明确提出，到2010年，全国大多数乡村医生要具备执业助理医师及以上执业资格；民政部依据养老护理员的职业能力将其职业等级设为初级、中级、高级和技师四个等级，各等级的技能要求依次递进。其三，服务分工专门化。按照不同医养内容和特征以及各供给行动者的专业特点，建立服务侧重点不同的服务供给组织。如，养老院、敬老院、居家养老服务中心等偏重于“养”的机构应该更多从生活照料、精神慰藉、社会参与、自主方面为老年人提供服务；以村卫生室、乡镇卫生院和县级医疗机构为主体的农村三级医疗服务体系则偏重于从预防、康复、保健、治疗等方面为老年人提供医疗卫生服务。

四　促进行动者网络的良性发展

经过问题呈现、利益赋予和征召，各异质行动者面对的关键问题得以进一步澄清，共同聚合在以建立“农村健康促进养老服务体系”为主要内容的“必经之点”，各自在行动者网络中的地位、角色、功能得以重新确认，通过核心行动者的征召建立“农村健康促进养老供给行动者网络”，行动者网络一旦形成便具有了相对稳定性。由于异质行动者利益诉求、资源、优势各不相同，会导致异议、冲突和矛盾出现，这是正常的。在以政府部门为核心行动者动员其他异质行动者结成西南农村健康促进养老服务行动者网络的过程中，常见的、容易产生的异议和矛盾大致集中在老年人行动者和赡养行动者、政

① 搜狐网：《〈2017年中国养老服务人才培养情况报告〉：全国养老服务人才需要缺口巨大》，2017年7月21日，http://www.sohu.com/a/158839704_759437，2018年1月5日。

府行动者与社会组织行动者、政府行动者与市场行动者之间。解决问题的关键在于各异质行动者之间如何经过互动、博弈、协商等方式和手段排除异议、解决争端，共同促使行动者网络朝着健康、良性方向发展。

（一）协调自我养老和家庭养老的关系，提高自我养老的地位

如何看待自我养老和家庭养老的地位和功能是协调它们之间关系的关键，也是自我养老获得合理地位和体现应有价值的逻辑起点。第一，自我养老和家庭养老在一定程度上存在“此消彼长”的特殊联系。目前，农村家庭养老功能弱化已成为一个不争的事实，家庭在老年人养老方面的支持力减弱，养老资源减少。具体原因为：其一，由于生育制度的变化和家庭结构核心化，传统“养儿防老、多子多福”的观念失去了现实存在土壤。其二，为了集合最大人力资本向自然最大限度争取生存资源，传统家庭讲求世代共居，家庭规模的庞大能够强有力地为老年人养老提供家庭支持力，老年人作为权威的象征在家庭里拥有至高无上的地位。进入现代社会，工业化和城镇化的推进给人们进行了现代思想洗礼，代际之间追求平等和自由，家庭关系的“轴”由父子关系转向夫妻关系、由血缘关系转向契约关系，家庭共居变为分居。其三，承担主要赡养责任的人类行动者以外出流动的方式离开乡村，在提高了社会参与率的同时造成家庭养老赡养主体缺乏，传统以血缘为纽带“反哺式”养老模式被打破。因此，家庭养老功能的弱化使得农村老年人为了晚年生计必须自立、自理、自强，同时还要承担起照顾抚育孙辈的角色。在这个意义上，家庭养老的“退”迫使自我养老做出“长”的回应，老年人类行动者在现有社会条件下所采取的自我养老选择是对家庭养老弱化的一种适应性生存策略，是不得已而为之。

第二，自我养老和家庭养老可以相互补充。一方面，外出务工的儿女以其体力、智力和能力等获得工作机会，增加经济收入，极大地改善整个家庭的经济状况和生活水平，直接提高了老年人的经济供养水平，解决了老年人经济自养能力低下的问题。“经济基础决定上层建筑”，有了充分的经济保障，老年人才有满足高层次需要的实力和底气，才能实现养老供给的经济可及性。另一方面，老年人以自己的劳动参与获得的经济收入可以减轻家庭养老的经济负担，成为家庭经济的有益补充，甚至在儿女面临经济困难时还能予以支持。同时，老年人与土地的依附使其产生安全感，通过劳动生产和照顾孙辈

获得“老有所用”的信念感，耕作、饲养等成为农村老年人特有的休闲生活。这些自养行为和方式在一定程度上可以满足老年人的关系需要和发展需要，弥补家庭养老弱化带来的部分不利影响。

第三，自我养老和家庭养老实际上是两个独立并行的养老模式。在分析自我养老的应有价值和地位时，一方面要承认在我国将长期处于社会主义初级阶段的基本国情之下，当前农村老年人的自我养老是一种生存策略的适应性调整，也应看到这种生存策略本身也具有一定社会意义，是老年人规避养老风险的有效形式之一。另一方面，建立在未来取向和社会取向基础上，要以可持续发展眼光看待自我养老。随着现代生产力和生产技术进步、社会经济的大力发展、农村社会养老保障体系的进一步完善，可以预见，西南农村居民的生活必然奔着好的方向发展，经受过现代思想洗礼且具有独立意识以及各方面素质相对较高的新兴老年人将越来越多，亲子关系也将逐渐从“反哺式”的权威中心转向以情感为中心，代际之间的互动会更多地强调互惠性、独立性。

第四，应该明确的是“家庭养老的负担实际上与老有所医密切相关。由于年老多病而造成的经济负担、对日常生活照料的长期大量的需要和对精神慰藉的渴望，以及同时伴随老年人在这些方面独立性的下降，给儿女和其他家庭成员的经济支出、时间安排、精力分配和心理承受带来难以适应的压力”①。政府主导、社会组织参与、市场介入的社会养老无疑能够成为分担家庭养老负担、减轻赡养行动者压力的最行之有效的途径。

一言以蔽之，自我养老应该成为与家庭养老、社会养老并驾齐驱的养老模式。它是西南农村老年人获取经济支撑、重新获得家庭权威资源话语权的重要途径，是老年人精神寄托、重塑老年人家庭地位的重要实现形式，是老年人获得安全感和控制感、体现家庭价值和社会价值的重要来源。

（二）厘清政府部门和社会组织之间的地位和角色，实现资源有效整合

西南农村养老供给行动者构成中鲜见社会组织身影的原因，既来自政府部门的“管理过度”和“管理真空”，又有社会组织本身的内部问题。内外因素加夹导致社会组织在西南农村养老服务领域基本没有“存在感”。因而，

① 王梅、夏传玲：《中国家庭养老负担现状分析》，《中国人口科学》1994 年第 4 期。

政府动员社会组织广泛、深入地参与农村养老供给最重要的就是正视社会组织的优势，与社会组织通过协商、协调机制厘清关系、排除异议。

与政府部门相比，社会组织参与农村养老服务供给的优势十分显著，具体表现为：第一，社会组织的公益性质使其具备了较强的社会资源凝聚力，可以弥补和改善政府在养老领域的财政资金紧张状况，“财政＋社会资源”的组合方式可以实现养老资金上的可持续发展。第二，社会组织对老年人需要和市场动向的反映较为灵敏、组织机动灵活、行动高效，能及时反映农村养老领域的最新动态和供需结构变动，可以弥补政府部门由于科层制导致的“时滞性”。第三，政府部门作为行政机关的基本性质使得它们在应对和解决农村养老服务问题方面缺乏专业性和及时性，而社会组织的弹性管理特点以及志愿者服务的手段和方式能让它们在最短时间之内做出迅速反应，并能根据情境变化及时调整服务方式，同时还能拓展农村基本养老服务的供给范围和程度。第四，如果一味由政府实行统一养老供给，容易造成老年人“被动养老”局面，造成老年人对政府的严重依赖思想。因此，社会组织广泛参与农村养老供给可以培育和引导老年人的独立意识和自主意识，激发和调动老年人对养老服务的主动选择，从而获得更加人性化、个性化和差异化的养老服务。

可以肯定的是，社会组织在西南农村健康促进养老服务供给领域是大有可为且能有作为的，它与政府之间不是相互替换的关系，共存、合作、共赢应该成为它们关系的基点。

（三）建立“强政府＋强市场”的农村健康促进养老服务供给格局

西南农村健康促进养老服务从性质上说属于准公共服务，其受益群体的非排他性注定其具备社会公益性。同时，现阶段老年人的养老需要已经分化为具体的经济供养需要、医疗卫生需要、生活照料需要、精神慰藉需要、社会参与需要和自主需要等内容和层次，养老服务边界溢出，养老服务消费者的数量增加必然增加边际拥挤成本，表现出消费上的竞争性。这为市场进入西南农村健康促进养老服务供给创造了机会和条件。

如果说从 2000 年到 2010 年左右农村基本社会养老保障是“强政府＋弱市场”格局的话，进入 2011 年以后我国的养老服务市场进入了全面开放阶段。最重要的标志就是 2016 年国务院办公厅在《关于全面放开养老服务市场提升养老服务质量的若干意见》明确提出："到 2020 年，养老服务市场全面放开，养老服务和产品有效供给能力大幅提升，供给结构更加合理，养老服务政策法规体系、行业质量标准体系进一步完善，信用体系基本建立，市场监管机制有效运行，服务质量明显改善，群众满意度显著提高，养老服务业成为促进经济社会发展的新动能"。① 这是国家从宏观层面对养老服务事业进行的顶层设计，从准入条件、市场环境两方面对市场进行增权，为养老服务市场的深化改革奠定了法制化、制度化保证，有助于提高民营养老机构的地位。具体措施包括：进一步放宽准入条件，按照"先照后证"的简化程序降低营利性养老机构的准入门槛；鼓励外资进入我国养老服务领域，外资设立的非营利性养老机构可以获得同境内非营利性养老机构同等优惠政策；优化审批程序，简化审批流程；优化市场环境，推进审批程序和审批时限公开化、行政审批标准化，推行一站式服务，提高审批效率；建立以市场形成价格为主的收费管理机制，服务收费项目和标准由经营者自主确定；加快改革公办养老机构的运营方式，鼓励实行服务外包；加强行业信用建设，加强养老服务行业的自律和监管等。

全面放开养老服务市场有助于形成"强政府 + 强市场"的健康促进养老服务供给格局，推动西南农村健康促进养老服务的转型升级，以市场联动机制促进各养老供给异质行动者之间的集约化运作和分工协作。

---

① 国务院办公厅：《关于全面放开养老服务市场提升养老服务质量的若干意见》，2016 年 12 月 23 日，http://www.gov.cn/zhengce/content/2016-12/23/content_5151747.htm，2018 年 1 月 10 日。

参考文献

经典著作：

马克思：《1844年经济学哲学手稿》，人民出版社1985年版。

习近平：《决胜全面建成小康社会 夺取新时代中国特色社会主义伟大胜利—在中国共产党第十九次全国代表大会上的报告》，人民出版社2017年版。

中文著作：

陈功：《社会变迁中的养老和孝观念研究》，中国社会出版社2009年版。

冯钢：《社会学》，浙江大学出版社2004年版。

傅华：《预防医学》，复旦大学出版社2006年版。

郭志刚：《我国现行生育政策与“四二一”家庭》，知识出版社2004年版。

李培林：《村落的终结——羊城村的故事》，商务印书馆2004年版。

李炳全：《文化心理学》，上海教育出版社2007年版。

彭华民等：《西方社会福利理论前沿》，中国社会出版社2009年版。

沙莲香：《中国民族性（三）：民族性三十年变迁》，中国人民大学出版社2011年版。

苏力：《法治及其本土资源》，中国政法大学出版社1996年版。

王向东、王希林、马弘编：《心理卫生评定量表手册（增订版）》，中国心理卫生杂志社1999年版。

王彦斌：《管理中的组织认同》，人民出版社2004年版。

杨国荣：《人类行动与实践智慧》，生活·读书·新知三联书店2013年版。

杨贞贞：《医养结合的社会养老服务筹资模式构建与实证研究》，北京大学出版社2016年版。

袁方、王汉生：《社会研究方法教程》，北京大学出版社1997年版。

中文期刊：

阿布力孜·玉苏甫：《新疆少数民族生态文化与生态移民的关系研究》，《生态经济》2006 年第 12 期。

阿里木江·阿不来提、努尔比亚·库尔班：《维吾尔族传统养老文化与社会养老方式的对接》，《边疆经济与文化》2012 年第 2 期。

阿里木江·阿不来提、赵凤莲：《新疆少数民族传统养老文化与新疆农村社会养老保障关系研究》，《西北人口》2009 年第 4 期。

鲍捷、毛宗福：《社会医疗保险助推医养结合服务的政策探讨》，《卫生经济研究》2015 年第 8 期。

毕红霞、徐汝峰：《以需要为导向的女空巢老人养老保障路径优化》，《人口与社会》2015 年第 4 期。

财政部财政科学研究所、王桂娟：《美国农民的养老保险制度及其对中国的启示》，中国财政学会 2010 年会暨第十八次全国财政理论讨论会论文，北京，2010 年 4 月

陈岱云、陈希：《人口新常态下服务于老年人社会参与问题研究》，《山东社会科学》2015 年第 7 期。

陈芳、陈建兰：《我国“自我养老”模式研究述评》，《学术论坛》2013 年第 1 期。

陈赛权：《中国养老模式研究综述》，《人口学刊》2000 年第 3 期。

陈颐：《关于养老服务产业化的几个问题》，《现代经济探讨》2010 年第 11 期。

初炜、胡冬梅、孔祥金、吴红云、宋桂荣：《农村老年人群养老需要模式及其影响因素分析》，《中国社会医学杂志》2008 年第 1 期。

杜亚军：《代际交换与养老制度》，《人口研究》1989 年第 5 期。

费孝通：《家庭结构变动中的老年赡养问题》，《北京大学学报（哲学社会科学版）》1983 年第 3 期。

冯丹、冯泽永、王霞、李秀明：《对医养结合型养老机构的思考》，《医学与哲学》2015 年第 4A 期。

付诚：《政府与市场的双向增权》，《吉林大学社会科学学报》2010 年第 5 期。

关颖：《改革开放以来我国代际关系新走向》，《学习与探索》2010 年第 1 期。

郭竞成：《农村居家养老服务的需要强度与需要弹性》，《社会保障研究》2012

年第1期。

贺雪峰、郭俊霞：《试论农村代际关系的四个维度》，《社会科学》2012年第7期。

黄佳豪：《关于“医养融合”养老模式的几点思考》，《国际社会科学杂志（中文版）》2014年第1期。

黄乾：《农村养老资源供给变化及其政策含义》，《人口与经济》2005年第6期。

吉鹏：《社会养老服务供给主体间关系解析》，《社会科学战线》2013年第6期。

蒋虹：《我国长期护理保险的发展模式选择》，《西南金融》2007年第1期。

荆涛：《建立适合中国国情的长期护理保险制度模式》，《保险研究》2010年第4期。

雷咸胜、崔凤：《农村养老服务产品的合作供给》，《人口与社会》2015年第3期。

李伯阳、张亮、张研：《我国乡镇卫生院适宜服务范围探讨》，《中国卫生经济》2016年第5期。

李放、樊禹彤、赵光：《农村老人居家养老服务需要影响因素的实证分析》，《河北大学学报（哲学社会科学版）》2013年第5期。

李捷枚：《少数民族养老保障方式的影响因素及启示》，《贵州民族研究》2014年第10期。

李俏、陈健：《变动中的养老空间与社会边界》，《中国农业大学学报（社会科学版）》2017年第2期。

李时华：《日本长期照护保险制度的特征与启示》，《中国医疗保险》2015年第8期。

李敬波、宋立平：《国外农村养老保障制度对我国的启示》，《黑龙江社会科学》2010年第3期。

李伟：《农村社会养老服务需要现状及对策的实证研究》，《社会保障研究》2012年第2期。

李迎生：《立足现实，面向未来：农村养老保障制度改革的“过渡模式”设计》，《毛泽东邓小平理论研究》，2005年第10期

李元旭：《论我国转轨时期的代际契约与养老模式的变革》，《学术月刊》

2001 年第 5 期。

林剑：《论民族文化的创新》，《江海学刊》2015 年第 6 期。

林庆：《民族文化的生态性与文化生态失衡》，《云南民族大学学报（哲学社会科学版）》2010 年第 2 期。

刘春梅、李录堂：《农村养老资源供给模式优化及运行》，《西北农林科技大学学报（社会科学版）》2015 年第 1 期。

刘从龙：《中国未来养老方式的选择》，《人口研究》1996 年第 6 期。

刘涛：《福利多元主义视角下的德国长期照护保险制度研究》，《公共行政评论》2016 年第 4 期。

刘汶蓉：《当代家庭代际支持观念与群体差异》，《当代青年研究》2013 年第 3 期。

刘晓梅、孙苗苗：《多元化视域下社会组织在养老服务体系中的角色浅析》，《社会保障研究》2016 年第 6 期。

刘媛媛、李丽：《农村老年人养老现状与需要分析》，《社会福利（理论版）》2014 年第 3 期。

陆春丽、韩旭峰：《福利多元主义理论视角下农村社会化养老的可行性分析》，《湖北民族学院学报（哲学社会科学版）》2015 年第 1 期。

闵丹：《人口老龄化与养老文化重构的挑战与机遇》，《社会科学家》2015 年第 6 期。

穆光宗、姚远：《探索中国特色的综合解决老龄问题的未来之路——全国家庭养老与社会化养老服务研讨会侧记》，载中国老龄学会编《中国的养老之路》，中国劳动出版社 2000 年版。

潘洪金、帅友良、孙唐水、张吟鹤、薛晓华、周长青：《中国老年人口失能率及失能规模分析》，《南京人口管理干部学院学报》2012 年第 4 期。

彭华民、黄叶青：《福利多元主义理论：福利提供从国家到多元部门的转型》，《南开学报（哲学社会科学版）》2006 年第 6 期。

彭华民：《论需要为本的中国社会福利转型的目标定位》，《南开学报（哲学社会科学版）》2010 年第 4 期。

仇志娟、杜昊：《家庭结构视角下城乡养老现状与需要分析》，《福建行政学院学报》2014 年第 5 期。

孙鹃娟：《中国老年人的婚姻状况与变化趋势》，《人口学刊》2015 年第

37 期。

孙中锋、吴昊：《城镇化进程中农村养老供给现状及困境分析》，《老龄科学研究》2014 年第 3 期。

锁凌燕：《转型期中国养老保障体系形成过程中政府与市场的关系》，《经济科学》2013 年第 1 期。

同春芬、汪连杰、耿爱生：《中国养老保障体系的四维供给主体与职责定位》，《湘潭大学学学报》2015 年第 3 期。

王埃亮：《大众文化视角下的少数民族文化认同》，《黑龙江民族丛刊（双月刊）》2014 年第 1 期。

汪春燕：《从民族政策视角论民族文化传承》，《西北民族大学学报（哲学社会科学版）》2006 年第 1 期。

王洪娜：《山东农村老人入住社会养老机构的意愿与需要分析》，《东岳论丛》2011 年第 9 期。

王杰、戴卫东：《长期护理保险在中国的选择—基于制度经济学的分析》，《市场与人口分析》2008 年第 4 期。

王梅、夏传玲：《中国家庭养老负担现状分析》，《中国人口科学》1994 年第 4 期。

王鹏飞、白卫国：《农村基本养老服务可及性研究》，《人口与经济》2017 年第 4 期。

王素英、张作森、孙文灿：《医养结合的模式与路径》，《社会福利》2013 年第 12 期。

王晓波：《关于社会养老服务需要和需要测量方法的辨析》，《社会福利》2015 年第 6 期。

王小龙、兰永生：《劳动力转移、留守老人健康与农村养老公共服务供给》，《南开经济研究》2011 年第 4 期。

王彦斌：《欠发达地区农村医养结合养老服务体系构建》，《探索》2017 年第 6 期。

王银秀：《关注农村“空巢”家庭的养老问题》，《中国人口科学》2005 年增刊。

王振振、雍岚、王乐：《居家养老社区服务可及性评价研究》，《人口与发展》2016 年第 3 期。

吴晓东：《中国农村养老供给的困境与出路》，《社会科学研究》2004 年第 1 期。

吴莹、卢雨霞、陈家建、王一鸽：《跟随行动者重组社会》，《社会学研究》2008 年第 2 期。

夏玉珍、徐大庆：《项目之下我国农村养老服务供给体制创新研究》，《广西社会科学》2015 年第 2 期。

徐文芳：《国外农村养老保障实践及对我国的启示》，《社会标准研究》2010 年第 2 期。

杨华锋：《协同治理的行动者结构及其动机机制》，《学海》2014 年第 5 期。

杨立华：《南非社会保障体系中的社会救助制度》，《西亚非洲》2010 年第 9 期。

杨善华：《以"责任伦理"为核心的中国养老文化》，《晋阳学刊》2015 年第 5 期。

杨贞贞：《医养结合的社会养老服务筹资模式构建与实证研究》，博士学位论文，浙江大学，2014 年。

姚远：《对中国家庭养老弱化的文化诠释》，《人口研究》1998 年第 5 期。

姚远：《文化价值是老年人的首要社会价值》，《人口与经济》2000 年第 1 期。

姚远：《对家庭养老概念的再认识》，《人口研究》2000 年第 5 期。

姚远：《中国家庭养老研究述评》，《人口与经济》2001 年第 1 期。

姚远：《非正式支持理论与研究综述》，《中国人口科学》2003 年第 1 期。

姚远：《从尊老养老文化内涵的变化看我国调整制定老龄政策基本原则的必要性》，《人口与发展》2009 年第 2 期。

印子：《优势视角下农村养老需要及其自组织满足》，《中州学刊》2017 年第 9 期。

于学军：《中国人口老化与代际交换》，《人口学》1995 年第 6 期。

翟绍果、王昭茜：《公共健康治理的历史逻辑、机制框架与实现策略》，《山东社会科学》2018 年第 7 期。

张国平：《农村老年人居家养老服务的需要及其影响因素分析》，《人口与发展》2014 年第 2 期。

张文娟、魏蒙：《中国老年人的失能水平到底有多高?》，《人口研究》2015 年第 3 期。

张立龙：《福利国家长期照护制度及对中国的启示》，《社会保障研究》2015年第6期。

张世青、王文娟、陈岱云：《农村养老服务供给中的政府责任再探》，《山东社会科学》2015年第3期。

张晓杰：《医养结合养老创新的逻辑、瓶颈与政策选择》，《西北人口》2016年第1期。

张盈华：《老年长期照护的风险属性与政府职能定位：国际的经验》，《西北大学学报（哲学社会科学版）》2012年第5期。

张跃：《社会发展中云南少数民族养老模式的发展态势》，载杨圣敏《民族学人类学的中国经验－人类学高级论坛2003卷》，黑龙江人民出版社2005年版。

张跃、王瑜、李超超：《少数民族养老模式研究》，《思想战线》2004年第2期。

赵立新、海霞：《藏区养老现状探查》，《改革与开放》2015年第15期。

郑晓江：《孝的伦理内蕴及现代归位》，《南昌大学学报》1997年第4期。

周家明、刘祖云：《村规民约的内在作用机制研究》，《农业经济问题》2014年第4期。

周铁涛：《村规民约的历史嬗变与现代转型》，《求实》2017年第5期。

中国老龄科学研究中心课题组：《全国城乡失能老年人状况研究》，《残疾人研究》2011年第2期。

朱吉、贾杨、陆超娣、王磊、姜丽、陈戈、朱立峰：《上海市“医养融合”面临的问题及对策建议》，《中国卫生资源》2015年第3期。

邹纯青：《新型城镇化之农村医养结合养老模式探析》，《管理观察》2015年第21期。

左璜、黄甫全：《拉图尔行动者网络理论奠基事物为本哲学》，《自然辩证法通讯》2013年第5期。

中译著作：

［德］奥斯瓦尔德·斯宾格勒：《西方的没落》，张兰平译，陕西师范大学出版社2008年版。

［法］布鲁诺·拉图尔，［英］史蒂夫·伍尔加：《实验室生活：科学事实的

建构过程》，张伯霖、刁小英译，东方出版社 2004 年版。

［法］布鲁诺·拉图尔：《科学在行动：怎样在社会中跟随科学家和工程师》，刘文旋、郑开译，东方出版社 2005 年版。

［法］布鲁诺·拉图尔：《我们从未现代过》，刘鹏、安涅思译，苏州大学出版社 2010 年版。

［美］道格拉斯·C. 诺思：《制度、制度变迁与经济绩效》，杭行译，格致出版社、上海三联出版社、上海人民出版社 2008 年版。

［丹］哥斯塔·埃斯平－安德森：《福利资本主义的三个世界》，苗正民、滕玉英译，商务印书馆 2010 年版。

［英］哈特利·迪安：《社会政策十讲》，岳经纶、温卓毅、庄文嘉译，格致出版社：上海人民出版社 2009 年版。

［美］Laura Desfoe Edles：《文化社会学的实践》，陈素秋译，台北：国立编译馆与韦伯文化国际出版有限公司 2006 年版。

［英］莱恩·多亚夫、伊恩·高夫：《人的需要理论》，汪淳波、张宝莹译，商务印书馆 2008 年版。

［美］鲁思·本尼迪克特：《文化模式》，王炜等译，社会科学文献出版社 2009 年版。

［英］马凌诺斯基：《文化论》，费孝通译，华夏出版社 2002 年版。

［美］Neil Gilbert，Paul Terrell：《社会福利政策导论》，黄晨熹、周烨、刘红译，华东理工大学出版社 2003 年版。

［英］奇格蒙特·鲍曼：《作为实践的文化》，郑莉译，北京大学出版社 2009 年版。

［加］R. 米什拉：《资本主义社会的福利国家》，郑秉文译，法律出版社 2003 年版。

［美］Robert D. Hill：《积极老年生活心理健康七法》，王海梅、杨柳、高艳苹译，中国轻工业出版社 2011 年版。

［英］提姆·梅伊、詹森·L. 鲍威尔：《社会理论的定位》，姚伟、王璐雅等译，中国人民大学出版社 2013 年版。

［美］威廉·A. 哈维兰：《当代人类学》，王铭铭译，上海人民出版社 1987 年版。

［美］W. 理查德·斯科特：《制度与组织——思想观念与物质利益》，姚伟、

王黎芳译，中国人民大学出版社 2010 年第 3 版。

［美］亚伯拉罕·马斯洛：《动机与人格》，许金声译，中国人民大学出版社 2012 年版。

［美］约瑟夫·E. 斯蒂格利茨、卡尔·E. 沃尔什：《经济学》（上册），黄险峰、张帆译，中国人民大学出版社 2010 年第 4 版。

［美］赵志裕、康萤仪：《文化社会心理学》，刘爽译，中国人民大学出版社 2011 年版。

［日］植草益：《微观规制经济学》，朱绍文、胡欣欣等译校，中国发展出版社 1992 年版。

中译论文：

［法］布鲁诺·拉图尔：《答复 D·布鲁尔的〈反拉图尔论〉》，张敦敏译，《世界哲学》2008 年第 4 期。

外文著作：

Deci, E. L. , & Ryan, R. M. , *Intrinsic motivation and self – determination in human behavior*, New York: Plenum. , 1985.

Howard G. , *Long – term care financing reform: lessons from the US and abroad*, The Commonwealth Fund, February, 2010.

Kinsella K. , & Velkoff V. A, *An ageing world*: 2001, Washington DC: U. S. Government Printing Office, 2001.

Olsson S. , E. , Och H. H. & Eriksson I. , *Social Security in Sweden and other European Countries—Three Essays*, Stockholm: ESO, 1993.

Rose R. , *Common goals but different roles: The state's contribution to the welfare mix*, Rose R. & Shiratori R. , *The welfare state east and west*, Oxford University Press, 1986.

World Health Organization, *Constitution of the world health organization*, Geneva: World Health Organization, 1946.

World Health Organization, *World health report* 2000: *Hearth systems: Improving performance*, Geneva, 2000.

外文论文：

Amar Hamoudi, Duncan Thomas, "Endogenous coresidence and program incidence: South Africa's old age pensionp", *Journal of Development Economics*, No. 109, 2014.

Brown J. R., Finkelstein A., "Why is the market for long - term care insumnce so small?" *Joumal of Public Economics*, No. 91, 2007.

Claude Ferrand, Guillaume Martinent, Neriman Durmaz., "Psychological need satisfaction and well - being in adults aged 80 years and older living in residential homes: Using a self - determination theory perspective", *Journal of Aging Studies*, No. 30, 2014.

Clayton P. Alderfer, "An empirical test of a new theory of human needs", *Organizational Behavior & Human Performance*, No. 4, 1969, p. 142 - 175.

Deci E. L., & Ryan R. M., "The 'what' and 'why' of goal pursuits: Human needs and the self - determination of behavio", *Psychological Inquiry*, No. 1, 2000.

Deci E. L., & Ryan R. M., "On happiness and human potentials: A review of research on hedonic and eudaimonic well - being", *Annual Review of Psychology*, No. 52, 2001.

Enid Schatz, Xavier Gómez - Olivé, Margaret Ralston, Jane Menken, Stephen Tollman, "The impact of pensions on health and wellbeing in rural South Africa: Does gender matter?" *Social Science & Medicine*, NO. 75, 2012.

Evers A., "Shifts in the welfare mix: Introducing a new approach for the study of transformations in welfare and social policy", Adalbert Evers, Helmut Wintersberger., *Shifts in the Welfare Mix*, Frankfurt: Campus Verlag Press, 1988.

Frieder R. Lang, Margund K. Rohr, "Successful aging in societies of long living: The model of selection, optimization, and compensation", *International Encyclopedia of the Social & Behavioral Sciences*, Vol. 13, No. 3, 2015.

Horstman, Maria Jansen, Dirk Ruwaard, "Conflicting notions of citizenship in old age: An analysis of an activation practice", *Journal of Aging Studies*, No. 35, 2015.

Mcfall S. , Miller B. H. , "Caregiver burden and nursing home admission of frail elderly patients", *Journal of Gerontology*: *Social Science*, Vol. 47, No. 2, 1992.

Michel Callon, "Four models for dynamics of science", sheila jasanoff , *Handbook of Science and Technology*, London: Sage, 1995.

Ness J. , Ahmed A. , Aronoe W. S. , "Demographics and payment characteristics of nursing home residents in the United State: A 23 - year trend", *Journal of Gerontology*: *Social Science*, No. 59A, 2004.

网络文献:

A 省人民政府:《A 省人民政府关于整合城乡居民基本医疗保险制度的实施意见》, 2016 年 8 月 10 日, http://www. yn. gov. cn/yn_ zwlanmu/qy/wj/yzf/201608/t20160810_26478. html。

A 省人民政府办公厅:《A 省人民政府办公厅关于加快推进养老服务事业发展的意见》, 2010 年 7 月 8 日, http://www. yn. gov. cn/yn_zwlanmu/qy/wj/yzbf/201007/t20100708_20761. html。

A 省人民政府办公厅:《A 省人民政府办公厅关于进一步加强乡村医生队伍建设的实施意见》, 2015 年 8 月 14 日, http://www. yn. gov. cn/yn_zwlanmu/qy/wj/yzbf/201603/t20160330_24554. html。

A 省人民政府办公厅:《A 省人民政府办公厅关于支持社会力量发展养老服务业的实施意见》, 2017 年 11 月 16 日, http://www. yn. gov. cn/yn_zwlanmu/qy/wj/yzbf/201711/t20171115_31072. htm。

A 网:《A 省省级对乡村医生补助提至每人每月 300 元》, 2013 年 11 月 29 日, http://yn. yunnan. cn/html/2013 - 11/29/content_2977089. htm。

C 县人民政府:《C 县卫计局组织县级公立医院和县医改办工作人员到峨山县考察医共体建设》, 2017 年 9 月 7 日, http://xxgk. yuxi. gov. cn/xpxzfxxgk/gzdt9729/20170907/613724. html。

C 县人民政府:《C 开启政府购买居家托养服务新模式》, 2017 年 6 月 14 日, http://xxgk. yuxi. gov. cn/xpxzfxxgk/gzdt9872/20170614/584633. html

C 县人民政府网:《C 彝族傣族自治县人民政府办公室关于印发 C 县医疗机构设置规划(2016 - 2020 年)的通知》, 2017 年 4 月 3 日, http://xxgk.

yuxi. gov. cn/xpxzfxxgk/bgswj/20170403/579792. html。

F 市人民政府：《F 市对在岗乡村医生实行集中脱产培训》，2015 年 10 月 12 日，http://www. cxs. gov. cn/file_read. aspx? ID = 104427。

F 市卫生局：《F 市对在岗乡村医生实行集中脱岗培训》，2015 年 10 月 12 日，http://www. cxs. gov. cn/file_read. aspx? ID = 104427。

F 网：《F 市举办乡村医生脱产培训班》，2015 年 10 月 28 日，http://www. chuxiong. cn/xwpd/xxxw/647469. shtml

联合国：《第二次老龄问题世界大会的报告》，2002 年 4 月 8 日—12 日，https://www. un. org/chinese/events/ageing/index. html。

民政部政策研究中心：《社会福利社会化：迎接老年人社会福利需要变化的挑战》，2008 年 1 月 9 日，http://www. mca. gov. cn/article/mxht/llyj/200801/20080100009639. shtml。

新华网：《A：1.5 亿扶持社会资本投资养老服务机构》，2015 年 2 月 10 日，http://news. xinhuanet. com/gongyi/yanglao/2015 – 02/10/c_127479730. htm。

新华网：《全球老龄化状况及其应对措施》，2015 年 10 月 1 日，http://www. xinhuanet. com//world/2015 – 10/01/c_128285525. htm。

Administration On Ageing, "Profile of Older Americans: 2015", 2016 – 05 – 20, http://www. aoa. acl. gov/Aging_Statistics/Profile/2015/6. aspx. 2015.

Colombo, Francesca, "Help wanted? Providing and paying for Long – Term Care", *OECD Health Policy Studies*, OECD Publishing, 2011, https://trove. nla. gov. au/work/152369106.

Japan Ministry of Health, "Labour, and Welfare: Long term care insurance operational situation report (Provisional)", 2016 – 05 – 19, http:// www. bm. mhlw. go. jp/topics/ kaigo/osirase/ jigyo/m08/0809. html.

附录　农村养老服务建设调查问卷

问卷编号□□□□□□□　　调查地□　　调查村寨□□□□

农村养老服务建设调查问卷

大爹□/大妈□：

您好！

为了解农村老年人养老的现实状况和老年人对医疗和养老的愿望，帮助国家和政府在这些方面做的事情对老年人更好，耽误您几分钟的时间，请您告诉我们以下一些实际情况和您的想法。问题的答案没有对错之分，请您将自己的真实情况和想法告诉我们，我们不会把您的回答告诉其他人的！

非常感谢您的支持与合作！

请调查员尽可能放慢语速，如有必要请大声陈述。在答案前的数字上画“○”，若有补充或说明，将相应内容填写在横线上。请按照题目顺序逐一填写，以免遗漏。

调查开始时间：□□年□□月□□日□□时□□分

1. 您是哪年出生的？________

2. 您的民族：　　　　族

3. 您的受教育水平：

1. 没上过学　2. 小学　3. 初中　4. 高中/技校/中专　5. 大专　6. 大学及以上

4. 您的宗教信仰：

1. 民间宗教　2. 基督教　3. 佛教　4. 道教　5. 伊斯兰教　6. 不信教　7. 其他

5. 您的婚姻状况：

1. 未婚（•直接问第 12 题）　2. 有配偶　3. 离异　4. 丧偶　5、其他

6. 您的儿女情况（目前健在）：

1. 无儿无女（•直接问第 13 题）　2. ____个　其中，儿子____个，女儿____个。

7. 您现在和谁住在一起：

1. 和老伴住在一起（•直接问第 10 题）　2. 和儿女住在一起（•直接问第 8 题）　3. 和老伴与儿女住在一起（•直接问第 9 题）　4. 一个人住（•直接问第 10 题）　5. 养（敬）老院（•直接问第 12 题）　6. 其他

8. 您（丧偶或离异）与儿女一起居住的情况：

1. 住在儿子家　2. 住在女儿家　3. 轮流住在儿子/女儿/儿女家

9. 您和老伴与儿女一起居住的情况：

1. 与老伴一起住在儿子家　2. 与老伴一起住在女儿家　3. 与老伴轮流住儿子/女儿/儿女家　4. 与老伴分开，分别住在儿子/女儿/儿女家

10. 您和儿女的居住距离：

1. 同一栋房子（•请直接回答第 11 题）　2. 同一个村　3. 同一个村委会　4. 同一个乡镇，不同村委会　5. 同一个县，不同乡镇　6. 其他

11. 您（或您与老伴）有没有独立住房？（•仅问与儿女同住一栋房子的）

1. 有　2. 没有

12. 您为什么一个人住□/您为什么不和儿女住□？

1. 无儿无女　2. 生活能自理，不想麻烦儿女　3. 儿女家住房条件有限，生活不方便　4. 和儿女关系不好　5. 儿女外出打工/工作，不在家　6. 喜欢自己一个人住　7. 其他

13. 您自己目前的生活自理情况？

(1) 洗菜煮饭
1. 没困难　2. 说不清　3. 困难
(2) 洗衣服、打扫卫生
1. 没困难　2. 说不清　3. 困难
(3) 上厕所
1. 没困难　2. 说不清　3. 困难
(4) 上下床
1. 没困难　2. 说不清　3. 困难
(5) 穿衣服
1. 没困难　2. 说不清　3. 困难
(6) 洗澡
1. 没困难　2. 说不清　3. 困难
(7) 吃饭
1. 没困难　2. 说不清　3. 困难
(8) 梳头、洗脸、刷牙等
1. 没困难　2. 说不清　3. 困难
(9) 独自坐车外出
1. 没困难　2. 说不清　3. 困难
(10) 打电话
1. 没困难　2. 说不清　3. 困难
(11) 购买日常生活用品
1. 没困难　2. 说不清　3. 困难
(12) 保管钱物、存取钱、领取养老金等
1. 没困难　2. 说不清　3. 困难
(13) 独自行走 100 米
1. 没困难　2. 说不清　3. 困难

您老伴目前的生活自理情况？

(1) 洗菜煮饭
1. 没困难　2. 说不清　3. 困难　4. 不适用
(2) 洗衣服、打扫卫生
1. 没困难　2. 说不清　3. 困难　4. 不适用
(3) 上厕所
1. 没困难　2. 说不清　3. 困难　4. 不适用
(4) 上下床
1. 没困难　2. 说不清　3. 困难　4. 不适用
(5) 穿衣服
1. 没困难　2. 说不清　3. 困难　4. 不适用
(6) 洗澡
1. 没困难　2. 说不清　3. 困难　4. 不适用
(7) 吃饭
1. 没困难　2. 说不清　3. 困难　4. 不适用
(8) 梳头、洗脸、刷牙等
1. 没困难　2. 说不清　3. 困难　4. 不适用
(9) 独自坐车外出
1. 没困难　2. 说不清　3. 困难　4. 不适用
(10) 打电话
1. 没困难　2. 说不清　3. 困难　4. 不适用
(11) 购买日常生活用品
1. 没困难　2. 说不清　3. 困难　4. 不适用
(12) 保管钱物、存取钱、领取养老金等
1. 没困难　2. 说不清　3. 困难　4. 不适用
(13) 独自行走 100 米
1. 没困难　2. 说不清　3. 困难　4. 不适用

14. 您现在主要从事何种生产劳动？

1. 种植（种菜、种苞谷、种地、种甘蔗等）　2. 饲养（养猪、养鸡、放牛、放羊等）
3. 打零工　4. 做手工　5. 闲着　6. 其他

15. 您现在的主要经济来源：（限选三项）

1. 务农　2. 打工　3. 儿女　4. 亲戚朋友接济　5. 最低生活补助　6. 出租房屋/土地
7. 其他机构或组织的赠予或接济　8. 社会保险　9. 做手工/手艺　10. 农业补贴　11. 其他

16. 您/您老两口去年一年得到的各种收入大概是多少钱？________元

17. 您觉得自己去年得到的收入和村寨里的其他人相比处于什么情况？

1. 偏高 2. 中等偏上 3. 不高不低 4. 中等偏下 5. 偏低

18. 您上个月的总开支是多少钱？________元

19. 您每个月的开支主要用在哪些方面？（限选二项）

1. 日常生活（衣食住行等） 2. 医疗卫生（看病、住院、买药等） 3. 补贴儿女 4. 孙儿女的零花钱 5. 人情往来 6. 其他

20. 您担心自己的养老问题吗？

1. 不担心（•直接问第21题） 2. 担心（•直接问第22题）

21. 您为什么不担心自己的养老问题？（限选二项）

1. 儿女多 2. 儿女孝顺 3. 自己的收入足够，可以自己养老 4. 村寨有专门规定，同宗同族的人会给自己养老的 5. 民族/宗教信仰/教义让儿女不敢不给老人养老 6. 儿女不赡养老人，会被别人戳脊梁骨 7. 政府会管 8. 其他

22. 您主要担心的养老问题是什么？（限选二项）

1. 没人愿意赡养 2. 没经济收入 3. 在家庭/家族里没地位/威望 4. 无事可做 5. 没心理安慰 6. 在家庭/家族里没用 7. 其他

23. 您所在的村寨是否有专门的关于尊老、敬老、养老的规定等？

1. 有 2. 没有（•直接问第25题）

24. 您觉得这些尊老、敬老、养老的规定还有哪些需要改进的地方？（限选二项）

1. 应该组织村寨里的所有人集体学习 2. 在显眼的地方宣传 3. 应该多宣传 4. 内容要实在 5. 村干部等要带头落实 6. 应该写清惩罚措施 7. 其他

25. 您所在的村寨是否有专门的关于尊老、敬老、养老的活动？

1. 有 2. 没有（•直接问第29题目）

26. 这些尊老、敬老、养老的活动一般在什么时候举办？（限选二项）

1. 民族节日（如开门节、关门节、泼水节、祭龙、火把节等） 2. 九九重阳节 3. 不定期 4. 没有固定时间和节日，但日常生活中都在做 5. 其他

27. 这些尊老、敬老、养老的活动一般在哪里举办？（限选二项）

1. 家里 2. 佛寺等宗教场所 3. 公房 4. 村寨/社区 5. 乡镇 6. 县上 7. 其他

28. 您是否满意这些尊老、敬老、养老活动？

1. 满意 2. 一般 3. 不满意

29. 您最想选择哪种方式养老？

1. 自己存钱养老　2. 儿女来养老　3. 政府帮助，儿女来养老　4. 进养老机构（如养老院、敬老院等）　5. 购买商业保险养老　6. 其他

30. 您是否愿意去养老院/敬老院养老？

1. 愿意　2. 不愿意（●直接问第33题目）

31. 在什么样的情况下您愿意到养老院/敬老院养老？

1. 生活不能自理　2. 儿女不愿意赡养　3. 经济能够承受　4. 老伴去世　5. 其他

32. 如果到养老院/敬老院养老，您认为每个月交多少钱比较合适？________元

33. 您不愿意到养老院/敬老院养老的原因是什么？(限选三项)

没面子　2. 儿女不同意　3. 没钱　4. 养老院条件不好　5. 不自由

6. 思想观念接受不了　7. 收费不合理　8. 养老院服务人员少，素质不高　9. 其他

34. 如果村寨里有白天为老年人服务的地方（幸福院/居家养老服务中心等），您希望它能为您的养老生活提供哪些服务？(限选三项)

1. 午餐/晚餐　2. 娱乐设施及场地（电视、棋牌室、乐器、广场舞场地等）

3. 体检、医疗、卫生、康复等医疗卫生服务　4、紧急医疗救援　5. 有专门的人陪您说话　6. 教打电话、存取钱等　7. 组织宗教活动（念经、抄经、讲经、烧香等）

8. 家庭服务　9. 其他

35. 如果村寨里这些白天为老年人服务的地方（幸福院/居家养老服务中心等）能为您提供家庭服务，您需要哪些方面的服务？(限选二项)

1. 不需要　2. 买菜、煮饭　3. 打扫卫生　4. 洗澡　5. 洗衣服　6. 买药

7. 买日常生活用品　7. 其他

36. 如果村寨里这些白天为老年人服务的地方（幸福院/居家养老服务中心等）能为您提供您想要的服务，您认为每个月交多少钱比较合适？________元（无儿无女的跳问第42题）

37. 您的儿女中负责赡养您的是谁？

1. 　儿子　2. 　女儿

38. 负责赡养您的儿女现在是否外出打工/工作？

1. 是　2. 否（●直接问第42题）

39. 负责赡养您的儿女打工/工作的地点在哪里？

1. 家附近　2. 镇上　3. 县上　4. 市上　5. 省上　6. 省外

40. 负责赡养您的外出打工/工作的儿女回家频率：

1. 每天都回 2. 每个星期1－2次 3. 每个月1－2次 4. 半年1－2次 5. 一年1－2次 5. 不定期

41. 负责赡养您的儿女与您的联系频率（亲自来看望或打电话联系）：

1. 每天都来 2. 每个星期3次以上 3. 每个星期2－3次 4. 每个星期1次

5. 每月3次以上 6. 每月2－3次 7. 每月1次 8. 近三个月儿女都没有亲自来看望或打电话联系

42. 您是否需要儿女/其他人为您提供以下生活照料？（限选三项）

1. 不需要 2. 买菜、煮饭 3. 打扫卫生 4. 洗衣服 5. 洗澡 6. 修理房屋 7. 修理电器 8. 外出 9. 上厕所 10. 购买生活用品 11. 其他

43. 您参加了以下哪些保险？（可多选）

1. “新农保” 2. “新农合” 3. 失地农民养老保险 4. 商业保险

5. 一样都没参加（•直接问第44题） 6. 其他

44. 您为什么没有参加上述保险？（限选二项）

1. 不信任 2. 不理解相关政策 3. 保障力度小 4. 保险赔付低 5. 没钱参保

6. 不需要 7. 其他

45. 您是否知道“新农保”的相关政策（如参保程序、保险金领取等）？

1. 知道 2. 不太了解 3. 不知道（•直接问第48题）

46 您对“新农保”的评价：

1. 满意（•直接问第48题） 2. 一般（•直接问第48题） 3. 不满意

47. 您不满意“新农保”的原因是什么？（限选三项）

1. 政策太复杂，搞不懂 2. 政策宣传不到位 3. 政府监督/管理不够

4. 每年要交的钱有点多 5. 集体/政府补助太低 6. 每个月可以领取的养老金金额有点少 7. 儿女也要参保才能领钱 8. 其他

48. 平时，您家如何打发空闲时间？（限选三项）

1. 抚养、教育孙儿女 2. 串门聊天 3、参加民族/宗教活动 4. 看电视/看电影/看戏 5. 打麻将/扑克牌 6. 跳舞（广场舞、秧歌、弹葫芦笙、弹四弦等） 7. 唱戏/唱歌 8. 读书看报 9. 种菜/养鸡等 10. 体育锻炼 11. 做家务 12. 其他

49. 村寨里是否会举办民族活动，您是否会参加？

1. 不会办 2. 每次都会参加 3. 偶尔会参加 4. 看情况

5. 不会参加（•直接问第51题）

50. 您参加民族活动的原因：（限选二项）

1. 因为是村民　2. 打发时间　3. 寻求心理安慰　4. 参与村寨事物

5. 加强与他人的联系和往来　6. 参与公益活动　7. 其他

51. 村寨里是否会举办宗教活动，您是否会参加？

1. 不会办　2. 每次都会参加　3. 偶尔会参加　4. 看情况

5. 不会参加（●直接问第53题）

52. 您参加宗教活动的原因：（限选二项）

1. 信教　2. 打发时间　3. 寻求心理安慰　4. 参与村寨事物　5. 加强与他人的联系和往来　6. 参与公益活动　7. 其他

53. 您愿意参加村寨的哪些事务？（限选二项）

1. 参与村寨大事讨论（如修路、挖井、装路灯等）　2. 调解邻里/家庭纠纷

3. 主持/参与祭祀/祭神　4. 关心村寨里娃娃的读书问题　5. 组织文化、体育活动

6. 制定、修改村规民约　7. 村委会选举　8. 其他

54. 您今年是否接受过健康体检或类似医疗服务？

1. 有　2. 没有（●直接问第57题）

55. 您今年接受的健康体检或类似医疗服务是由哪里组织的？

1. 乡镇卫生院　2. 村卫生所/室　3. 自己去医院体检　4. 其他

56. 您的体检费用来源：

1. 全部自己出钱　2. 自己承担一部分　3. 免费　4. 其他

57. 经医生认定，您目前患有哪些慢性疾病（可多选）：

1. 关节炎　2. 高血压　3. 类风湿　4. 慢性支气管炎　5. 颈/腰椎病　6. 心脏病

7. 肢体残疾　8. 视力残疾　9. 听力残疾　10. 其他

58. 这些病您是否得到过相关指导？

1. 有　2. 没有（●直接问第60题）

59. 这些病您得到的指导是哪些方面的？

1. 用药　2. 饮食　3. 锻炼　4. 生活规律　5. 其他

60. 您所在的村寨是否举办过健康知识宣传活动？

1. 有 2. 没有（●请直接回答第63题）

61. 健康知识宣传活动的形式：（限选二项）

1. 健康宣传手册　2. 健康宣传栏　3. 电影/电视/广播等　4. 集体讲座　5. 文艺演出　6. 卫生宣传日

7. 医护人员到所在村寨宣讲　8. 其他

62. 健康知识宣传活动的开展地点：

1. 公房 2. 活动中心 3. 村子空地（晒谷场等） 4. 村卫生所 5. 村委会 6. 祠堂/佛寺等祭祀场所 7. 其他

63. 您经常去哪里看病？

1. 自己买药吃 2. 找本地懂医术的人 3. 找神婆/神汉等做仪式 4. 村卫生所/卫生室 5. 乡镇卫生院 6. 县医院 7. 市级/省级医院 8. 硬扛 9. 其他

64. 您希望村卫生所/室能为您提供哪些服务？(限选三项)

1. 为老人提供上门医疗服务（巡诊、测量血压/血糖、送药、代煨药等） 2. 看常见病 3. 慢性病管理/指导 4. 代挂县级以上医院的号 5. 保健指导 6. 康复指导 7. 吃药指导 8. 医保报销 9. 其他

65. 您希望乡镇卫生院能为您提供哪些服务？(限选四项)

1. 为老人提供上门医疗服务（瞧病、巡诊等） 2. 义务瞧病 3. 提供家庭病床服务 4. 家庭医生签约服务 5. 看常见病 6. 专业陪护/护理 7. 慢性病防治/管理 8. 康复指导 9. 保健指导 10. 提供中医/民族医药服务 11. 健康体检 12. 大病医保报销 13. 其他

66. 您觉得村卫生所/室的服务还有哪些地方可以改进？(限选三项)

1. 医术不高 2. 服务态度/质量不好 3. 收费有点高 4. 医护人员人手不够 5. 药品少 6. 没有养生/保健/康复等服务 7. 场地小 8. 没有中医/民族医药医生 9. 医保报销麻烦 10. 其他

67. 您觉得乡镇卫生院的服务还有哪些地方可以改进？(限选四项)

1. 医术不高 2. 服务态度/质量不好 3. 收费有点高 4. 医护人员人手不够 5. 没有养生/保健/康复等医疗器械 6. 养生/保健/康复等服务内容太少 7. 场地小 8. 床位少 9. 离家远 10. 没有中医/民族医药医生 11. 没有中医/民族医药药房 12. 很多病看不了 13. 医保报销麻烦 14. 其他

68. 最近一年，您是否去过县级以上的大医院看病？

1. 有（•直接问第 70 题） 2. 没有 3. 没有生过大病（•直接问第 70 题）

69. 最近一年，您没去县级以上大医院看病的原因：(限选四项)

1. 没钱 2. 交通不方便 3. 无法独自外出瞧病 4. 离家远 5. 大医院限制多 6. 转院/转诊麻烦 7. 人生地不熟 8. 医生/护士态度不好 9. 没有床位 10. 医疗费用太高 11. 听不懂汉话 12. 没有人照顾 13. 其他

70. 最近半年，您吃药/看病/住院自己出了多少钱？________ 元

72. 您能遵医嘱按时按量服药吗？

1. 能（●直接问第73题）　2. 基本可以（●直接问第73题）　3. 不能

73. 您不能遵医嘱按时按量服药的原因是什么？

1. 不识字　2. 听不懂医生说的话　3. 看不清吃药说明　4. 其他

74. 当您生病/住院时，谁负责照顾您？（限选二项）

1. 自己　2. 老伴　3. 儿子/儿媳　4. 女儿/女婿　5. 孙儿女　6. 亲戚/朋友/邻居

7. 其他

74. 您生病/住院时，一般需要其他人的哪些照顾？（限选三项）

1. 送饭　2. 洗衣服　3. 打扫卫生　4. 洗澡　5. 穿衣服　6. 陪护　7. 陪聊天

8. 拿药/煨药等　9. 上厕所　10. 其他

75. 您是否知道“新农合”的相关政策（如参保程序、报销程序、报销比例等）？

1. 知道（●直接问第77题）　2. 不太了解（●直接问第77题）　3. 不知道

76. 您不知道“新农合”相关政策（如参保、报销程序、报销比例等）的原因是什么？（限选二项）

1. 听不懂　2. 内容太复杂，搞不懂　3. 没有学习过相关政策　4. 跟着别人参保

5. 没时间了解　6. 其他

77. 您对“新农合”的评价：

1. 满意（●直接问第79题）　2. 一般（●直接问第79题）　3. 不满意

78. 您不满意“新农合”的原因是什么？（限选三项）

1. 政策太复杂，搞不懂　2. 政策宣传不到位　3. 政府监督/管理不够

4. 每年要交的钱有点多　5. 集体/政府补助太低　6. 报销的比例有点低

7. 报销程序复杂　8. 报销限制多　9. 小病不能报，大病报销范围小

10. 不能在村寨里交费　11. 其他

79. 如果村里组织老人们相互帮助，让现在有能力的人帮助需要帮助的人，以后自己也能够得到别人帮助，您现在是否愿意帮助别人？

1. 愿意　2. 不好说　3. 不愿意

80. 1. 近一个月以来，您是否会经常觉得生活没意思？

1. 不会　2. 一般　3. 会

2. 近一个月以来，您是否会经常为一些小事担心，害怕？

1. 不会　2. 一般　3. 会

3. 近一个月以来，您是否觉得心情时好时坏，容易发脾气？

1. 不会　2. 一般　3. 会

4. 近一个月以来，您觉得周围的人（包括社会、家庭）对您如何？

1. 尊重 2. 一般 3. 不尊重

5. 跟村里的其他老人相比，您对目前自己的能力、相貌、身体状况的评价如何？

1. 满意 2. 一般 3. 不满意

6. 您对目前自己在社会、家庭中的地位与人们对您的看法是如何评价的？

1. 满意 2. 一般 3. 不满意

7. 近一个月以来，当您需要别人帮助时，他们给您的帮助是什么情况（请逐项问）：

1. 老伴 1. 总是能得到 2. 部分能得到 3. 极少或没有

2. 儿女或父母 1. 总是能得到 2. 部分能得到 3. 极少或没有

3. 亲戚/朋友/邻居 1. 总是能得到 2. 部分能得到 3. 极少或没有

4. 家族/村民小组 1. 总是能得到 2. 部分能得到 3. 极少或没有

8. 近一个月以来，当下列人员需要您帮助时，您是如何帮助他们的（请逐项问）：

1. 对老伴 1. 能全力帮助 2. 能给予部分帮助 3. 很少或不能提供帮助

2. 对儿女或父母 1. 能全力帮助 2. 能给予部分帮助 3. 很少或不能提供帮助

3. 对亲戚/朋友/邻居1. 能全力帮助 2. 能给予部分帮助 3. 很少或不能提供帮助

9. 您对近一个月以来从社会、家庭获得的帮助与支持评价如何？

1. 满意 2. 一般 3. 不满意

10. 近一个月以来，您心中有苦恼时是否会跟家人说（老伴□，共同生活的亲人的关系□）？

1. 不会 2. 有些保留 3. 会

11. 您觉得家里人对您在家里的重要性评价如何？

1. 满意 2. 一般 3. 不满意

12. 和村寨里其他老人相比，您对自身健康总的满意程度是：

1. 满意 2. 一般 3. 不满意

13. 您对自己生活总的满意程度是：

1. 满意 2. 一般 3. 不满意

14. 您如何评价最近一个月以来您的健康状况？

1. 好 2. 一般 3. 不好

调查结束时间：□□年□□月□□日□□时□□分

调查员：__________ 审核员：__________

后　记

本书得以付梓，感谢我的恩师王彦斌教授。感谢云南师范大学的领导和同事们对我学习和工作的支持和帮助。感谢同门各位师姐师弟师妹。感谢A省B县和C县各级各部门的领导和工作人员。感谢接受调查的644位善良、慈爱的老年人。感谢我的家人。

本书得以付梓，感谢中国社会科学出版社的王莎莎编辑以及所有为此书出版而辛勤付出的工作人员！

由于笔者研究有限，有的观点还不成熟，思考还不够深入，欢迎批评，敬请赐教。

盛莉波

2021年10月29日